贵州省教育厅高校人文社会科学研究项目"贵州实施十大千亿级工业产业振兴行动的财税政策研究"（项目编号：2020GH023）成果

受贵州财经大学 2022 年度第一批学术专著出版基金资助

地方智库报告
Local Think Tank

财税政策对贵州工业产业发展影响及对策研究

张 韬 著

THE INFLUENCES AND
COUNTERMEASURES
STUDY OF FISCAL AND
TAX POLICIES ON
INDUSTRIAL DEVELOPMENT
IN GUIZHOU

中国社会科学出版社

图书在版编目（CIP）数据

财税政策对贵州工业产业发展影响及对策研究/张韬著.
—北京：中国社会科学出版社，2023.5
ISBN 978-7-5227-1929-0

Ⅰ.①财…　Ⅱ.①张…　Ⅲ.①财政政策—影响—工业
经济—经济发展—研究—贵州②税收政策—影响—工业
经济—经济发展—研究—贵州　Ⅳ.①F427.73

中国国家版本馆 CIP 数据核字（2023）第 085438 号

出 版 人	赵剑英	
责任编辑	刘晓红	
责任校对	周晓东	
责任印制	戴　宽	
出　　版	中国社会科学出版社	
社　　址	北京鼓楼西大街甲 158 号	
邮　　编	100720	
网　　址	http://www.csspw.cn	
发 行 部	010-84083685	
门 市 部	010-84029450	
经　　销	新华书店及其他书店	
印　　刷	北京君升印刷有限公司	
装　　订	廊坊市广阳区广增装订厂	
版　　次	2023 年 5 月第 1 版	
印　　次	2023 年 5 月第 1 次印刷	
开　　本	710×1000　1/16	
印　　张	14	
插　　页	2	
字　　数	200 千字	
定　　价	78.00 元	

摘　要

　　工业化是人类社会迈向现代化不可逾越的阶段。改革开放以来，尤其是进入"十二五"时期以来，虽然贵州在经济发展方面取得了令人瞩目的成效，工业化也在持续推进，但地方财政拮据及收不抵支，主要依靠中央财政转移支付解决收支平衡的问题迄今尚未解决。在 2016 年中国全面实施"营改增"政策后，贵州地方税下行压力加大，地方财政收支平衡的矛盾更加突出，使贵州工业结构不合理的问题进一步显露出来。特别是在 2020 年如期全面完成脱贫攻坚任务并与全国同步全面建成小康社会后，贵州难以再找到向中央争取更多财政转移支付的充分理由。严峻的现实表明，贵州必须努力减少对中央财政转移支付的过度依赖，积极采取包括推进工业产业发展的财税政策在内的相关举措，不断发展和壮大工业产业，增强自身的经济实力与财政实力。贵州在 2018 年提出实施十大工业产业振兴行动，高度契合了中央高质量发展与节能减排的目标任务，有利于守好发展和生态两条底线。

　　目前，学术界对产业与财税政策关系的研究主要集中在两个方面：一个是分析财税政策对产业结构的影响，另一个是分析产业政策对财税收入的影响。关于财税政策对产业结构的影响，目前主要存在两种截然相反的学术观点。一些学者建议推动产业结构转型升级应以税收政策为主，另一些学者则建议推动产业结构转型升级应以财政政策为主。此外，部分学者也逐渐意识到产业政策对培育政府财源的重要性，并进行了相关的研究。本书认为，对产业与财税政策关系问题的探讨尚需进一步深化，由于财政补贴和税收优惠都存在自身无法解决的问题，其存在具有一定的阶段性和时效性。发达市场经济国家和中国经济发达地区的成功经验证明，在产业发展进入中高级阶段后，阶段性的财政补贴和税收优惠将有序退出，而以市场化方式运作的产业投资基金，则应成为政府实施工业产业财税政策的主要做法。

本书在国外选择了美国、德国和日本，在国内选择了浙江和苏州作为样本，简明扼要地分析这些发达国家以及中国经济发达地区为促进工业产业发展而实施的财税政策，为贵州实施促进工业产业发展的财税政策提供有价值的借鉴参考。同时，本书对贵州工业产业变迁轨迹以及财税政策对贵州工业产业发展的影响进行了分析，从中发现产业政策和财税政策之间变迁的规律，为当前及今后一段时期制定与产业发展政策能组合配套的财税政策提供历史和现实的依据。

目前，贵州工业产业总体上看发展势头良好，加之中央有力的政策支持，日益完善的交通基础设施，不断加大的科技研发投资力度，以及地方财政收入的持续平稳增长，为贵州实施促进工业产业发展的财税政策创造了有利条件。然而值得高度关注的是，进入"十三五"时期以来，贵州工业总产值增速呈明显下降趋势且轻重工业结构失衡，工业企业收入与利润不稳定且存在结构失衡问题。同时，工业投资效率偏低，职业教育发展相对滞后，外贸依存度偏低，以及较为严峻的地方财政形势，严重地阻碍了贵州实施促进工业产业发展的财税政策。

本书认为，贵州必须根据产业大集群化发展的总体构想，将十大工业产业打造为具有强大市场竞争力的产业集群，推动全省产业有序转型升级，尽快迈上价值链的中高级阶段。为与产业大集群化发展相适应，需要加大财税与产业政策系统集成，构建省级专项资金项目储备库。同时，阶段性的减税降费政策要有序退出，规范普惠性减税和结构性减税政策，加大以市场化方式运作产业投资基金的权重，构建起产业投资基金与财政补贴、税收优惠政策科学组合、高效运行的新格局。此外，加大科技研发投入力度，健全科技投入机制，进一步落实并完善中央减税降费政策，有序推进贵州工业产业发展。

要推进好贵州工业产业发展的财税政策，还必须从"节流"和"开源"两方面构建有力的保障机制。从"节流"来看，贵州应全面贯彻落实预算绩效管理，提高工业投资效益。从"开源"来看，贵州可进一步健全省以下财政管理体制，并积极向中央政府争取更多政策和项目支持，增强地方政府保障基本公共服务财力。同时，建议中央对现行的个人所得税制、增值税制、企业所得税制、环境保护税制进行优化，进一步完善税收制度。此外，贵州应大力支持教育事业发展，并积极参与全球产业价值链分工，更好地推动工业产业实现高质量发展。

目　录

第一章

绪 论

第一节 选题背景与研究意义

一 选题背景

（一）贵州亟须进一步壮大自身的经济实力和财政实力

1. "营改增"后贵州地方税下行压力加大，使贵州工业结构不合理的问题进一步显露出来

改革开放以来，尤其是进入"十二五"时期以来，贵州在经济发展方面取得了令人瞩目的成效，工业化也在持续推进。2011—2020年，贵州地区生产总值增速一直处于全国前三位，尤其在2019年以8.3%的增速居全国各省份第一位。① 然而，从1413年建制为行政省以来，贵州地方财政经常收不抵支，主要依靠中央财政转移支付解决收支平衡的问题迄今尚未解决。"十一五"时期以来，贵州一般公共预算收入占一般公共预算支出的水平基本维持在30%—40%（见图1-1）。

---

① 张韬：《中央财政转移支付政策变迁研究——以贵州省为例》，中国经济出版社2020年版，第20页。

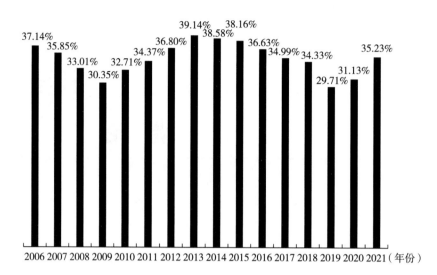

**图 1-1　2006—2021 年贵州一般公共预算收入占
一般公共预算支出情况**

资料来源：根据历年《中国财政年鉴》整理计算得出。

　　在 2016 年中国全面实施"营改增"政策后，虽然国务院于当年将地方增值税收入划分比例由之前的 25% 调整为 50%①，但仍然在短期内进一步加剧了贵州地方税收收入增速的下行压力。2016 年，贵州第二产业的税收收入为 861.14 亿元，较 2015 年下降 4.2%。其中，采矿业和制造业税收收入分别为 68.89 亿元和 400.44 亿元，较 2015 年分别下降 19.5% 和 7.1%。2017 年，贵州第二产业的税收收入为 961.91 亿元，虽然较 2016 年上升 11.7%，但是电力、燃气及水的生产和供应业以及建筑业的税收收入分别为 71.93 亿元和 286.18 亿元，较 2016 年分别下降 17.4% 和 6.2%。②与贵州情况形成鲜明对比的是，上海、广东、浙江、北京在 2016 年

---

①　《国务院关于印发全面推开营改增试点后调整中央与地方增值税收入划分过渡方案的通知》（国发〔2016〕26 号），《中华人民共和国国务院公报》2016 年第 14 期。
②　张韬：《地方税体系与产业转型升级联动机制研究：以贵州省为例》，中国经济出版社 2019 年版，第 9—10 页。

的税收收入，较 2015 年分别增长 15.8%、9.8%、8.9%、4.4%。①

之所以出现这种情况，关键在于贵州工业结构不合理。在轻工业方面，贵州主要依赖烟酒行业，但对烟酒行业开征的消费税却属于中央税种。地方政府更多依靠消费税的附加税，筹集到一定的城市维护建设税和教育费附加收入。② 在重工业方面，贵州主要依赖采矿与能源行业，然而这些行业仍处于产业分工价值链的低端，难以形成较高的附加值。而贵州的装备制造业尚存在所有制结构单一，军民结合、军地融合力度不足，部分企业社会化分工程度和专业化水平较低，产业附加值尚未充分挖掘。③ 由于贵州主要提供一些低附加值的产品和服务，导致其对地方税收入的贡献相对有限。贵州亟待包括促进工业产业发展的财税政策在内的措施，进一步推动产业转型升级，尽快迈上价值链的中高阶段。

2. 贵州应努力减少对中央财政转移支付的过度依赖

2012 年 1 月 12 日印发的《国务院关于进一步促进贵州经济社会又好又快发展的若干意见》（国发〔2012〕2 号，以下简称"国发〔2012〕2 号文件"）在水利建设、生态环境保护和建设、节能减排、扶贫攻坚、教育事业、产业、人才等方面，都明确提出了进一步加大对贵州财税政策支持的力度。④ 国发〔2012〕2 号文件印

---

① 根据《中国统计年鉴（2016）》《中国统计年鉴（2017）》的数据整理计算得出。

② 高亚军：《中国地方税研究》，中国社会科学出版社 2012 年版，第 86—87 页。

③ 张韬：《地方税体系与产业转型升级联动机制研究：以贵州省为例》，中国经济出版社 2019 年版，第 142—144 页。

④ 国发〔2012〕2 号文件在加大水利建设力度方面提出："在安排中央财政转移支付和中央预算内投资时，加大对贵州水利建设投入力度，支持贵州如期完成'三位一体'综合规划提出的水利建设目标。"

国发〔2012〕2 号文件在财税政策支持方面提出："充分考虑贵州的支出成本差异，进一步加大中央财政均衡性转移支付力度，逐步缩小地方标准财政收支缺口，中央财政在现有资金渠道内加大对交通、水利、教育等领域支持力度。进一步推进资源税改革，适当提高部分黑色金属矿原矿、有色金属矿原矿和其他非金属矿原矿的税率标准。研究完善水电税收政策，进一步使当地分享开发成果。航空航天、电子信息、装备制造、生物医药、新能源等产业企业符合规定条件的，其固定资产可实行加速折旧。适当加大中央集中彩票公益金支持力度，促进贵州社会公益事业协调发展。"

发以来，贵州所获得的中央财政转移支付占全国的比重从 2012 年的 3.60% 提高到 2016 年的 4.19%（见表 1-1）。

表 1-1　　2012—2021 年全国各省份中央补助收入占全国比重　　单位:%

年份 地区	2012	2013	2014	2015	2016	2017	2018	2019	2020	2021
北　京	1.22	1.08	1.03	0.93	1.20	1.38	1.41	1.35	1.27	1.31
天　津	0.89	0.87	0.85	0.83	0.87	0.89	0.84	0.73	0.74	0.69
河　北	4.40	4.35	4.43	4.37	4.39	4.35	4.48	4.51	4.73	4.75
山　西	2.70	2.57	2.50	2.49	2.63	2.53	2.52	2.57	2.68	2.72
内蒙古	3.74	3.65	3.62	3.75	3.85	3.79	3.67	3.55	3.31	3.51
辽　宁	3.54	3.45	3.43	3.38	3.45	3.49	3.45	3.36	3.50	3.51
吉　林	3.16	3.06	3.08	3.05	3.09	3.11	2.97	3.10	2.95	3.04
黑龙江	4.37	4.39	4.33	4.38	4.56	4.52	4.30	4.45	4.65	4.53
上　海	1.29	1.26	1.20	1.14	1.12	1.18	1.19	0.84	1.00	1.01
江　苏	2.85	2.74	2.58	2.50	2.62	2.64	2.49	2.14	2.17	2.27
浙　江	2.09	2.02	1.91	1.91	1.68	1.70	1.66	1.30	1.05	1.16
安　徽	4.48	4.42	4.46	4.36	4.23	4.39	4.31	4.42	4.37	4.37
福　建	1.91	1.92	1.89	1.95	1.93	1.93	1.82	1.81	1.77	1.87
江　西	3.53	3.54	3.50	3.43	3.48	3.50	3.44	3.64	3.56	3.54
山　东	4.16	4.05	3.89	3.88	3.94	3.96	4.01	3.65	3.64	3.76
河　南	6.09	6.19	6.15	6.09	6.08	6.03	6.01	6.04	6.09	6.31
湖　北	4.52	4.49	4.61	4.69	4.62	4.47	4.44	4.53	5.75	4.64
湖　南	5.11	5.22	5.09	5.15	5.08	4.95	4.89	4.92	4.94	4.89
广　东	3.03	3.08	2.76	2.79	2.58	2.60	2.47	1.95	2.02	1.94
广　西	3.82	3.74	3.74	3.87	3.94	3.97	4.00	4.14	4.06	4.15
海　南	0.95	0.95	0.95	0.94	1.05	1.06	1.16	1.24	1.18	1.23
重　庆	2.73	2.46	2.41	2.37	2.49	2.59	2.53	2.49	2.50	2.48
四　川	6.26	6.79	6.76	6.64	6.55	6.53	6.74	6.88	6.86	6.70
贵　州	3.60	3.78	4.12	4.12	4.19	4.13	4.15	4.09	3.80	3.88
云　南	4.39	4.44	4.76	4.45	4.37	4.53	4.53	5.15	5.01	4.62
西　藏	1.72	1.85	1.99	2.34	2.22	2.27	2.39	2.66	2.38	2.73
陕　西	3.59	3.53	3.64	3.69	3.44	3.39	3.46	3.48	3.45	3.51
甘　肃	3.22	3.38	3.48	3.44	3.32	3.28	3.50	3.61	3.52	3.63

续表

年份\地区	2012	2013	2014	2015	2016	2017	2018	2019	2020	2021
青　海	1.80	1.76	1.79	1.70	1.75	1.68	1.72	1.83	1.73	1.83
宁　夏	1.15	1.14	1.20	1.21	1.21	1.23	1.20	1.22	1.17	1.24
新　疆	3.68	3.80	3.86	4.16	4.08	3.93	4.23	4.36	4.16	4.18

注：1. 原始数据由财政部预算司地方处提供。

2. 由于历年存在部分中央补助收入未落实到地区，使得全国各省份中央补助收入占全国比重加总小于100%。

资料来源：财政部预算司地方处《地方财政运行分析》（2022）。

　　2012—2020年，贵州经济增速连续九年保持全国前三名，尤其在2017—2019年连续三年位居全国第一。[①] 其间，贵州人均生产总值分别在2014年和2015年超过甘肃和云南。2019年，贵州人均生产总值为46433元，超过了黑龙江（36183元）、广西（42964元）、吉林（43475元）和山西（45724元）。[②] 随着贵州在2020年胜利完成脱贫攻坚任务，困扰其六百多年的绝对贫困问题已得到解决。与此同时，贵州在基础设施建设方面所取得的进展也超过了西部地区大部分省份。然而，上述因素在客观上使得中央对贵州财政转移支付支持的相对力度已开始出现一定程度的下降。其中，贵州所获得的中央财政转移支付在全国各省份的占比已从2016年的4.19%下降到2021年的3.88%，其中在2020年下降到3.80%（见表1-1）。[③]

　　如果中央对贵州财政转移支付支持的相对力度继续持续下降，无疑会对贵州经济在未来能否继续保持快速发展造成较大影响。譬

[①] 黄丽媛：《让绿色为高质量发展赋能》，《贵州日报》2020年6月27日第1版。

[②] 根据历年《中国统计年鉴》的数据整理得出。

[③] 受新冠疫情影响，湖北所获得的中央财政转移支付占全国比重从2019年的4.53%增加到2020年的5.75%。虽然湖北疫情客观上影响了当年全国其他省份所获得的中央财政转移支付占全国比重，但贵州所获得的中央财政转移支付却从2019年的4.09%下降到2020年的3.80%，是全国所获得的中央财政转移支付占全国比重降幅最大的省份。

如，人均生产总值在 2015—2018 年一度低于贵州的云南，其所获得的财政转移支付占全国的比重从 2016 年的 4.37% 增加到 2021 年的 4.62%，其中在 2019 年和 2020 年分别为 5.15% 和 5.01%（见表1-1）。贵州的人均生产总值虽然在 2019 年超过了黑龙江、广西、吉林和山西，却也在 2019 年被云南（47944 元）反超。① 2020 年，贵州人均生产总值为 46267 元，不但被吉林（50800 元）、山西（50528 元）、河北（48564 元）反超，而且与云南（51975 元）之间的经济差距还在进一步拉大。②

2022 年 1 月 26 日，国务院印发《国务院关于支持贵州在新时代西部大开发上闯新路的意见》（国发〔2022〕2 号，以下简称"国发〔2022〕2 号文件"）。为了支持贵州成为巩固拓展脱贫攻坚成果样板区，国发〔2022〕2 号文件明确提出中央财政将继续加大对贵州财政转移支付力度。③ 从国发〔2022〕2 号文件内容来看，虽然中央对贵州只是继续维持原有财政转移支付支持的绝对力度，但同时也给予了贵州更为广阔的政策操作空间。考虑到在 2020 年如期全面完成脱贫攻坚任务并与全国同步全面建成小康社会后，贵州在难以再找到向中央争取更多财政转移支付充分理由的情况下，必须努力减少对中央财政转移支付的过度依赖，积极采取包括工业产业财税政策在内的相关举措，不断发展工业产业，壮大自身的经济实力与财政实力。

（二）贵州工业经济发展必须高度契合中央高质量发展与节能减排的目标任务

1. 贵州工业经济发展必须高度契合中央高质量发展的目标任务

根据世界银行公布的数据，2021 年中国人均 GDP 达到 12556

① 《中国统计年鉴（2020）》，中国统计出版 2020 年版。
② 《中国统计年鉴（2021）》，中国统计出版 2021 年版。
③ 国发〔2022〕2 号文件提出："中央财政继续加大对贵州均衡性转移支付和国家重点生态功能区、县级基本财力保障、民族地区、革命老区等转移支付力度。中央预算内投资、地方政府专项债券积极支持贵州符合条件的基础设施、生态环保、社会民生等领域项目建设。"

美元，并超过世界人均水平（12263 美元）。① 根据世界知识产权组织公布的数据，2021 年中国创新指数为 54.8，在其罗列的 132 个经济体中居第 12 位，并居中高等收入国家第 1 位。② 随着中国经济进入新的发展时期，中央及时进行了政策判断。在党的十九大报告上，习近平总书记明确指出："我国经济已由高速增长阶段转向高质量发展阶段。"③

工业化是人类社会迈向现代化不可逾越的阶段。为了推动中国经济实现高质量发展，必须支持传统的工业产业转型升级。为贯彻落实党的十九大报告，贵州省人民政府于 2018 年 12 月 11 日印发《贵州省十大千亿级工业产业振兴行动方案》（黔府发〔2018〕33 号，以下简称"黔府发〔2018〕33 号文件"），既提出了到 2020 年和 2022 年的发展目标④，并给出了每个工业产业的主要产业范围及其总产值发展指标（见表 1-2）。贵州当前正在实施的十大千亿级工业产业振兴行动，高度契合了中央高质量发展的目标任务。

为贯彻落实黔府发〔2018〕33 号文件在财政政策上提出的要求⑤，在贵州省工业和信息化发展专项资金、贵州省煤炭结构调整转型升级专项资金的基础上，贵州省级财政及时实施相应的安排。一方面，贵州省级财政于 2019 年新增设立了十大千亿级工业产业振兴专项资金（高质量发展实体经济专项资金），在 2020—2022 年每

---

① 根据世界银行在 2022 年 7 月以阿特拉斯方法（Atlas Method）对全球 216 个国家和地区进行的统计，2021 年低收入国家和地区的人均 GDP 为 750 美元，中低等收入国家和地区的人均 GDP 为 2582 美元，中等收入国家和地区的人均 GDP 为 6102 美元，中高等收入国家和地区的人均 GDP 为 10836 美元，高收入国家和地区的人均 GDP 为 47887 美元。

② Dutta S., et al., *Global Innovation Index* 2021: *Tracking Innovation through the COVID-19 Crisis*, Geneva: World Intellectual Property Organization, 2020, p.4.

③ 习近平：《决胜全面建成小康社会 夺取新时代中国特色社会主义伟大胜利——在中国共产党第十九次全国代表大会上的报告》，《人民日报》2017 年 10 月 28 日第 1 版。

④ 贵州省人民政府：《省人民政府关于印发贵州省十大千亿级工业产业振兴行动方案的通知》（黔府发〔2018〕33 号），《贵州省人民政府公报》2019 年第 1 期。

⑤ 黔府发〔2018〕33 号文件提出："充分发挥政府专项资金引导作用和贵州省工业及省属国有企业绿色发展基金带动作用，加大对重点项目的支持力度。"

年安排专项资金 10 亿元;[①] 另一方面,贵州省级财政于 2019 年通过《推动十大千亿级工业产业振兴奖补资金分配办法》(以下简称《奖补资金分配方案》),在 2020—2022 年每年安排预算 20 亿元,设立了推动十大千亿级工业产业振兴奖补资金,选取产业产值、产值增速、就业增速、税收增速四个指标,对全省九个市(自治州)、贵安新区各产业推进情况分别进行考评。[②]

譬如,对某产业产值具体的计算公式为:

某产业奖补资金＝该产业完成工业产值÷十大产业完成工业总产值×20 亿元

表 1-2　　　　　贵州十大千亿级工业产业的主要产业
范围及总产值发展指标

工业产业	主要产业范围	总产值（亿元）	
		2020 年	2022 年
基础能源	煤炭、煤层气（煤矿瓦斯）、页岩气、生物质能源、浅层地热能等	2000	2200
清洁高效电力	火电、水电、风电、光伏发电、生物质发电等	1650	2000
优质烟酒	白酒、啤酒及其专用麦芽、黄酒、葡萄酒、果酒、配制酒以及其他酒的生产和烟叶复烤及卷烟制造	1600	2000
新型建材	水泥及混凝土制品、节能环保墙体材料、建筑装饰石材、平板玻璃及加工、建筑陶瓷、塑料门窗、塑料管材、建筑型材、防水材料等	2050	2250
现代化工	现代煤化工、精细磷化工和新兴的精细化工、橡胶制品、钡盐等现代化工产业	1600	2200
先进装备制造	航空、航天、汽车、高性能工程机械和能矿设备、智能设备等	1300	1600

---

① 陈兴云、王松:《贵州省级财政 52.4 亿元支持十大工业产业发展》,《中华工商时报》2020 年 12 月 8 日第 2 版。

② 2020 年,贵州省级财政年初预算安排 52.4 亿元资金,包括省工业和信息化发展专项资金 12.4 亿元、十大工业产业振兴专项资金 10 亿元、推动十大工业产业振兴奖补资金 20 亿元、贵州省煤炭结构调整转型升级专项资金 10 亿元。

续表

工业产业	主要产业范围	总产值（亿元）	
		2020 年	2022 年
基础材料	有色冶金、太阳能薄膜制造等	1190	1300
生态特色食品	茶叶制品、调味品、肉制品、粮油制品、果蔬食品、软饮料、乳制品等	1200	1500
大数据电子信息	智能终端制造及配套、新型显示产业、电子元器件及电子材料、集成电路产业、软件和信息技术服务、数字设施升级等	1000	1200
健康医药	药品、保健品、功能食品、医疗器械、康养等	1080	1250

资料来源：《省人民政府关于印发贵州省十大千亿级工业产业振兴行动方案的通知》（黔府发〔2018〕33 号）。

　　为了强化激励机制，《奖补资金分配方案》要求各项产业考核根据全省九个市（自治州）、贵安新区得分从高到低依次排名，分三档给予奖励，具体来说：对第1—3名各奖励该项产业奖补资金的12%，第4—7名各奖励10%，第8—10名各奖励8%。

　　为贯彻落实黔府发〔2018〕33号文件在税收政策上提出的"把降低企业成本作为供给侧结构性改革的突破口和主要任务，落实国家税收优惠政策"①的要求，贵州进一步全面落实中央的减税降费政策。2019年，贵州全省新增减税237.66亿元（其中地方级减税125.61亿元），政府性基金及行政事业性收费减免优惠政策减负约10.44亿元，降低社会保险费率减负63.46亿元。②减税降费政策的落实，不仅为处于转型升级关键期的企业注入新活力，而且为增强贵州经济发展后劲，迈向高质量发展助力。

　　2. 贵州工业经济发展必须高度契合中央节能减排的目标任务

　　根据英国石油公司（BP）在《BP世界能源统计年鉴》（*BP*

---

　　① 贵州省人民政府：《省人民政府关于印发贵州省十大千亿级工业产业振兴行动方案的通知》（黔府发〔2018〕33号），《贵州省人民政府公报》2019年第1期。
　　② 贵州省财政厅：《贵州 抗疫战贫稳经济 保障发展高质量》，《中国财经报》2021年3月11日第7版。

Statistical Review of World Energy）所公布的数据，2021 年中国二氧化碳排放量达到 120.40 亿吨，约占全球的 30.89%，位居全球第一。[①] 为了切实履行好节能减排的国际义务，中共中央、国务院于 2021 年 9 月 22 日印发《关于完整准确全面贯彻新发展理念 做好碳达峰碳中和工作的意见》（中发〔2021〕36 号，以下简称"中发〔2021〕36 号文件"），明确提出了中国到 2025 年、2030 年、2060 年的主要目标。[②] 作为国家生态文明建设示范区的贵州，在 2021 年 1 月 29 日通过的《贵州省国民经济和社会发展第十四个五年规划和 2035 年远景目标纲要》（以下简称《贵州省"十四五"规划纲要》）中认真贯彻落实党中央关于碳达峰、碳中和的重要决策部署，并且在《贵州省"十四五"规划纲要》中提出制订 2030 年碳排放碳达峰行动方案。[③]

在黔府发〔2018〕33 号文件中，以大数据电子信息、健康医药、生态特色食品、先进装备制造为代表的绿色产业均被列入贵州十大千亿级工业产业目录。基于对汽车是碳排放重要组成部分的充分认识，贵州适时对十大千亿级工业产业目录进行了优化调整，从 2021 年起正式将新能源汽车列入了十大千亿级工业产业目录。为支

---

① 2021 年，全球二氧化碳排放量为 389.77 亿吨。其中，美国为 51.68 亿吨，占比为 13.26%；印度为 27.97 亿吨，占比为 7.1%；俄罗斯为 21.72 亿吨，占比为 5.57%；日本为 10.81 亿吨，占比为 2.78%。

② 中发〔2021〕36 号文件提出："到 2025 年，绿色低碳循环发展的经济体系初步形成，重点行业能源利用效率大幅提升。单位国内生产总值能耗比 2020 年下降 13.5%；单位国内生产总值二氧化碳排放比 2020 年下降 18%；非化石能源消费比重达到 20% 左右；森林覆盖率达到 24.1%，森林蓄积量达到 180 亿立方米，为实现碳达峰、碳中和奠定坚实基础。到 2030 年，经济社会发展全面绿色转型取得显著成效，重点耗能行业能源利用效率达到国际先进水平。单位国内生产总值能耗大幅下降；单位国内生产总值二氧化碳排放比 2005 年下降 65% 以上；非化石能源消费比重达到 25% 左右；风电、太阳能发电总装机容量达到 12 亿千瓦以上；森林覆盖率达到 25% 左右，森林蓄积量达到 190 亿立方米，二氧化碳排放量达到峰值并实现稳中有降。到 2060 年，绿色低碳循环发展的经济体系和清洁低碳安全高效的能源体系全面建立，能源利用效率达到国际先进水平，非化石能源消费比重达到 80% 以上，碳中和目标顺利实现，生态文明建设取得丰硕成果，开创人与自然和谐共生新境界。"

③ 《贵州省"十四五"规划纲要》明确提出："积极应对气候变化，制订我省 2030 年碳排放碳达峰行动方案，降低碳排放强度，推动能源、工业、建筑、交通等领域低碳化。"

持绿色产业发展，贵州一方面积极争取中央有关部委对绿色制造投资重大工程和重点项目的支持，并通过相关产业发展专项资金给予优先支持，另一方面积极落实中央支持节能减排的各项税收优惠政策。贵州十大千亿级工业产业振兴行动高度契合了节能减排的目标任务，有利于守好发展和生态两条底线。

二　研究意义

（一）本书有利于进一步丰富产业政策与财税政策关联机制的相关研究

《中共中央关于全面深化改革若干重大问题的决定》（以下简称党的十八届三中全会《决定》）明确提出："财政是国家治理的基础和重要支柱。"[①] 遗憾的是，国内外主流财政学界在相当长一段时期将财政学视为经济学的一个分支，单纯使用经济学的范式来分析政府财政问题。[②] 关于在市场经济条件下是否实施产业政策的问题，国内外主流理论一直存在明显的分歧。反对实行产业政策的学者认为，政府在市场经济环境中应当"无为而治"，只要扮演好亚当·斯密提出的政府作为市场"守夜人"角色即可，不应对市场进行干预。而支持实行产业政策的学者常引用约翰·凯恩斯的基本理论，主张政府在特定的环境下应对市场进行适度干预。国内外主流理论研究将财税政策理解为产业政策的一部分，偏离了党的十八届三中全会《决定》中对财政的定位。

中国不论是在计划经济时期，还是在有计划的商品经济时期，乃至社会主义市场经济时期，政府这只有形之手，一直对市场发挥着重大影响。即便是从市场对资源配置发挥基础性作用，发展到市

[①] 《中共中央关于全面深化改革若干重大问题的决定》（二〇一三年十一月十二日中国共产党第十八届中央委员会第三次全体会议通过），《人民日报》2013 年 11 月 16 日第 1 版。

[②] 张韬：《中期预算与年度预算联动机制研究》，中国社会科学出版社 2016 年版，第 51 页。

场对资源配置发挥决定性作用的今天①，依然可以清晰地看到，从"政府调控市场，市场引导企业"，发展到了"政府掌控市场，市场配置资源"的发展轨迹。本书通过大量的文献梳理和实证分析，比较深入地揭示了市场和政府的关系，特别是产业政策与财税政策的关系。通过对美国、德国、日本等发达市场经济国家经济运行实际情况的分析，本书认为，这些国家不仅有着明确和长远的产业发展政策，而且产业政策对这些国家的经济运行发挥着巨大的影响。许多事实已经证明，这些国家往往在产业政策与财税政策组合配套比较科学合理的时期，经济往往能得到比较快速的发展，产业也会得到振兴。本书认为，只有深刻理解在中国现有的体制下政府和市场的这种逻辑关系，才能深刻认识社会主义市场经济的本质特征，才能深入揭示中国经济能保持长期持续高速增长的奥秘。而实施科学有效的财税政策，并与相关产业政策进行科学组合配套，对实现工业产业高质量发展发挥着"四两拨千斤"的重要作用。这一研究观点，为实施科学有效的产业政策和财税政策提供了理论依据。

（二）本书对贵州等欠发达地区制定相关政策具有一定的现实意义和参考价值

习近平总书记在党的十九大报告中明确指出："中国特色社会主义进入新时代，我国社会主要矛盾已经转化为人民日益增长的美好生活需要和不平衡不充分的发展之间的矛盾。"② 目前，中国各省份经济发展仍然差距较大，大部分省份地方财政支出主要依靠中央财政转移支付来维系。在此背景下，欠发达地区的财政处于一种收不抵支的状况，即所谓的"吃饭财政"。一方面，地方政府能用于发展经济的财力十分有限；另一方面，中国征税权和基本税率都是由中央政府统一制定，留给地方政府的操作空间极为有限，在一定

---

① 洪银兴：《论市场对资源配置起决定性作用后的政府作用》，《经济研究》2014年第1期。

② 习近平：《决胜全面建成小康社会 夺取新时代中国特色社会主义伟大胜利——在中国共产党第十九次全国代表大会上的报告》，《人民日报》2017年10月28日第1版。

程度上导致"惰政财政"状况的出现。

由于理论研究的滞后和缺失，欠发达地区的产业政策和财税政策往往处于一种"碎片化"被动应付的尴尬处境。一谈到招商引资，往往就是实施毫无底线的减税让利。一提起推动支柱产业发展，能想到的就是财政补贴和减税降费，很少将产业政策和财税政策组合配套起来一起实施。基于财税政策与产业政策关联机制的认识，本书认为，对产业与财税政策关系问题的探讨尚需进一步深化，由于财政补贴和税收优惠都存在自身无法解决的问题，其存在具有一定的阶段性和时效性。发达市场经济国家和中国经济发达地区的成功经验证明，在产业发展进入中高级阶段后，阶段性的财政补贴和税收优惠将有序退出，而以市场化方式运作的产业投资基金，应成为政府实施产业振兴财税政策的主要做法。本书对产业与财税政策关系问题的探讨，对贵州等欠发达地区制定相关政策具有一定的现实意义和参考价值。

第二节　文献综述

一　财政政策对产业结构的影响研究

（一）对财政政策影响给予认可的研究

部分学者对财政政策在产业结构转型升级中的影响给予认可。

Gramkow C. 等基于 2001—2008 年巴西 24 个制造业部门超过 10 万家公司的数据，对财政投融资引导绿色创新的效果进行实证分析时发现，虽然只有不到 14% 的公司采用了更环保的技术，但财政投融资在引导绿色创新方面仍然是有效的。[①]

徐维祥等利用 2011—2016 年中国 31 个省份规模以上工业企业

[①] Gramkow C. , Anger-Kraavi A. , "Could Fiscal Policies Induce Green Innovation in Developing Countries? The Case of Brazilian Manufacturing Sectors", *Climate Policy*, 2018, Vol. 18, No. 2, pp. 246-257.

的面板数据进行实证分析时，发现财政补贴每增加 1 个单位，企业创新绩效将增加 1.8203，甚至高于企业研发能力对企业创新绩效的 1.4376，同时财政补贴经济相对发达地区的效果要高于经济相对欠发达地区。①

庞兰心等基于 2005—2014 年中关村高技术制造企业的数据进行实证分析时，发现相较于税收减免，财政补贴对企业创新产出的影响更为显著。②

陈朝伦等建议，贵州一方面可通过在省级财政设立技术创新资金，通过财政补助、政府采购等方式，支持科技成果产业化，另一方面在省级财政设立物流资金，以强化物流方面的扶持力度。③

苏娜基于 2014—2017 年北京航天城 4283 家企业的非线性截面数据进行实证分析，发现财政科技专项补贴有利于提高企业技术创新效率，但该政策效果也会受到企业组织变革和企业生命周期两个条件的约束。④

王高望等选取了 1978—2015 年的经济数据进行实证分析，发现增加生产性财政支出对工业部门的影响非常显著，这有利于推动产业结构转型升级和中国工业化进程。⑤

杜传忠等利用动态模型和数值模拟的研究方法，分析了财政补贴和税收优惠对企业 R&D 投入具体路径的影响。研究发现，相较于税收优惠，财政补贴作为一种直接激励政策，其对企业 R&D 投入具

---

① 徐维祥等：《财政补贴、企业研发对企业创新绩效的影响》，《华东经济管理》2018 年第 8 期。

② 庞兰心、官建成：《政府财税政策对高技术企业创新和增长的影响》，《科学学研究》2018 年第 12 期。

③ 陈朝伦等：《贵州省十大千亿级工业产业现状分析与发展建议》，《贵州商学院学报》2019 年第 3 期。

④ 苏娜：《财政科技专项补贴对企业 R&D 投入的影响比较分析》，《统计与决策》2019 年第 3 期。

⑤ 王高望、田盛丹：《财政政策、资本深化与中国经济结构转型》，《世界经济文汇》2019 年第 4 期。

体路径的影响更为灵活、更具有针对性。①

姚东旻等利用 2005—2007 年中国工业企业经济数据进行实证分析时，发现财政补贴虽然会激励企业加大创新投入，但企业并没有因加大创新投入而获得更多的财政补贴，所谓财政补贴的"挤出效应"有待商榷。②

郑威等基于 2005—2015 年中国内地 30 个省级行政单位（西藏除外）的面板数据，分析了包括财政政策在内的创新驱动对产业结构的影响，发现包括财政政策在内的创新驱动不但有利于促进本地区产业结构实现转型升级，而且还会对相邻地区的产业结构实现转型升级产生正向溢出效应。③

范子英等提出部分学者在对财政补贴的效应进行分析时，可能忽视了"过头税"这一影响因素，财政补贴所产生的负面效应存在被严重高估的情况，这导致财政补贴的真实绩效被掩盖了。④

温桂荣等基于 2001—2018 年中国高新技术产业上市公司的财务数据进行实证分析时，发现财政补贴对国有企业的影响较民营企业更为显著，同时财政补贴对东部地区的影响较中西部地区更为显著。⑤

朱军等基于 2000—2018 年的产出、消费、CPI 环比、PPI 环比的季度数据，通过构建消费品和投资品两个部门上下游产业链的 DSGE 模型，分析了健康损失对通货膨胀和就业的影响。研究认为，政府应通过财政补贴政策应对健康损失所带来的消极影响。同时，

① 杜传忠、刘志鹏：《学术型创业企业的创新机制与政策激励效应——基于人工智能产业 A 股上市公司数据的数值模拟分析》，《经济与管理研究》2019 年第 6 期。
② 姚东旻、朱泳奕：《指引促进还是"锦上添花"？——我国财政补贴对企业创新投入的因果关系的再检验》，《管理评论》2019 年第 6 期。
③ 郑威、陆远权：《创新驱动对产业结构升级的溢出效应及其衰减边界》，《科学学与科学技术管理》2019 年第 9 期。
④ 范子英、王倩：《财政补贴的低效率之谜：税收超收的视角》，《中国工业经济》2019 年第 12 期。
⑤ 温桂荣、黄纪强：《政府补贴对高新技术产业研发创新能力影响研究》，《华东经济管理》2020 年第 7 期。

财政补贴政策既然重点针对中低收入阶层，也要兼顾消费者与供给者（企业）。[1]

Ejiike D. E. 基于尼日利亚中央银行公布的数据，对 1982—2012 年尼日利亚的财政政策和货币政策对制造业转型升级的影响进行时间序列分析。研究发现，相较于货币政策而言，财政政策对促进尼日利亚制造业转型升级的效应更为显著。[2]

Gomis-Porqueras P. 等建立了一个货币联盟的开放经济模型，其中包含摩擦商品市场和内生搜索决策。假设不同地区的市场特征不同，家庭用一种共同的货币为消费提供资金，可以在不同的地区寻找当地生产的商品。由于内生搜索决策存在区域溢出，均衡通常是无效的，仅靠货币政策无法纠正这种扭曲。然而，财政政策可以通过对地区层面的生产征税或补贴来帮助其改善分配。[3]

Rahaman A. 等的研究认为，由于扩张性政府支出对私人投资和消费增加的冲击非常显著，财政政策尤其是税收政策在稳定产出方面较货币政策更为有效，财政当局可以在不损害私人投资的情况下增加政府支出。[4]

（二）对财政政策影响给予批判的研究

然而，也有部分学者对财政政策在产业结构转型升级中的影响进行了批判。

黄志雄等基于 2007—2013 年沪深上市公司的面板数据，就财政补贴对企业投资的影响进行实证分析时发现，部分地方政府为了追

① 朱军：《健康损失的通货膨胀、就业影响与最优财政补贴政策——基于两部门和产业链的 DSGE 框架》，《学习与探索》2020 年第 7 期。

② Ejiike D. E. , "Transforming the Nigerian Manufacturing Industry through Monetary and Fiscal Policy Measures (*An Empirical Analysis* 1982 - 2012)", 研究之门，https://www. researchgate. net/publication/349177095.

③ Gomis-Porqueras P. , Zhang C. , "Optimal Monetary And Fiscal Policy In A Currency Union With Frictional Goods Markets", *Macroeconomic Dynamics*, 2021, Vol. 25, No. 7, pp. 1726-1754.

④ Rahaman A. , Leon-Gonzalez R. , "The Effects of Fiscal Policy Shocks in Bangladesh: An Agnostic Identification Procedure", *Economic Analysis and Policy*, 2021, Vol. 71, No. 3, pp. 626-644.

求政绩，很可能存在对特定行业的亏损企业盲目进行财政补贴，因此财政补贴对经济增长的正向效应有可能会被财政补贴所带来的效率损失所抵消。①

Ansari S. 采用自回归分布滞后模型，检验 1973—2015 年美国国防和政府消费支出对制造业盈利能力的影响。研究发现，虽然 1975—1983 年政府消费支出对制造业利润率的影响是积极且显著的，但随着金融部门利润率逐渐上升，1983—2015 年政府消费支出对制造业利润率的长期影响却转向了负面。②

Imide I. O. 基于 1980—2017 年尼日利亚制造业的数据，分析了财政政策对制造业的影响。研究发现，由于政策反复无常、腐败问题严重，尼日利亚的财政支出和公司所得税不但未能对制造业发展产生显著的促进作用，反而日益增长的联邦政府未偿还内债对制造业发展造成了消极且显著的影响。③

李社宁等认为，财政补贴虽然能激励新能源汽车的生产，但也可能会导致技术落后的汽车产业出现产能过剩的问题，进而阻碍技术先进的汽车产业的发展，因此财政补贴政策必须重视补贴"退坡"政策和新能源汽车产业发展阶段不协调的问题。④

周燕等认为，由于财政补贴会在一定程度上对新能源汽车市场竞争规则产生扭曲作用，而税收减免不会对新能源汽车市场竞争规则产生扭曲作用，因此对新能源汽车市场进行财政补贴所产生的交

---

① 黄志雄、赵晓亮：《财政分权、政府补助与企业过度投资——基于宏观视角与微观数据的实证分析》，《现代财经（天津财经大学学报）》2015 年第 10 期。

② Ansari S. , "US Fiscal Policy, Manufacturing Stagnation, and the Shift to Financialization in the Era of Globalization: An Econometric Analysis, 1973-2015", *Review of Political Economy*, 2018, Vol. 30, No. 4, pp. 595-614.

③ Imide I. O. , "Empirical Review of the Impact of Fiscal Policy on the Manufacturing Sector of the Nigerian Economy（1980-2017）", *Journal of Economics and Sustainable Development*, 2019, Vol. 10, No. 2, pp. 89-97.

④ 李社宁：《促进新能源汽车产业发展的可持续性财税政策探析》，《西安财经学院学报》2019 年第 4 期。

易费用，要显著地高于税收减免。①

颜晓畅等提出，由于企业永远存在"寻租"的动机，财政补贴并不能激发企业的创新行为。政府增加对企业的财政补贴只是帮助企业改善其经济效益，反而因此进一步加剧了产能过剩的问题。②

郑联盛等发现，虽然产业投资基金已经成为产业发展的重要融资模式，但是当前的产业投资基金仍存在政府对产业投资基金的主导性过强、民营资本参与度不足的问题，不但降低了产业投资基金的收益率，而且存在增加地方政府隐性债务的风险，因此产业投资基金暂时不宜成为产业发展的主流融资模式，政府在产业投资基金中权力与责任的边界必须明晰，产业投资基金运营必须坚持市场化原则。③

秦莉建议，中国应进一步完善养老财政补贴制度，在关注养老设备供给的同时应重视老年人的需求，政府应承担部分贫困家庭的养老费用，以减轻贫困家庭的养老负担。④

齐鹰飞等通过构建多部门一般均衡模型，在分析财政支出部门配置对产业结构的边际影响时发现，生产网络结构和部门增加值率决定了财政支出部门配置对产业结构的影响。⑤

Chibuzor O. 对 1981—2017 年尼日利亚各政府部门财政支出的经济效应进行了实证分析，发现由于政府部门存在寻租、腐败等现象，使政府增加农业支出和教育支出反而在一定程度上恶化了尼日

---

① 周燕、潘遥：《财政补贴与税收减免——交易费用视角下的新能源汽车产业政策分析》，《管理世界》2019 年第 10 期。

② 颜晓畅、黄桂田：《政府财政补贴、企业经济及创新绩效与产能过剩——基于战略性新兴产业的实证研究》，《南开经济研究》2020 年第 1 期。

③ 郑联盛等：《我国产业投资基金的特征、问题与对策》，《经济纵横》2020 年第 1 期。

④ 秦莉：《推进我国养老产业发展的财税政策问题探析》，《边疆经济与文化》2020 年第 3 期。

⑤ 齐鹰飞、Li Yuanfei：《财政支出的部门配置与中国产业结构升级——基于生产网络模型的分析》，《经济研究》2020 年第 4 期。

利亚的经济状况，只有增加卫生支出帮助改善了尼日利亚的经济状况。[1]

Donadelli M. 等基于美国 1975—2015 年的经济数据，利用内生增长模型研究不同财政政策对宏观经济和福利的均衡影响，该模型能与资产定价数据较好地进行匹配。研究发现，虽然对企业研发给予财政补贴有利于促进宏观经济增长，但也会导致同质化创新（Homogeneous Innovation）福利降低 5.02%。[2]

二 税收政策对产业结构的影响研究

（一）对税收政策影响给予认可的研究

部分学者对税收政策在产业结构转型升级中的作用给予认可。

Finley A. R. 等考察了替代简化信贷（Alternative Simplified Credit，ASC）对企业研发支出的影响。研究发现，ASC 每损失 1 美元的税收，会额外增加 2.26 美元的研发支出，由此可以证明，当企业可以在两种信用计算方法之间进行选择时，ASC 有利于激励企业进行研发投资。[3]

马海涛等建议，基于不同行业的利润创造能力、落后产能存在状况、行业未来发展潜力等因素改革现行的企业所得税制，以更好地促进产业结构实现转型升级。[4]

Riera-Crichton D. 等基于全球 35 个国家的样本，提出无论是工业国家还是发展中国家，与更受欢迎的基于收入的衡量方法（如经

① Chibuzor O., "Impact of Government Sectorial Expenditure on Economic Growth in Nigeria: An Empirical Analysis", *Nigeria Journal of Public Administration and Local Government*, 2020, Vol. 21, No. 1, pp. 49–69.

② Donadelli M., Grüning P., "Innovation Dynamics and Fiscal Policy: Implications for Growth, Asset Prices, and Welfare", *The North American Journal of Economics and Finance*, 2021, Vol. 57, No. C, pp. 1430–1468.

③ Finley A. R., et al., "The Effectiveness of the R&D Tax Credit: Evidence from the Alternative Simplified Credit", *Journal of the American Taxation Association*, 2015, Vol. 37, No. 1, pp. 157–181.

④ 马海涛、段琦：《"供给侧"财政改革背景下的税制重构——基于直接税和间接税相对关系的角度》，《苏州大学学报》（哲学社会科学版）2016 年第 3 期。

周期调整的收入）相比，作为税收政策真正衡量标准的税率是不可替代的经济政策工具。[1]

尹音频等、王佩等在分析"营改增"对中国保险业的减税效应时发现，虽然"营改增"使保险业的企业所得税负有所增加，但是由于其对流转税税负的减税效应更为显著，因此"营改增"在整体上降低了保险业的税负（降幅为 0.0066%）。[2][3]

郭健认为，税收政策可以从降低企业技术创新投入风险、提高制造业技术创新预期收益、增加制造业技术创新所需人才供给三个方面提升制造业技术创新能力，并建议中国进一步完善现行的高新技术企业优惠政策和研发费用加计扣除政策。[4]

陈洋林等研究发现，政府的税收优惠政策对企业加大在战略性新兴产业投入力度方面具有稳健且正向的效应，同时由于民营企业的财务状况、自由度与非民营企业存在一定的差异，使民营企业在政府实施税收优惠政策时，更容易加大在战略性新兴产业方面的投入力度。[5]

黄智文认为，相较于财政政策，税收政策作为经济手段不仅有更高的经济效率，还有利于促进产业内部竞争，减少政府的干预扭曲，而且税收政策所具有的普惠性更有利于保障公平。[6]

马诗萌认为，当政府实施一定的税收优惠政策时，可促进企业的边际成本曲线出现下移，有利于激励企业提高对高技术产业的投

① Riera-Crichton D. , "Tax Policy and the Macroeconomy: Measurement, Identification, and Non-Linearities", *Ensayos Sobre Política Económica*, 2017, Vol. 35, No. 82, pp. 10-17.

② 尹音频等：《保险业营改增的产业波及效应分析——基于投入产出法的测算》，《税务研究》2017 年第 11 期。

③ 王珮等：《营改增后我国保险行业流转税税负研究》，《税务研究》2018 年第 8 期。

④ 郭健：《税收扶持制造业转型升级：路径、成效与政策改进》，《税务研究》2018 年第 3 期。

⑤ 陈洋林等：《税收优惠对战略性新兴产业创新投入的激励效应评价——基于倾向评分匹配法的实证分析》，《税务研究》2018 年第 8 期。

⑥ 黄智文：《产业政策之争的税收视角——兼论芯片企业税收优惠政策着力点》，《税务研究》2019 年第 1 期。

资水平，从而促进产业结构的转型升级。①

王钊等基于 2000—2017 年除西藏、新疆外全国 29 个省份的面板数据，利用断点回归分析法进行实证分析时发现，税收优惠政策一方面降低了高技术产业的创新成本，另一方面减少了高技术产业的税收负担，有效解决了高技术产业创新过程中所面临的资金不足问题。②

郑良海等建议，中国应将现行的增值税由三档调整为两档，尽量减少税收征管对企业、行业决策的扭曲行为，并建议全国人大进一步加快《风险投资法》《私募条例》等相关法律的立法工作，为中国制造业市场化融资创造更为有利的条件。③

席卫群发现，中国制造业税负明显高于全国宏观税负，其中 2013—2017 年的制造业税负要比全国宏观税负高出约 3 个百分点，在一定程度上影响了中国制造业的竞争优势，建议通过进一步优化相关政策来提高中国制造业的竞争力。④

解洪涛等利用断点回归分析法，对 2014 年小微企业所得税减半征收的就业效应进行实证分析时发现，相较于未享受优惠政策的企业，享受优惠政策的企业雇工水平平均增长了 5.36%—5.72%。⑤

樊勇等利用 2014—2015 年全国税收调查数据，对小微企业所得税优惠政策间断点的聚束（Bunching）效应进行实证分析时发现，由于样本期可享受优惠政策的企业比例较低，使样本期企业全要素生产率平均水平仅提高 5.8%，但如果满足条件的企业都享受该政

① 马诗萌：《促进产业空间结构优化的财税政策研究》，《中国集体经济》2019 年第 7 期。

② 王钊、王良虎：《税收优惠政策对高技术产业创新效率的影响——基于断点回归分析》，《科技进步与对策》2019 年第 11 期。

③ 郑良海、侯英：《税收支持制造业高质量发展的政策选择》，《税收经济研究》2020 年第 1 期。

④ 席卫群：《我国制造业税收负担及相关政策的优化》，《税务研究》2020 年第 2 期。

⑤ 解洪涛、张建顺：《所得税减半征收政策对小微企业就业影响评估——基于全国税源调查数据的断点回归分析》，《经济评论》2020 年第 3 期。

策，则企业全要素生产率平均水平将提高 13.3%。①

刘祖基等基于 1996—2016 年的季度数据，分析不同模式下宏观政策对产业结构优化所产生的影响。研究发现，收入型财政政策（调整消费税率、劳动所得税率、资本所得税率）相较于支出型财政政策更有利于推动产业结构优化。②

黄智文建议，中国应在增值税、城市维护建设税、企业所得税、个人所得税等方面减轻企业的税收负担，以更好地促进软件产业和集成电路产业的发展。③

张明斗的研究发现，由于财政补贴在设计上存在自身难以解决的问题，使其在实施环节有可能抑制高新技术产业的创新活动，而税收优惠政策能较好地促进高新技术产业发展，因此建议政府对高新技术产业政策应以税收优惠政策为主、以财政补贴政策为辅。④

高照钰以电子竞技产业为例，试图分析税收政策对新产业的影响。研究认为，中国可以通过税收政策促进电子竞技产业的发展，并通过税收政策解决电子竞技产业人才短缺和税负不公平的问题。⑤

王乔等以 2017 年全国投入产出表的数据，分析了增值税改革对制造业 31 个行业宏观税负的影响。研究发现，制造业 28 个行业的税负出现下降，只有 3 个行业宏观税负因可抵扣进项税额下降幅度较大导致税负出现上升，这有利于倒逼企业进行产业转型升级。⑥

Mahajan A. 等以食品行业作为污染行业的代表，基于 1994—

---

① 樊勇等：《小微企业所得税优惠间断点是否存在聚束效应》，《世界经济》2020 年第 3 期。

② 刘祖基等：《政策协调、产业结构升级及宏观经济效应分析》，《商业研究》2020 年第 4 期。

③ 黄智文：《软件产业和集成电路产业税收优惠政策：回顾与建议》，《税务研究》2020 年第 5 期。

④ 张明斗：《政府激励方式对高新技术企业创新质量的影响研究——促进效应还是挤出效应？》，《西南民族大学学报》（人文社科版）2020 年第 5 期。

⑤ 高照钰：《促进电竞产业发展的税收政策研究》，《税务研究》2020 年第 6 期。

⑥ 王乔、徐佳佳：《增值税改革对制造业税负的影响研究——基于投入产出法》，《税务研究》2020 年第 12 期。

2015 年 G20 国家的数据, 分析了征收环保税对食品行业在国际贸易中比较优势的影响。研究发现, 环保税的征收从长期来看将会削弱食品行业在国际贸易中的比较优势, 因此严格的环保政策有利于激励污染行业进行创新。[1]

蔡伟贤等利用 2014—2019 年 A 股上市公司的微观数据, 分析了 2018 年增值税留抵退税对企业研发创新所产生的影响。研究发现, 由于增值税留抵退税政策可以有效增加企业现金流, 因此其对企业研发创新具有较为显著的激励效应。[2]

(二) 对税收政策影响给予批判的研究

然而, 也有部分学者的相关研究发现, 税收优惠政策并非在任何情况下都是有效的。

杨灿明认为, 在以增值税、营业税为主体税种的地方税制背景下, 地方政府很可能会倾向于发展经济效益显著、税基充裕的建筑业和房地产业, 对创新型企业重视程度不足, 在一定程度上会对落实相关税费优惠政策产生消极影响。[3]

杨志安等研究发现, 结构性减税有利于产业结构优化, 且东部地区的效应要明显强于中部和西部地区, 然而结构性减税与产业结构之间还存在非线性倒 "U" 形的关系, 长期来看对优化产业结构的效果会出现衰减。[4]

徐超等基于 A 股上市公司的数据, 发现 2009 年的增值税改革使企业的金融化水平出现了明显的下降, 而且这次改革对重资产企业进行实体投资的激励效应要显著大于轻资产企业, 对融资约束较

---

① Mahajan A., Majumdar K., "Impact of Environmental Tax on Comparative Advantage of Food and Food Products: A Study of G20 Countries in Light of Environmentally Sensitive Goods", *The Indian Economic Journal*, 2021, Vol. 69, No. 4, pp. 705-728.

② 蔡伟贤等:《增值税留抵退税政策的创新激励效应》,《财政研究》2022 年第 5 期。

③ 杨灿明:《减税降费: 成效、问题与路径选择》,《财贸经济》2017 年第 9 期。

④ 杨志安、邱国庆:《结构性减税对产业结构优化的影响研究——基于中国省级面板数据的实证分析》,《软科学》2019 年第 4 期。

小的企业进行实体投资的激励效应也要显著大于融资约束较大的企业。[1]

甘行琼等利用面板数据，从总量和结构两方面就税收政策对产业结构转型的非线性作用进行实证分析时发现，由于财政支出的增速快于财政收入的增速，使第二产业的宏观税负的增加反而在一定程度上能更好地实现产业结构转型，此外流转税对产业结构呈现出先反向、后正向的作用，而所得税对产业结构则呈现出先反向、后正向、再反向的作用。[2]

魏嶷等基于《2017 年投入产出表》中 149 个行业部门的数据，分析了"营改增"对金融业的外溢效应。研究发现，"营改增"对减轻第三产业税负的效应要显著地大于第二产业。[3]

张克中等利用 2008—2016 年中国上市公司的微观数据，就"金税三期"工程对企业逃税行为的影响进行研究时发现，涉税信息监管能力的提升会导致企业实际税负的增加，这在一定程度上抵消了减税降费政策的影响。[4]

杨兵等、杨杨等研究发现，企业家的不同情感会对税收激励企业研发投入效应产生截然不同的效果，政府应充分激发企业家的市场预期，而税收优惠政策有利于削弱悲观企业家抑制的市场信心，但对乐观企业家的影响并不显著，表现出"过犹不及"的现象。[5][6]

---

[1] 徐超等：《降低实体税负能否遏制制造业企业"脱实向虚"》，《统计研究》2019年第 6 期。

[2] 甘行琼、蒋炳蔚：《我国税收促进产业结构转型的效果分析——来自我国省级面板数据的经验》，《税务研究》2019 年第 12 期。

[3] 魏嶷等：《全面营改增后金融业减税外溢效应研究——基于产业链视角的分析》，《税务研究》2020 年第 1 期。

[4] 张克中等：《缘何"减税难降负"：信息技术、征税能力与企业逃税》，《经济研究》2020 年第 3 期。

[5] 杨兵、杨杨：《企业家市场预期能否激发税收激励的企业研发投入效应——基于上市企业年报文本挖掘的实证分析》，《财贸经济》2020 年第 6 期。

[6] 杨杨、杨兵：《税收优惠、企业家市场信心与企业投资——基于上市公司年报文本挖掘的实证》，《税务研究》2020 年第 7 期。

胡洪曙等基于 2007—2018 年 A 股上市公司和各经济区主要经济指标相关数据，利用成本费用黏性模型，对企业所得税税负黏性的原因以及其对产业结构的影响进行了实证分析。研究发现，虽然上市公司税负有所下降，但是企业所得税税负黏性却明显增强，阻碍产业结构转型升级。其中，企业所得税税负黏性与地方政府的财政收入分权度呈显著的负相关关系，与地方政府的征税努力程度呈显著的正相关关系。[①]

Guceri I. 等利用波兰从事工商业人口的数据，构建了一个企业层面的不确定性风险测量模型。研究发现，只有在宏观经济不确定性较低的时期，税收激励政策才会对平均投资产生较强的正效应（公司平均投资支出可增加 8.3%）。而在宏观经济高度不确定性的时期，更多的公司通常会采取观望的态度（公司平均投资支出仅增加 6.4%）。[②]

Martin C. 等分别分析了在对房屋评估、租金、住房存量、房屋建设者、资本收益征税时，税收政策如何影响住房市场的稳定状态、稳定性和失衡行为。研究认为，房地产市场周期幅度可能会随着税率的增加而增加，因此良好的税收政策可能并不总是有助于稳定住房市场。[③]

崔惠玉等基于 2016—2018 年全国税收调查数据库的数据，分析了增值税留抵退税对企业研发投入的影响。研究发现，由于企业销项税额小于进项税额所产生的留抵税款会减少企业现金流，因此无论在企业层面还是在地区层面，增值税留抵退税都会对企业研发投

① 胡洪曙、武锶芪：《企业所得税税负粘性的成因及其对地方产业结构升级的影响》，《财政研究》2020 年第 7 期。

② Guceri I., Albinowski M., "Investment Responses to Tax Policy under Uncertainty", *Journal of Financial Economics*, 2021, Vol. 141, No. 3, pp. 1147-1170.

③ Martin C., et al., "Heterogeneous Expectations, Housing Bubbles and Tax Policy", *Journal of Economic Behavior & Organization*, 2021, Vol. 183, No. 3, pp. 555-573.

入产生较为显著的抑制效应。①

三 产业政策对财税收入的影响研究

部分学者也逐渐意识到产业政策对培育政府财源的重要性，并进行了相关的研究。

Podmolodina I. M. 等建议，俄罗斯政府应制定"新"的产业政策，包括改善公平竞争条件以增强公司创新动力机制，完善产品或服务市场的监管机制，协调俄罗斯和欧盟国家之间的技术法规体系，使俄罗斯企业能更好地应对因欧美国家经济制裁所带来的经济困难，进而确保俄罗斯财政的可持续性。②

桂萍等认为，在经济进入新常态后，中国的第一产业产值占比偏高、第二产业创新不足、第三产业结构不合理，使"营改增"后的地方政府面临较大的财力缺口。为了尽快适应经济新常态，中国应通过产业新融合培育新税源，并通过发展现代制造业和现代服务业，使其成为具有可持续性的地方政府支柱税源。③

宋敏等认为，以陕西省延安市为代表的资源型城市的传统产业所能提供的财政收入空间将逐渐减小，而现代产业体系与地方财政收入的可持续性、稳定性密切相关，因此建议加快以民营经济为主体的第三产业发展，从而为地方政府培育充分可靠的财源。④

张斌认为，为了更好地实施创新驱动发展战略，应以"功能性

---

① 崔惠玉等：《增值税留抵税款抑制了企业研发投入吗》，《财贸经济》2022 年第8 期。

② Podmolodina I. M. , et al. , "Main Directions and Mechanisms of Industrial Policy of Russia", *Asian Social Science*, 2015, Vol. 11, No. 20, pp. 170-177.

③ 桂萍、唐明：《经济新常态下我国地方税税源优化策略及实现路径》，《商业研究》2015 年第12 期。

④ 宋敏等：《资源型城市财源建设的风险识别与制度优化路径——以陕西省延安市为例》，《中国软科学》2016 年第10 期。

产业政策"① 逐渐替代"选择性产业政策"②，并按照"功能性产业政策"的思路进一步提高税收优惠政策的普惠性。③

胡晓东等通过对湖北恩施自治州的调查研究，发现建筑业、房地产业、金融业、生活服务业的新增增值税，并不能弥补全面实施"营改增"对恩施市地方财政的冲击，而缺乏高科技、服务类企业是造成此情况的重要原因。研究提出，当地应加快发展特色产业（生态文化旅游、富硒产业等），并扶持高科技、服务类企业，从而为地方政府培养有稳定、可持续性的财源。④

Langer S. 等对德国政府限制土地消费的政策进行了批判，并利用横截面工具变量估计法，分析了巴伐利亚州城市工商业建成区面积对营业税收入的影响。研究发现，城市工商业建成区面积扩大对增加营业税收入具有显著的积极效应，其中在大城市产生的积极效应要明显高于农村地区和小城市。⑤

郭杰等通过构建双重差分模型，分析中央的产业政策对地方企业实际税率的影响时，发现中央的产业政策会促使地方企业实际税率水平出现下降，其中一般性鼓励产业和重点鼓励产业的企业实际税率水平将分别平均下降 0.2% 和 0.6%，且地方企业实际税率水平下降还与地方财政收入水平呈负相关，使私营企业成为该政策的主

---

① 所谓"功能性产业政策"，是指政府以"为市场主导的产业发展提供服务"为目标，在消除市场壁垒、促进竞争以激励创新的同时，致力于通过普惠性政策措施和制度建设降低市场主体的交易成本和创新成本的产业政策。

② 所谓"选择性产业政策"，是指以"后发优势"为理论基础，以政府选择特定产业进行有针对性的扶持以实现"赶超"发达国家为目标的产业政策。

③ 张斌：《创新驱动、功能性产业政策与税制优化》，《国际税收》2017 年第 1 期。

④ 胡晓东、田孟清：《"营改增"对民族地区财政收入和产业转型的影响及对策——基于湖北省恩施自治州的调查分析》，《中南民族大学学报》（人文社会科学版）2017 年第 4 期。

⑤ Langer S. , Korzhenevych A. , "The Effect of Industrial and Commercial Land Consumption on Municipal Tax Revenue: Evidence from Bavaria", *Land Use Policy*, 2018, Vol. 77, No. C, pp. 279-287.

要受益者。①

陈思瑞认为，在中国全面实施"营改增"后，地方政府应通过发展经济、促进就业等方式涵养本地增值税、企业所得税和个人所得税的税源，并通过资源税改革逐步解决资源型省份出现的税收与税源相背离的问题。②

赵林等建议，云南应充分结合国家产业政策的新变化，一方面发展烟草等传统支柱产业及相关实体产业以巩固第二产业的税源，另一方面支持以绿色产业为代表的新兴重点产业发展以优化自身的税源结构。③

杨树琪等利用 1998—2017 年云南省的数据进行实证分析时发现，地方产业结构对税源质量和税种稳定性具有显著影响，尤其第二产业中的工业、建筑业以及第三产业中的房地产业、金融业，对税源质量和税种稳定性的影响更为显著，因此发展现代服务业才是地方税未来的发展方向。④

刘益彤等认为，西部地区应加强与国内外高校与科研机构合作，发展智力密集型企业，同时培育和引进龙头企业，实现全产业链布局和产业集群，进而形成税源集聚。⑤

张凯等基于 2008—2017 年除西藏外全国 30 个省份的面板数据，通过构建经济高质量增长评价指标体系和税收健康发展评价指标体系，对税收和经济之间的关系进行格兰杰检验后发现，经济高质量发展有利于实现产业结构的优化，进而使包括税收制度、税收管

---

① 郭杰等：《国家产业政策、地方政府行为与实际税率——理论分析和经验证据》，《金融研究》2019 年第 4 期。

② 陈思瑞：《论营改增后中国地方主体税种的应然选择》，博士学位论文，华南理工大学，2019 年。

③ 赵林等：《培育新兴产业优化地方税源结构——基于云南省差别化扶持政策的分析》，《经济研究导刊》2019 年第 14 期。

④ 杨树琪等：《产业结构与税源质量稳定性分析——以云南省为例》，《云南财经大学学报》2019 年第 11 期。

⑤ 刘益彤、刘亚臣：《营改增后建筑业区域税收转移与产业结构协调发展路径研究》，《建筑经济》2019 年第 12 期。

理、税收优惠政策等在内的税收系统实现健康发展。[①]

Clance M. 等基于 2003—2018 年 126 个国家的面板数据,对经济政策不确定性与公司税率之间的关系进行分析后发现,经济政策不确定性的增加会导致公司税率升高。[②]

Md S. H. 等基于 1977—2015 年一整套时间序列分析,探讨了工业增加值、贸易自由化、汇率、城市化和外债等宏观经济因素对孟加拉国税收的影响。研究认为,由于税收对工业增加值的长期弹性相对高于短期弹性,为确保充足的税收,孟加拉国政府应高度重视工业增加值的增加。[③]

俞元鹊建议,中国应促进优势产业转型升级,巩固国内生产供应体系,提高企业生产经营效益,有效地推动新形势下的财源建设,确保财政收入增长的可持续性。[④]

冯秀娟等基于 2017 年全国第一、第二、第三产业的增值税、企业所得税数据,分析产业数字化升级对税收收入影响时发现,产业数字化升级对第一、第二、第三产业的税收贡献占比仅分别为 3.6%、2.3%、4.5%。[⑤]

四 文献评述与研究目标

(一) 文献评述

目前,学术界对产业与财税政策关系的研究主要集中在两个方面:一个是分析财税政策对产业结构的影响,另一个是分析产业政策对财税收入的影响。本书认为,对产业与财税政策关系问题的探

---

① 张凯、朱诗怡:《高质量视角下税收是否促进了经济增长:机制与实证》,《山西财经大学学报》2020 年第 8 期。
② Clance M., et al., "The Relationship between Economic Policy Uncertainty and Corporate Tax Rates", *Annals of Financial Economics*, 2021, Vol. 16, No. 1, pp. 1–13.
③ Md S. H., et al., "Macroeconomics and Taxation: Towards an Effective Tax Policy", *Journal of Business and Economic Perspectives*, 2021, Vol. 47, No. 2, pp. 90–125.
④ 俞元鹊:《疫情冲击下我国财源建设对策思考》,《地方财政研究》2021 年第 2 期。
⑤ 冯秀娟等:《数字经济发展对我国税收贡献度的实证研究——基于数字产业化和产业数字化视角》,《税务与经济》2021 年第 6 期。

讨尚需进一步深化。

1. 对产业与财税政策关系问题的探讨尚需进一步深化

关于财税政策对产业结构的影响，目前主要存在两种截然相反的学术观点。一些学者认为，财政政策会扭曲市场主体的经济行为，尤其财政补贴可能会破坏市场公平竞争的秩序，使产能过剩的问题进一步加剧，因此建议推动产业结构转型升级应以税收政策为主；另一些学者则认为，相较于税收政策，财政政策对推动产业结构转型升级的效用更为直接且显著，同时财政政策不会扭曲市场主体的经济行为，因此建议推动产业结构转型升级应以财政政策为主。此外，部分学者也逐渐意识到产业政策对培育政府财源的重要性，并对此进行了相关的研究与探讨。

本书认为，关于财税政策对产业结构影响的探讨尚需进一步深化。一方面，上述两种学术观点虽看似相悖，但研究的出发点都是基于市场失灵问题，基本观点是由于存在市场失灵的问题，所以需要政府对市场经济实施干预。这种基本观点还是将财政学视为经济学的一个分支，单纯使用经济学的范式来分析政府财政问题，将财税政策理解为产业政策的一部分，偏离了党的十八届三中全会《决定》中对财政的定位。另一方面，上述两种学术观点对财税政策的理解尚不够全面，部分研究甚至将财政政策简单概括为财政补贴，税收政策简单概括为税收优惠，而对产业投资基金的研究尚不够深入。

2. 财政补贴和税收优惠都存在自身无法解决的问题

本书认为，无论是财政补贴政策，还是税收优惠政策，在实际工作中都是一把"双刃剑"，地方政府很容易陷入财税政策的恶性竞争当中。从总体来看，财政补贴和减税降费都有着明显的短期性、不可持续性等特点，尤其对包括贵州在内的经济欠发达地区而言，地方财政常常是收不抵支，长期实行只会使地方财政更加拮据。除此之外，不恰当的财政补贴和减税降费一方面会破坏市场公平竞争的秩序，另一方面还可能让地方政府和企业产生惰性，阻碍企业转向高质量发展，既不利于构建以国内大循环为主体、国内国际双循环相互促进的新发展格局，也严重降低了财政支出的绩效。随着中国未来还将进一步开放国内市场，包括贵州在内的经济欠发达地区的财政补贴、税收优惠等涉及贸易保护政策将逐步取消。失去贸易保护政策的国内企业将直接面对国内国际市场上极其激烈的市场竞争，而缺乏市场竞争力的企业将不可避免地面临倒闭风险，这势必在短期内会对本土经济产生较大冲击。

3. 以市场化方式运作的产业投资基金应成为政府实施产业振兴财税政策的主要做法

本书认为，财政补贴和税收优惠的存在具有一定的阶段性和时效性，发达市场经济国家和中国经济发达地区的成功经验证明，在产业发展进入中高级阶段后，阶段性的财政补贴和税收优惠将有序退出，真正能长期吸引投资商的因素早已不再是简单的财政补贴或减税降费，更多的是看各个地方的综合投资环境，譬如投资方的基本权益是否享有法律保障，投资地的产业配套条件是否完整等。因此，以市场化方式运作的产业投资基金应成为政府实施产业振兴财税政策的主要做法。由于中国大部分地方政府对产业投资基金还处于改革试点的阶段，而改革的关键在于明晰政府在产业投资基金中权力与责任的边界，使政府成为市场秩序的维护者。因此，本书建议应加大以市场化方式运作产业投资基金的权重，与现行的普惠性减税和结构性减税政策相结合，构建起产业投资基金与财政补贴、税收优惠科学组合、高效运行的新格局，充分发挥财税政策"四两拨千斤"的作用。

（二）研究目标

本书以推进贵州工业产业发展的财税政策为研究目标和切入点。本书在国外选择了美国、德国和日本，在国内选择了浙江和苏州作为样本，简明扼要地分析了这些发达市场经济国家和中国经济发达地区为促进工业产业振兴而实施的财税政策，为贵州实施促进工业产业振兴的财税政策提供有价值的借鉴参考。同时，本书对贵州工

业产业变迁的轨迹以及财税政策对贵州工业产业发展的影响进行了
分析，从中发现产业政策和财税政策之间变迁的规律，为当前及今
后一段时期制定与产业发展政策能组合配套的财税政策提供历史和
现实的依据。

本书认为，贵州必须根据产业大集群化发展的总体构想，将十
大千亿级工业产业打造为具有强大市场竞争力的产业集群，推动全
省产业有序转型升级，尽快迈上价值链的中高级阶段。为与产业大
集群化发展相适应，需要加大财税与产业政策系统集成，构建省级
专项资金项目储备库。同时，阶段性的财税政策适时有序退出，加
大以市场化方式运作产业投资基金的权重。此外，加大科技投入力
度，健全科技投入机制，进一步落实并完善中央减税降费政策，有
序推进贵州工业产业发展。

要推进好贵州工业产业发展的财税政策，还必须从"节流"和
"开源"两方面构建有力的保障机制。从"节流"来看，贵州应全
面贯彻落实预算绩效管理，提高工业投资效益。从"开源"来看，
贵州可进一步健全省以下财政管理体制，并积极向中央政府争取更
多政策和项目支持，增强地方政府保障基本公共服务财力。同时，
建议中央对现行的个人所得税制、增值税制、企业所得税制、环境
保护税制进行优化，进一步完善税收制度。此外，贵州应大力支持
教育事业发展，并积极参与全球产业价值链分工，以更好地推动工
业产业高质量发展。

第三节　总体框架

一　研究内容

第一部分：绪论。介绍本书的选题背景与研究意义、文献综述、
研究内容、研究方法和创新点。目前，学术界对产业与财税政策关
系的研究主要集中在两个方面：一个是分析财税政策对产业结构的

影响，另一个是分析产业政策对财税收入的影响。本书认为，对产业与财税政策关系问题的探讨尚需进一步深化。

第二部分：相关理论依据。本书梳理了促进工业产业发展财税政策的主要理论依据，包括涉及产业发展的产业结构理论、产业集聚理论和产业集群理论，以及涉及产业政策的幼稚产业保护理论、税收政策理论。

第三部分：国内外工业产业发展财税政策的经验借鉴。在国外选择了美国、德国和日本，在国内选择了浙江和苏州作为样本，简明扼要地分析当前这些发达国家和中国经济发达地区为促进工业产业发展而实施的财税政策。

第四部分：贵州工业产业的财税政策变迁。对贵州工业产业变迁的轨迹以及财税政策对贵州工业产业发展的影响进行了分析。

第五部分：贵州工业产业发展的财税政策条件分析。总体来看，财税政策对促进贵州工业产业发展发挥了应有的作用。但是在新的历史条件下，存在的一些突出问题也需要找到科学有效的解决办法。

第六部分：推进贵州工业产业发展财税政策的机制构建。贵州必须将十大千亿级工业产业打造为具有强大市场竞争力的产业集群，加大财税与产业政策系统集成，构建省级专项资金项目储备库。同时，阶段性的财税政策适时有序退出，加大以市场化方式运作产业投资基金的权重。此外，加大科技投入力度，健全科技投入机制，进一步落实并完善中央减税降费政策。

第七部分：推进贵州工业产业发展财税政策的保障机制。要推进好贵州工业产业发展的财税政策，贵州必须从"节流"和"开源"两方面构建有力的保障机制。

二　研究方法

（一）文献研究法

根据研究需要，本书比较系统地梳理了大量关于财税政策与产业政策的研究文献资料，如财税政策对产业结构的影响等。又对部分市场经济国家和中国部分发达地区经济的工业产业财税政策的影响进行了梳理分析。根据研究需要，本书还通过对晚清时期至民国时期，以及中华人民共和国成立以来各个时期财税政策对工业产业影响的分析，比较清晰地揭示近现代贵州工业产业发展的脉络，尤其是各个时期财税政策对工业产业发展的深刻影响。这不仅拓展了研究的思路，更加深入认识了财税政策与产业政策及产业发展的关系，为地方政府制定能与产业振兴组合配套的财税政策，提供了历史和现实的参考。

（二）实地调研法

为比较深入地了解地方财税政策和产业发展政策的实际情况，本书一方面对我国现行财税政策和产业政策的实际成效和存在问题进行了深入分析；另一方面在贵州省财政厅、贵州省税务局、贵州省发展和改革委员会、贵州省工业和信息化厅、贵州省教育厅及相关高等院校，以及贵阳市的相关部门，采取召开专题座谈会、函询等形式，听取了财税和产业实务部门意见，收集到大量的第一手资料和数据，为本书奠定了较为坚实的基础。

三　创新点与不足

（一）创新点

（1）研究思路的创新。本书认为，对产业与财税政策关系问题的探讨尚需进一步深化，由于财政补贴和税收优惠都存在自身无法解决的问题，其存在具有一定的阶段性和时效性，发达市场经济国家和中国经济发达地区的成功经验证明，在产业发展进入中高级阶段后，阶段性的财政补贴和税收优惠将有序退出，而以市场化方式运作的产业投资基金，应成为政府实施产业振兴财税政策的主要做法。

（2）研究视角的创新。本书聚焦于我国经济欠发达地区的贵州，将其作为样本，放大到全国、全世界的视野。通过扼要地对比分析美国、德国、日本等发达市场经济国家实施推动产业振兴的财税政策的做法和成效，以及我国部分发达地区实施财税政策与产业政策配套的路径和方法，提炼出可供贵州等经济欠发达地区借鉴参考的经验和政策建议。

（二）不足

（1）本书提出构建财政补贴、税收优惠与产业投资基金相结合的财税机制缺乏实际工作的检验。虽然产业投资基金已经成为产业发展的重要融资模式，但是当前国内的产业投资基金仍存在政府对产业投资基金的主导性过强、民营资本参与度不足等问题，不但降低了产业投资基金的收益率，而且存在增加地方政府隐性债务的风险，因此贵州能否构建起财政补贴、税收优惠与产业投资基金相结合的财税机制，还亟待实际工作的检验。

（2）受限于本人学术水平及经济数据可获取性，本书对贵州工业产业财税政策的分析可能存在一定的欠缺。譬如，由于工业企业部分微观经济数据可能涉及商业秘密，一般不直接对外公布，因此本书主要对直接对外公布的贵州工业产业宏观经济数据进行分析，使得本书对贵州工业产业财税政策的分析可能存在一定的欠缺。

第二章

相关理论依据

第一节 产业发展理论

一 产业结构理论

（一）配第—克拉克定理

1672 年，英国经济学家威廉·配第（William Petty）在其著作《政治算术》中指出，工业的收益远远高于农业，而商业的收益又远远高于工业。配第发现，英国的农民每周劳动的收入是 4 先令，而海员得到的收入却是 12 先令，一个海员的收入相当于农民的 3 倍。配第认为，随着各种产业和新奇技艺的增加，农业将趋向衰落，否则农民的工资将上涨，其结果是土地地租的下跌。① 由于劳动力会逐渐流向更加赚钱的产业，产业结构也将随之发生变革。

1940 年，英国经济学家科林·格兰特·克拉克（Colin Grant Clark）以配第的研究为基础，在其著作《经济进步的条件》中使用生产法，将国民经济分为第一产业、第二产业和第三产业。克拉克认为，第一产业包括农牧业、渔业、林业和狩猎业，第二产业包括

---

① ［英］威廉·配第：《政治算术》，陈冬野译，商务印书馆 2014 年版，第 20、24—25、36 页。

制造业、建筑业以及公共事业、煤气和电力供给，第三产业包括物流运输业、家政服务业、公共管理等非物质的服务性行业。[①]

与此同时，克拉克还对美国、苏联、英国、加拿大、日本、荷兰等国家各产业的生产及劳动人口等统计数据进行分析后发现，随着经济进步和人均收入水平的逐渐增长，劳动力也逐渐由第一产业向第二产业，然后向第三产业转移。[②] 配第与克拉克对产业结构理论的研究，被学者命名为"配第—克拉克定理"（Petty-Clark Theorem）。

（二）库兹涅茨的分类

1971 年，俄裔美国经济学家西蒙·库兹涅茨（Simon Kuznets）在其著作《各国的经济增长》中，将产业结构划分为农业部门、工业部门和服务部门。其中，农业部门包括农业、林业、狩猎业和渔业，工业部门包括矿业及采掘业、制造业、建筑业、电力、煤气、水、运输和通信，服务部门包括商业、银行、保险、房地产、住房的所有权、政府及国防、其他服务。[③]

库兹涅茨还对主要发达国家 19 世纪中叶以来总产值和劳动力在三个部门的份额数据进行了分析。库兹涅茨发现在经济增长的过程中，农业部门的产值和劳动力份额显著下降（产值份额从 40% 以上下降到 10% 以下，劳动力份额从 50%—60% 下降到 10%—20%）；工业部门的产值和劳动力份额显著上升（产值份额从 22%—25% 上升到 40%—50%，劳动力份额从 20%—40% 上升到 40% 以上）；而服务部门在产值和劳动力份额均超过工业部门或大体相等。[④]

---

① Clark C. G., *The Conditions of Economic Progress*（*Third Edition*），London：Macmillan and Company Limited，1957，pp. 253，326，375.

② ［日］三桥规宏等：《透视日本经济》，丁红卫、胡左浩译，清华大学出版社 2018 年版，第 292 页。

③ ［美］西蒙·库兹涅茨：《各国的经济增长》，常勋等译，商务印书馆 2007 年版，第 128 页。

④ ［美］西蒙·库兹涅茨：《各国的经济增长》，常勋等译，商务印书馆 2007 年版，第 389—392 页。

（三）霍夫曼系数

1931 年，德国经济学家瓦尔特·古斯塔夫·霍夫曼（Walther Gustav Hoffmann）在其著作《工业化的阶段与类型》中总结了部分国家工业化阶段中消费资料工业生产与资本资料工业生产的关系。学者将其归纳为"霍夫曼系数"（The Hoffman Coefficient）。

霍夫曼系数=消费资料工业净产值/资本资料工业净产值

霍夫曼根据上述公式，将工业化划分为四个阶段：

（1）第一阶段：霍夫曼比例=5（±1）；

（2）第二阶段：霍夫曼比例=2.5（±1）；

（3）第三阶段：霍夫曼比例=1（±0.5）；

（4）第四阶段：霍夫曼比例<1。[1]

霍夫曼系数的经济意义在于，在工业化进程中，消费品工业相比资本品工业呈现下降的趋势。[2] 从广义角度上讲，在产业结构迈向高端化的过程中，以劳动密集型产业为代表的初级产品生产，将逐渐被资本、技术密集型的高级产品生产所取代。[3]

（四）钱纳里的标准结构理论

1986 年，美国经济学家霍林斯·伯恩利·钱纳里（Hollis Burnley Chenery）等在其完成的著作《工业化和经济增长的比较研究》中发现，当一个经济体的经济加速增长时，制造业一般处于领先地位，其增长快于其他任何部门。随着工业产出占比的增加，工业更高的增长率可以拉动总产出和总劳动生产率的增长率。当经济增长达到中等收入范围（人均收入在 500—1000 美元）时，初级产品生产部门和工业、服务业之间的生产率差距达到最大，往往也是收入最不平等的时期。但在进入第二阶段以后，随着人口迁徙与资本积

---

① Hoffmann W. G., *The Growth of Industrial Economics*, Translated from the German by W. O. Henderson & W. O. Chaloner, Manchester：Manchester University Press, 1958, pp. 2-3.

② 王师勤：《霍夫曼工业化阶段论评述》，《经济学动态》1988 年第 10 期。

③ 杨海军等：《工业化阶段的判断标准：霍夫曼系数法的缺陷及其修正——以江西、江苏为例的分析》，《财经论丛》2008 年第 2 期。

累，农村剩余劳动将大量减少，农业生产率与工业生产率之间的发展差距也将逐渐缩小。在现实社会中，OECD 成员国与以色列是这一转换的成功代表。①

一些学者在钱纳里等研究成果的基础上，将工业化阶段划分为前工业化阶段、工业化实现阶段、后工业化阶段，其中工业化实现阶段可进一步划分为工业化初期、工业化中期、工业化后期。学者结合世界银行对低收入国家、中等收入国家、高等收入国家的认定标准，使用人均 GDP、就业结构、产业结构、城市化率等指标作为判断一个经济体处于某个阶段的重要依据（见表 2-1）。

表 2-1 工业化划分不同阶段的划分标准

基本指标	前工业化阶段	工业化实现阶段			后工业化阶段
		工业化初期	工业化中期	工业化后期	
人均 GDP 2005 年美元（PPP）	745—1490	1490—2980	2980—5960	5960—11170	11170 以上
三次产业生产占比（产业结构）	A>I	A>20% A<I	A<20% I>S	A<10% I>S	A<10% I<S
第一产业就业人员占比（就业结构）	60%以上	45%—60%	30%—45%	10%—30%	10%以下
人口城市化率（空间结构）	30%以下	30%—50%	50%—60%	60%—75%	75%以上

注：A 代表第一产业，I 代表第二产业，S 代表第三产业，PPP 表示购买力平价。

资料来源：陈佳贵等：《中国工业化进程报告》，中国社会科学出版社 2007 年版。

（五）罗斯托的经济发展阶段论

1959 年，沃尔特·惠特曼·罗斯托（Walt Whitman Rostow）在其著作《经济增长的阶段：非共产党宣言》中，将经济增长划分为五个阶段：①传统社会；②起飞前的过渡期；③起飞期；④走向成

---

① ［美］霍林斯·钱纳里等：《工业化和经济增长的比较研究》，吴奇、王松宝等译，上海三联书店 1989 年版，第 326—327 页。

熟期；⑤大众高消费时代。① 罗斯托归纳了起飞期的三个必要条件：
①有效投资率占国民收入的 10% 以上；②新兴工业和服务行业迅速
扩张；③农业生产率的革命性变化。② 而一个经济体从经济起飞到
走向成熟，罗斯托认为一般需要 60 年的时间。③

（六）马克卢普的知识产业论

1962 年，奥地利裔美国经济学家弗里茨·马克卢普（Fritz
Machlup）在其著作《美国的知识生产与分配》中提出了知识产业
的概念。马克卢普认为，如果一些产业集群（企业、研究所、社会
团体）所生产的产品主要是知识时，这类产业便可以理解为知识产
业。④⑤ 马克卢普将知识产业划分为五个部分：①教育：包括家庭内
的教育、在职培训、教会教育、军队教育以及初等、中等、高等教
育等；②研究和开发：包括基础研究、应用研究、开发研究；③传
媒：包括印刷物品、照相机和音响、舞台和电影、无线电广播、广
告和公共关系、电话、电报和邮政服务等；④信息机器：包括印刷
机、音响器械、办公机器、电脑及相关器材等；⑤信息服务：法
律、工程和建筑、会计和审计、医疗、金融、保险、房地产、批发
业、公共服务等。⑥⑦ 马克卢普研究发现，1958 年美国知识生产总
值占 GNP 的比重已达到 29%，且美国知识生产总值的增速明显高于

① ［美］沃尔特·罗斯托：《经济增长的阶段：非共产党宣言》，郭熙保、王松茂
译，中国社会科学出版社 2001 年版，第 4—11 页。
② ［美］沃尔特·罗斯托：《经济增长的阶段：非共产党宣言》，郭熙保、王松茂
译，中国社会科学出版社 2001 年版，第 39—40 页。
③ ［美］沃尔特·罗斯托：《经济增长的阶段：非共产党宣言》，郭熙保、王松茂
译，中国社会科学出版社 2001 年版，第 62 页。
④ ［美］弗里茨·马克卢普：《美国的知识生产与分配》，孙耀君译，中国人民大学
出版社 2007 年版，第 37 页。
⑤ ［日］三桥规宏等：《透视日本经济》，丁红卫、胡左浩译，清华大学出版社 2018
年版，第 295 页。
⑥ ［美］弗里茨·马克卢普：《美国的知识生产与分配》，孙耀君译，中国人民大学
出版社 2007 年版，第 42、120—123、171、250—252、276—280 页。
⑦ ［日］三桥规宏等：《透视日本经济》，丁红卫、胡左浩译，清华大学出版社 2018
年版，第 295—296 页。

同期 GNP 的增速，而这种变化意味着在高级知识生产劳动力的就业机会继续改善的同时，非技术体力劳动者的失业危机会越来越大。[①]

二 产业集聚理论和产业集群理论

（一）产业集聚理论

1. 韦伯的产业集聚理论

1909 年，德国经济学家阿尔弗雷德·韦伯（Alfred Weber）在其著作《论工业区位》中提出了产业集聚的概念。韦伯认为，集聚因素是生产在很大程度上被带到某一地点所产生的市场化，而分散因素是由生产的分散化产生的廉价。[②] 韦伯将产业集聚划分为两个阶段，第一个阶段是简单通过企业扩张使工业集中化，而第二个阶段是大企业以其完善的组织而使地方集中化，而大规模生产较小规模生产具有显著的经济优势。[③]

韦伯利用运输成本与劳动力成本两个关键要素，分别分析其对工业区位选择的影响。韦伯认为，除了运载重量和运载距离两个基本因素外，运输系统的类型和使用范围、地区的自然状况和道路类别，货物本身的属性，都会对运输成本造成影响。[④] 而个人效率水平和工人工资水平的地区差异，是决定劳动力成本的重要原因。[⑤] 韦伯还利用集聚经济分析了劳动力区位的选择问题。韦伯认为，随着劳动力指向的工业进入到高度发展阶段，劳动力的吸引力将进一步强化，由于此时劳动力区位上偶然集聚建立的集聚单元一般会等于或大于运输指向基础上纯的和独立的集聚单元，因此工业的集聚

---

① ［美］弗里茨·马克卢普：《美国的知识生产与分配》，孙耀君译，中国人民大学出版社 2007 年版，第 307、337—338 页。

② ［德］阿尔弗雷德·韦伯：《工业区位论》，李刚剑、陈志人、张英保译，商务印书馆 2010 年版，第 131 页。

③ ［德］阿尔弗雷德·韦伯：《工业区位论》，李刚剑、陈志人、张英保译，商务印书馆 2010 年版，第 132 页。

④ ［德］阿尔弗雷德·韦伯：《工业区位论》，李刚剑、陈志人、张英保译，商务印书馆 2010 年版，第 56—57 页。

⑤ ［德］阿尔弗雷德·韦伯：《工业区位论》，李刚剑、陈志人、张英保译，商务印书馆 2010 年版，第 104 页。

经济将进一步强化劳动力指向而非运输指向。①

2. 科迪的产业集聚理论

1980年，美国经济学家约翰·科迪（John Cody）等在其著作《发展中国家的工业发展政策》中分析了工厂选址对城市经济发展的影响。科迪提出，在工业发展过程中行业间的经济联系及其他外在经济促进了中心城市"增长极"的形成，尤其能够有效吸引其他制造业和商业的工业发挥着关键性作用。② 由于这些关键性工业能够同时吸进经济活动和社会活动，从而导致大城市的形成，而大城市又进一步吸引商业单位、金融机构和其他行业到此设点，并创造了更多的就业机会以吸引更多的人才，城市进一步扩大为巨型城市。③

科迪等还指出产业集聚可能会引起的公共问题。科迪等认为，因城市的高增长率和无序发展产生的共同作用将会造成拥挤与污染，并引起城市所提供的公共服务出现超负荷运转。由于城市所提供的公共服务一般是免费的，或者按低于所耗费资源的实际成本进行定价，因此新设的工业企业所支付的表面经济成本往往会低于城市提供公共服务的实际社会成本。④

（二）产业集群理论

1. 赫希曼的产业集群理论

1958年，美国经济学家艾伯特·奥托·赫希曼（Albert Otto Hirschman）在其著作《经济发展战略》中提出了社会间接资本——直接生产活动中只要存在短缺或过剩的状况，两种状况都可能出现

---

① ［德］阿尔弗雷德·韦伯：《工业区位论》，李刚剑、陈志人、张英保译，商务印书馆2010年版，第158—159页。

② ［美］约翰·科迪等：《发展中国家的工业发展政策》，张虹等译，经济科学出版社1990年版，第244—245页。

③ ［美］约翰·科迪等：《发展中国家的工业发展政策》，张虹等译，经济科学出版社1990年版，第245页。

④ ［美］约翰·科迪等：《发展中国家的工业发展政策》，张虹等译，经济科学出版社1990年版，第245页。

后向联系效应和前向联系效应。① 赫希曼分别定义了后向联系效应和前向联系效应，并指出某一行业可以通过后向联系效应或前向联系效应，找到相互依存平均程度最高的行业。其中，视为一体的两个行业的联系效应要大于个别行业单独的联系效应之和。② 赫希曼通过对意大利、日本、美国经济部门的研究，发现钢铁行业的后向联系效应与前向联系效应最为显著，而农业（自给自足）与矿业的前向联系效应非常微弱。③

赫希曼还根据后向联系效应和前向联系效应，归纳出政府所具有的两种职能：一种是通过前向冲击发动经济增长的职能，为进一步行动创造前进的诱因与压力；另一种是减轻压力的职能，由于经济增长会进一步暴露公共服务领域的短缺问题，政府必须致力于解决公共服务领域的短缺问题。④

2. 波特的产业集群理论

1990 年，美国经济学家迈克尔·尤金·波特（Michael Eugene Porter）在其著作《国家竞争优势》中提出了"钻石理论"。波特认为，生产要素、需求条件、相关产业与支持性产业，以及企业战略、结构与竞争对手所形成的"钻石体系"，共同构成了国家优势的关键要素。⑤ 在这套"钻石体系"中，任何一个要素都是一个"双向强化"的系统（见图 2-1）。⑥

————————

① ［美］艾伯特·赫希曼：《经济发展战略》，曹征海、潘照东译，经济科学出版社1991 年版，第 90 页。
② ［美］艾伯特·赫希曼：《经济发展战略》，曹征海、潘照东译，经济科学出版社1991 年版，第 93 页。
③ ［美］艾伯特·赫希曼：《经济发展战略》，曹征海、潘照东译，经济科学出版社1991 年版，第 96、99 页。
④ ［美］艾伯特·赫希曼：《经济发展战略》，曹征海、潘照东译，经济科学出版社1991 年版，第 183—184 页。
⑤ ［美］迈克尔·波特：《国家竞争优势》，李明轩、邱如美译，华夏出版社 2002年版，第 67—68 页。
⑥ ［美］迈克尔·波特：《国家竞争优势》，李明轩、邱如美译，华夏出版社 2002年版，第 68—69 页。

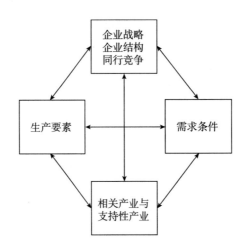

图 2-1　国家优势的关键要素

　　波特发现，一个国家的产业竞争优势存在集群式分布的趋向。波特利用"钻石体系"对产业集群现象进行了解释。波特认为，上游产业与下游产业之间存在相互带动的关系。一方面，下游产业可以将竞争压力传导到上游产业，以此来带动上游产业的竞争优势；另一方面，上游产业可以将其技术转移到下游产业，甚至上游产业直接加入下游产业的竞争，以此来增强下游产业的创造力。[①] 一旦产业集群形成，集群内部的产业将同时存在互助与相互竞争的关系，而这种关系将会使产业集群的竞争力大于各部分相加的总和。[②]当国家意识到产业集群的好处后，为了追求生产效益最大化，国家会对其掌握的经济资源进行转移，从单打独斗的产业向产业集群进行集中。与此同时，如果一个国家产业国际化程度越高，国家的经济资源流向这个产业集群的速度将会越快。[③]

----

　　① ［美］迈克尔·波特：《国家竞争优势》，李明轩、邱如美译，华夏出版社 2002 年版，第 140—141 页。
　　② ［美］迈克尔·波特：《国家竞争优势》，李明轩、邱如美译，华夏出版社 2002 年版，第 142 页。
　　③ ［美］迈克尔·波特：《国家竞争优势》，李明轩、邱如美译，华夏出版社 2002 年版，第 142—143 页。

波特发现，产业在发展过程中一般会刺激其他具有竞争力新产业的发展，进而形成产业集群。① 当产业集群成为经济发展的主要动力时，产业集群将进入良性循环的模式。然而，随着经济发展、资源要素向生产率更高的产业转移后，某些产业集群的竞争力将逐渐下降，甚至最终丧失国际竞争力。② 波特提出，产业集群优势衰退存在足以致命的盲点。由于竞争力衰退的速度通常较为缓慢，在贸易保护或竞争相对不激烈的情况下将更加难以被察觉。③ 尤其是地域化的产业集群更容易存在向内看、与大环境隔离的趋势，更容易沦为被孤立的集群。④ 更为严重的是，产业集群竞争力的衰退通常存在内在惯性，一旦竞争力开始衰退，由生产要素、需求条件、相关产业与支持性产业，以及企业战略、结构与竞争对手所形成的"钻石体系"都将同时反向运作，因此很少有产业在失去竞争优势后还能重回领先宝座。⑤

第二节　产业政策理论

一　幼稚产业保护理论

（一）汉密尔顿的关税保护论

1791 年 12 月，美国联邦政府首任财政部长亚历山大·汉密尔顿（Alexander Hamilton）在其向美国国会递交的《关于制造业的报

---

① ［美］迈克尔·波特：《国家竞争优势》，李明轩、邱如美译，华夏出版社 2002 年版，第 154 页。

② ［美］迈克尔·波特：《国家竞争优势》，李明轩、邱如美译，华夏出版社 2002 年版，第 155 页。

③ ［美］迈克尔·波特：《国家竞争优势》，李明轩、邱如美译，华夏出版社 2002 年版，第 160 页。

④ ［美］迈克尔·波特：《国家竞争优势》，李明轩、邱如美译，华夏出版社 2002 年版，第 161 页。

⑤ ［美］迈克尔·波特：《国家竞争优势》，李明轩、邱如美译，华夏出版社 2002 年版，第 159 页。

告》（*The Report on Manufactures*）中较早提出了关税保护论。汉密尔顿认为，由于工商业完全自由的制度尚未成为普遍存在的国家制度，尤其当时欧洲列强经常干预美国商品的无限制入境，因此独立初期的美国制造业不可能以平等的条件进行国际贸易。汉密尔顿提出，虽然保护性关税提高了商品价格，制造了疤痕，并建立了滋生孤立的特殊利益，但它更是一种武器而非一项原则，因为保护性关税是一把锋利而危险的剑——用于在所有市场上强制实现平等机会——它必须在实现其目标的同时立即被保护起来。[①]

（二）李斯特的国内幼稚产业保护理论

1841 年，德国经济学家乔治·弗里德里希·李斯特（Georg Friedrich List）在其著作《政治经济学的国民体系》中完善了国内幼稚产业保护理论。李斯特主张，国家为了民族的最高利益，不但有理由而且有责任对商业加以某种约束和限制。[②] 李斯特发现，英国棉纺织品曾经无法与印度产品进行市场竞争，因此英国国王乔治一世在 1721 年进口印度工业品时还在继续奉行贸易保护主义；然而，随着英国棉纺织品发展到可以垄断欧洲市场的地位时，亚当·斯密便在 1776 年出版的《国民财富的性质和原因的研究》中鼓吹自由贸易所带来的好处。[③] 李斯特一针见血地指出："一个人当他已攀上了高峰以后，就会把他逐步攀高时所使用的那个梯子一脚踢开，免得别人跟着他爬上来。"[④]

李斯特警告，英国正在通过向德国运销棉纺织品破坏德国的民族工业。为了使德国工业免受毫无限制的国外竞争，德国关税同盟

---

① Hacker L. M. ，"The Report on Manufactures"，*The Historian*，1957，Vol. 19，No. 2，pp. 144-167.

② ［德］弗里德里希·李斯特：《政治经济学的国民体系》，陈万煦译，商务印书馆 1983 年版，第 146 页。

③ ［德］弗里德里希·李斯特：《政治经济学的国民体系》，陈万煦译，商务印书馆 1983 年版，第 306—307、322 页。

④ ［德］弗里德里希·李斯特：《政治经济学的国民体系》，陈万煦译，商务印书馆 1983 年版，第 307 页。

应通过建立保护关税制度，保护本国的普通日用品制造工业。[①] 李斯特认为，虽然保护关税制度在短期内可能会导致产品价格出现上涨，但国内的竞争将会使价格重新回落到国外工业品自由输入时的价格水平。[②]

（三）穆勒—巴斯塔布尔—肯普标准

1. 穆勒标准

1848 年，英国经济学家约翰·斯图亚特·穆勒（John Stuart Mill）在其著作《政治经济学原理及其在社会哲学上的若干应用》中提出，由于固有的优势或劣势是不存在的，只是一些国家较早获得了相关技术与经验从而确立了自身的优势。[③] 对于尚未获得这种技术与经验的国家而言，在生产者尚未接受充分训练或熟练掌握生产技术的情况下，私人是不愿意冒风险去引入并经营新的制造业的，因此在适当时间内开征保护性关税成为国家支持这种试验最便利的方法。[④] 穆勒认为，为了将适用于外国国情的产业移植到正在兴起的本国国内而暂时开征的保护性关税，确保国家扶植的产业在一段时期后便可自立，才是开征保护性关税的正当理由。[⑤]

进入 20 世纪以来，研究幼稚产业贸易保护理论的一些经济学家对穆勒的学术观点进行了深入解读。假设 WW' 代表被扶持产业 y 商品的相对价格（P_y/P_x）将随着时间推移逐渐下降，OD 为某国初始期 t_0 的相对成本，那么当政府以 WD/OW 的税率对进口商品征收关税，便可在本国实现 y 商品以生产替代进口。当 y 商品的相对价格

---

① ［德］弗里德里希·李斯特：《政治经济学的国民体系》，陈万煦译，商务印书馆 1983 年版，第 323—324 页。

② ［德］弗里德里希·李斯特：《政治经济学的国民体系》，陈万煦译，商务印书馆 1983 年版，第 325 页。

③ ［英］约翰·穆勒：《政治经济学原理及其在社会哲学上的若干应用（下卷）》，胡企林、朱泱译，商务印书馆 1991 年版，第 509 页。

④ ［英］约翰·穆勒：《政治经济学原理及其在社会哲学上的若干应用（下卷）》，胡企林、朱泱译，商务印书馆 1991 年版，第 509 页。

⑤ ［英］约翰·穆勒：《政治经济学原理及其在社会哲学上的若干应用（下卷）》，胡企林、朱泱译，商务印书馆 1991 年版，第 508—509 页。

沿着 DD' 下降到一定时期（t_1），被扶持产业的生产成本与国际价格就会完全一致。而在 t_1 以后，被扶持对象的生产成本将低于国际价格，y 商品可从进口转向出口。此时，政府便可不再对其进行扶持（见图 2-2）。①② 关于穆勒的这一研究，被学者命名为"穆勒标准"（Mill's Test）。

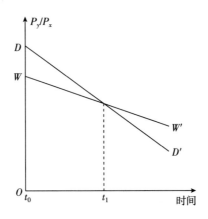

图 2-2　穆勒标准分析

2. 巴斯塔布尔标准

1892 年，英国经济学家查尔斯·弗朗西斯·巴斯塔布尔（Charles Francis Bastable）在著作《财政学》中提出了利益补偿标准。巴斯塔布尔提出，征收保护性关税与其说属于财政收入的范畴，倒不如说是一种支出的形式，假设某个国家对其他国家的进口商品征收保护性关税，其他国家也会采取类似做法，最终使保护性关税的负担转嫁到自己身上，因此征收保护性关税所产生的间接效

---

① Kemp M. C., "The Mill-Bastable Infant Industry Dogma", *Journal of Political Economy*, 1960, Vol. 68, No. 1, pp. 65-67.

② ［日］小岛清：《对外贸易论》，周保廉译，南开大学出版社 1987 年版，第 302—303 页。

应（即社会成本）会使英国财政部得不偿失。[①]

1897 年，巴斯塔布尔在其著作《国际贸易理论：经济政策中的一些应用》（第二版）中对利益补偿标准进行了完善。英国经济学家弗朗西斯·伊西德罗·埃奇沃思（Francis Ysidro Edgeworth）等对巴斯塔布尔的学术观点进行了归纳，认为如果政府对幼稚产业实施贸易保护所产生的社会成本，能够在未来被该产业发展起来后所产生的利润现值所补偿，那么这个产业就可以获得来自政府的扶持。[②③] 巴斯塔布尔的这一研究，被学者命名为"巴斯塔布尔标准"（Bastable's Test）。

3. 肯普标准

1960 年，澳大利亚经济学家默里·C. 肯普（Murray C. Kemp）在其论文《穆勒—巴斯塔布尔幼稚产业信条》中，对穆勒、巴斯塔布尔等对幼稚产业贸易保护的观点提出了质疑。肯普提出四个假设条件：①在生产要素对该行业供给是完全弹性的；②生产要素价格在时间上是恒定的；③国外行业完全成熟，不需要对他国进行学习借鉴；④所有静态下规模经济与规模不经济的情况均来自企业内部。肯普分别考察了穆勒标准和巴斯塔布尔标准在产业内部静态成本增加、静态成本减少、静态成本不变三种情况下成立的可能性。肯普研究发现，幼稚产业只有在内部静态成本增加，且能够对他国进行学习借鉴的情况下，穆勒标准和巴斯塔布尔标准才可能成立。[④] 1974 年，肯普等在其论文《从现实调整成本看长期均衡的滞后性》中提出，如果一家企业的调整成本取决于调整速度，那么在正向的

---

① Bastable C. F., *Public Finance*, London：Macmillan and Company Limited, 1892, pp. 504, 506, 507-508, 508.

② Bastable C. F., *The Theory of International Trade, with Some of its Applications to Economic Policy（Second Edition）*, London：Macmillanand Company Limited, 1897, p. 116.

③ Edgeworth F. Y., et al., "The Theory of International Trade, with Some of its Applications to Economic Policy", *The Economic Journal*, 1897, Vol. 7, No. 27, pp. 397-403.

④ Kemp M. C., "The Mill-Bastable Infant Industry Dogma", *Journal of Political Economy*, 1960, Vol. 68, No. 1, pp. 65-67.

时间偏好下，长期均衡的位置关键取决于初始条件，劳动者会根据不同产业工资率的状况选择自身从事的产业。[①②]

2003 年，肯普在其论文《没有自给自足均衡的国际贸易》中进一步完善了幼稚产业保护理论，提出在自主性经济增长的模型中，政府期望通过暂时的福利损失换取更大的长期收益扶持幼稚产业的发展通常是不可持续的，并为此对政府扶持幼稚产业的发展提出了一个更加严格的标准。肯普认为，如果某个产业面对外国竞争无利可图，然而如果其能够通过学习改变自身状况并取得外部经济效果，那么这个产业可以有资格获得来自政府的临时支持。[③④] 肯普的这一研究，被学者命名为"肯普标准"（Kemp's Test）。

（四）小岛清标准

1981 年，日本经济学家小岛清（Kiyoshi Kojima）在其第五次修订的著作《对外贸易论》中对穆勒—巴斯塔布尔—肯普标准提出了质疑。小岛清认为，要素禀赋比率理论才是解决幼稚产业保护理论问题的关键，并通过建立一般均衡模型，对幼稚产业被扶植成功的情况进行了分析。

假设 y 产业是某国被扶持成功的幼稚产业，该国的 x 商品（农业品）是出口商品，y 商品（工业品）是进口商品。在初始情况下，生产可能性曲线为 AB，并在既定消费偏好条件（消费者无差异曲线）下形成贸易均衡，此时交易条件（相对价格）为 XY 的斜度，生产点和消费点分别决定于 P_0 点和 C_0 点。小岛清提出，假设由于

① Kemp M. C., Wan Jr H. Y., "Hysteresis of Long-Run Equilibrium from Realistic Adjustment Costs", Horwich G., Samuelson P. A., eds., *Trade, Stability, and Macroeconomics*, New York: Academic Press, 1974, pp. 221-242.

② Kemp M. C., "Trade Subsidies", Edited by Eatwell J., Milgate M. and Newman P., *The New Palgrave: Dictionary of Economics*, 1st edition, London: Palgrave Macmillan, 1987, pp. 1-2.

③ Kemp M. C., "International Trade without Autarkic Equilibria", *Japanese Economic Review*, 2003, Vol. 54, No. 4, pp. 353-360.

④ Fishburn G., "A Necessary First Test for the Creation of An Infant Industry", *International Journal of Development and Conflict*, 2011, Vol. 1, No. 3, pp. 303-306.

受到某种能动的力量使得生产可能性曲线从 AB 扩张为 AB'。在同一交易条件 $X'Y'$ 之下，生产点和消费点也分别从 P_0 点和 C_0 点位移到 P_1 点和 C_1 点。在这种情况下，该国贸易结构便可实现逆转，可以进口 x 商品和出口 y 商品（见图2-3）。[①]

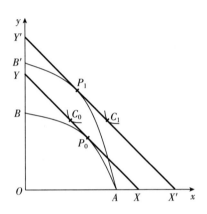

图2-3　小岛清标准分析

通过上述分析，小岛清认为政府在扶持幼稚产业并引进先进生产方法时，都会在一定程度上使生产可能性曲线出现扩张，并提出政府在保护幼稚产业时，并不一定需要完全遵守穆勒、巴斯塔布尔、肯普等所描述的标准。[②] 小岛清的这一研究，被学者命名为"小岛清标准"（Kiyoshi Kojima's Test）。

二　税收政策理论

（一）最优税收理论

1. 拉姆齐法则

1927年，英国经济学家弗兰克·普兰普顿·拉姆齐（Frank Plumpton Ramsey）在其论文《对税收理论的贡献》中较早对最优税

---

① ［日］小岛清：《对外贸易论》，周保廉译，南开大学出版社1987年版，第303—304页。

② ［日］小岛清：《对外贸易论》，周保廉译，南开大学出版社1987年版，第305页。

收理论进行了阐述。拉姆齐提出的问题是，既然财政收入主要通过对人们的收入或经济交易行为征税获得，既然对不同商品征收不同的比例税率会对人们的效用产生消极影响，政府应设计怎样的税收制度才能使得这种效用损失最小化。[①]

拉姆齐从边际效用的角度对商品替代率进行分析。拉姆齐认为，税收应该使所有商品的产量以相同的比例减少。换言之，效用损失最小化的税收应该使所有商品在征税后的需求变动比例能保持一致。因此，政府在设计税收制度时必须考虑到不同的商品存在不同的需求弹性与供给弹性，譬如可以对需求弹性较小的商品征收更多的税。拉姆齐还提出，由于较短时间内的储蓄数量不足以显著改变资本的边际效用，而储蓄的需求弹性一般趋近于无限大，因此对储蓄所得税应给予豁免。[②] 拉姆齐的这一研究，被学者命名为"拉姆齐法则"（Ramsey Rule）。

2. 莫里斯—塞亚德定理

1971 年，英国经济学家詹姆斯·亚历山大·莫里斯（James Alexander Mirrlees）在其论文《最优所得税理论探索》中发现，虽然所得税是一种更重要的公共控制武器，但是在面对因基因或家族优势造成的不平等问题时，所得税减少不公平的作用并没有人们设想的那样显著，因此需设计出与所得税互补的税收制度以避免其陷入困境。莫里斯基于功利主义的福利标准，甚至提出可以通过臭名昭著的"智商测试"，即由政府为每个人构建一个取决于工作时间和劳动收入的税收时间表，人们可以通过税收时间表获得完美的最优化，除非高技能劳动力供应曲线缺乏足够的弹性。莫里斯认为，任何提高国民收入的手段都是可行的，即使它可能将部分收入从穷人阶层转移到富人阶层，因此应该允许最不熟练的人在工作的时间上

[①] Ramsey F. P., "A Contribution to the Theory of Taxation", *The Economic Journal*, 1927, Vol. 37, No. 145, pp. 47-61.

[②] Ramsey F. P., "A Contribution to the Theory of Taxation", *The Economic Journal*, 1927, Vol. 37, No. 145, pp. 47-61.

短于高技能的人。[1]

1982年，墨西哥经济学家赫苏斯·塞亚德（Jesus Seade）在其论文《论最优所得税的标志》中引入了个人效用曲线具有相加又可分的特征，对莫里斯的研究进行了丰富完善。塞亚德认为，莫里斯只是从凹的方面基于功利主义的福利标准，得出了一个任意个人偏好下最优边际所得税只是非负（non-negative）的结论。塞亚德得出的研究结论是，在任意个人偏好情况下的最优边际所得税都是严格为正的（strict positivity）。[2] 莫里斯与塞亚德对最优税收理论的研究，被学者命名为莫里斯—塞亚德定理（Mirrlees-Seade Theorem）。

3. 斯蒂格利茨的最优税收理论

1987年，美国经济学家约瑟夫·尤金·斯蒂格利茨（Joseph Eugene Stiglitz）在其论文《帕累托效率、最优税制与新的新福利经济学》中对莫里斯—塞亚德定理进行了批判。斯蒂格利茨认为，基于扭曲程度而反对征收商品税与利息所得税的论点是缺乏说服力的，商品税的性质应该仅仅取决于两种商品之间的边际替代率如何受到人们对休闲选择的影响，因此政府应该对消费能力较强的人征收更重的税，而不让他试图"伪装"自己为能力较低的人。此外，斯蒂格利茨发现由于熟练工人的劳动力供应的相对弹性大于非熟练工人的劳动力供应，因此对这两类人实行统一的边际税率可能会增加熟练工人的税前相对工资，为此应对熟练工人征收较低的边际税率。最后，斯蒂格利茨还指出了新福利经济学发展存在的不足——虽然新福利经济学发现鼓励储蓄和投资增长，会使包括穷人在内所有人的状况变得更好，但是仍然忽视了对研发、创业和风险的承担以及不完善资本市场等重要因素。[3]

---

[1]　Mirrlees J. A., "An Exploration in the Theory of Optimum Income Taxation", *Review of Economic Studies*, 1971, Vol. 38, No. 2, pp. 175-208.

[2]　Seade J., "On the Sign of the Optimum Marginal Income Tax", *The Review of Economic Study*, 1982, Vol. 49, No. 4, pp. 637-643.

[3]　Stiglitz J. E., "Pareto Efficient and Optimal Taxation and the New New Welfare Economics", *Handbook of Public Economics*, 1987, Vol. 2, No. 2, pp. 991-1042.

（二）拉弗曲线

1974 年，美国经济学家阿瑟·贝茨·拉弗（Arthur Betz Laffer）在与时任福特总统办公厅主任唐纳德·亨利·拉姆斯菲尔德（Donald Henry Rumsfeld）、拉姆斯菲尔德副手理查德·布鲁斯·切尼（Richard Bruce Cheney）共同进餐时，提出货币经济中总是存在财政收入相同的两种税率，并在餐布上绘制出著名的"拉弗曲线"（Laffer Curve）。[1]

1978 年，美国经济学家裘德·撒迪厄斯·万尼斯基（Jude Thaddeus Wanniski）在其论文《税收、财政收入与拉弗曲线》中对"拉弗曲线"进行了较为详细的阐述。万尼斯基假设了两种极端的情况：当税率为 100 时，由于所有的劳动成果都被政府没收，人们将不再工作，货币经济中的所有生产活动将全部停止，财政收入为 0；当税率为 0 时，人们可以保留全部劳动成果，经济产出只受到工人对休闲欲望的限制，然而由于财政收入为 0，政府将无法存在（见图 2-4）。[2]

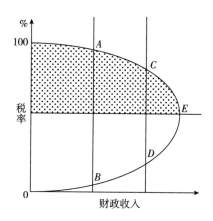

图 2-4　拉弗曲线

---

① 耿强：《拉弗曲线：税率下调，政府收入反而会增加吗?》，《新华日报》2019 年 5 月 6 日第 11 版。

② Wanniski J., "Taxes, Revenues, and the Laffer Curve", *The Public Interest*, 1978, Vol. 50, No. 1, pp. 3-16.

　　万尼斯基指出，当政府将税率下降到100%以下（譬如代表高税率和低产量的 A 点）时，即使税率接近于没收，由于人们发现税后生产超过易货经济（barter economy），生产活动随之开始，财政收入随之流入政府。虽然此时税率出现下降，但财政收入却出现增加。同理，如果人们觉得他们需要一个最低限度的政府维持低税率，人们将会发现收入的边际损失超过效率。虽然人们会转向选择易货或休闲，但财政收入还是会流入政府（譬如代表低税率和高产量的 B 点）。而 A 点和 B 点它们都为政府带来了相同的收入。C 点和 D 点也分别与 A 点和 B 点相类似。随着政府进一步降低税率（比如从 A 点降低到 C 点），财政收入会随着产出扩大而增加。同理，当政府提高税率（比如从 B 点提高到 D 点），财政收入也会增加。①

　　万尼斯基认为，收入和生产最大化将出现在 E 点。因为如果政府在 E 点降低税率，产出将增加，但收入将下降；如果政府在 E 点提高税率，产出和收入同时下降。因此，阴影区域应成为税收政策的"禁区"。②

（三）地方政府税收竞争理论

1. "用脚投票"理论

　　1956 年，美国经济学家查尔斯·米尔斯·蒂布特（Charles Mills Tiebout）在其论文《一个关于地方支出的纯理论》中较早关注到地方政府存在税收竞争的问题。蒂布特首先提出了一系列严格的假设条件，包括居民有充分的流动性偏好，他们有充分的知识来判断各地区财政或税收政策的状况，他们不需要通过工作来获得收入，有足够数量的地区供居民们进行选择。同时，各地区所提供的公共服务不存在跨区域的外溢性，该提供怎样的公共服务由各地区的管理者自主决定。蒂布特认为，如果能够同时满足上述假设条件，那么

---

　　① Wanniski J., "Taxes, Revenues, and the Laffer Curve", *The Public interest*, 1978, Vol. 50, No. 1, pp. 3-16.

　　② Wanniski J., "Taxes, Revenues, and the Laffer Curve", *The Public interest*, 1978, Vol. 50, No. 1, pp. 3-16.

居民可以通过"用脚投票"的方式，离开不能满足其偏好的地区，而选择能满足其偏好的地区居住。[①] 蒂布特的这一研究，被学者命名为"用脚投票"（Voting with Their Feet）理论。

2. 佐德罗的税收竞争理论

1928 年，英国经济学家阿瑟·塞西尔·庇古（Arthur Cecil Pigou）在其著作《财政学研究》中提出，用一次性总量税筹资可以确保公共服务供给实现最优化，而任何扭曲性税收都可能导致公共服务供给不足。[②] 1986 年，美国经济学家乔治·R. 佐德罗（George R. Zodrow）和彼得·明考斯基（Peter Minkowski）在其论文《庇古、蒂布特、财产税与地方公共品供给不足》中对庇古的学术观点展开了深入研究，并重点分析了财产税在自治权较高的地方政府中所发挥的作用。佐德罗和明考斯基研究发现，假设在对个人函数曲线不做任何约束条件的情况下，由于财产税属于扭曲性税收，再加上其基本上不依赖具有非扭曲性的人头税，因此无论财产税的规模如何，它都会导致地方政府的财政总支出和财政边际支出同时下降。[③]

3. 明茨的税收竞争理论

1986 年，加拿大经济学家杰克·明茨（Jack Mintz）和比利时经济学家亨利·托尔肯斯（Henry Tulkens）在其论文《联邦成员的商品税竞争：均衡与效率》中分析了地方政府税收竞争所产生的非合作博弈的纳什均衡。一般来说，联邦制国家的每个地方政府都有调整自身税基规模以损坏邻近地区利益的能力。假设地方政府根据"生产地原则"征收单一商品税，不存在公共品外溢性问题，两个地方政府可在平衡预算的前提下，通过地方税和公共支出水平来影响代表性居民的间接效用函数（区域福利函数），以提高其当地商

---

① Tiebout C. M., "A Pure Theory of Local Expenditures", *The Journal of Political Economy*, 1956, Vol. 64, No. 5, pp. 416–424.

② Pigou A. C., *A Study in Public Finance*, London: Macmillan and Company Limited, 1928, p. 50.

③ Zodrow G. R., Minkowski P., "Pigou Tiebout Property Taxation and the Underprovision of Local Public Goods", *Journal of Urban Economics*, 1986, Vol. 19, No. 3, pp. 356–370.

品税和地方公共品供给水平。明茨和托尔肯斯指出，地方政府税收竞争所产生的非合作博弈的纳什均衡通常不是帕累托有效的。同时，两个地方政府选择最优税率和公共品供给水平的非合作均衡也不可能是长期的，因为税收反应函数可能随时会发生跳跃。[①]

4. 威尔逊的税收竞争理论

1986年，美国经济学家约翰·D. 威尔逊（John D. Wilson）在其论文《地区间税收竞争理论》中通过构建一般均衡模型，对地方政府税收竞争问题展开了深入研究。威尔逊发现，联邦政府通常会要求地方政府通过增加其公共服务产出以进而提高整体的国家福利，但联邦政府的这种要求有可能会产生消极的效果。地方政府为了激励资本到本地投资，避免这些资本流失到其他地区，往往存在降低财产税税率的动机。同时，地方政府会面临公共支出由财产税提供资金的约束条件，而这种约束条件会扭曲地方政府的决策，导致其公共服务产出和税率均存在"过低"的情况。[②]

---

① Mintz J., Tulkens H., "Commodity Tax Competition between Member States of a Federation: Equilibrium and Efficiency", *Journal of Public Economics*, 1986, Vol. 29, No. 2, pp. 133−172.

② Wilson J. D., "A Theory of Interregional Tax Competition", *Journal of Urban Economics*, 1986, Vol. 19, No. 3, pp. 296−315.

第三章

国内外工业产业发展财税政策的经验借鉴

本书在国外选择了美国、德国和日本，在国内选择了浙江和苏州作为样本，简明扼要地分析当前这些发达国家和经济发达地区为促进工业产业发展而实施的财税政策，为贵州实施促进工业产业发展的财税政策提供有价值的借鉴参考。

第一节　国外工业产业发展财税政策的经验借鉴

一　美国工业产业发展财税政策的经验借鉴

（一）背景

20 世纪 90 年代以来，美国已先后经历了互联网泡沫和房地产泡沫，其中房地产泡沫更是直接诱发了 2008 年的国际金融危机，而主流经济学家普遍将此归结为美国联邦储备委员会（The Board of Governors of The Federal Reserve System）长期实施的量化宽松的货币政策。然而从更深层次进行分析，可以发现美国对职业教育投入不足以及"去工业化""虚拟化"的产业政策难辞其咎。

美国曾经最优质的职业教育从 20 世纪 80 年代开始出现滑坡。

在 1960—1980 年，大学毕业生人数年平均增长率接近 4%；然而在 1981—2005 年，大学毕业生人数年平均增长率仅为 2.25%。2008 年，美国高中生毕业率仅为 76%（同期 OECD 国家为 82%，欧盟为 85%）。[1] 斯蒂格利茨（2012）认为，大学毕业生人数的放缓，也意味着熟练工人相对供给的降低，导致美国曾经备受重视的低附加值制造业的工资不断下降，而这势必会降低美国在全球制造业的份额。[2] 与此同时，虽然美国拥有相当完整的工业体系，但是美国资本家为了追求更多的利润，至少从 20 世纪 70 年代就开始将低附加值的制造业转移到其他国家，只保留了附加值较高的部分行业。这种状况不但使美国制造业的竞争力严重下降，更导致美国实体经济与虚拟经济发展严重失衡。[3]

早在 20 世纪 70 年代，美国政府便提出"再工业化"。1992 年，比尔·克林顿（Bill Clinton）在参加总统竞选时也提到"再工业化"。[4] 然而从实际情况来看，美国依然没有改变制造业总产值占比持续下降的趋势。1974 年，美国制造业总产值占比为 34.89%，而金融、保险、房地产、租赁业的占比为 10.71%。到 2017 年，美国制造业总产值占比仅为 17.90%，而金融、保险、房地产、租赁业的占比已上升到 18.38%（见图 3-1）。

（二）主要措施

历届美国政府在工业产业振兴方面，所提出的政治口号及做法存在一定的差异，尤其特朗普政府为重振美国的制造业，甚至不惜在 2017 年和 2019 年先后退出了跨太平洋伙伴关系协定（Trans-

---

① Secretary-General of the OECD, *Education at a Glance*: *OECD Indicators* 2011, Paris: OECD Publishing, 2011, p.54.

② Stiglitz J. E., *The Price of Inequality*: *How Today's Divided Society Endangers Our Future*, New York: W. W. Norton and Company, 2012, pp.54-55.

③ 田辉：《当代美国经济转型与两次资产泡沫的启示》，《中国经济时报》2014 年 10 月 23 日第 5 版。

④ 徐礼伯、张雪平：《美国"再工业化"与中国产业结构转型升级》，经济管理出版社 2019 年版，第 23 页。

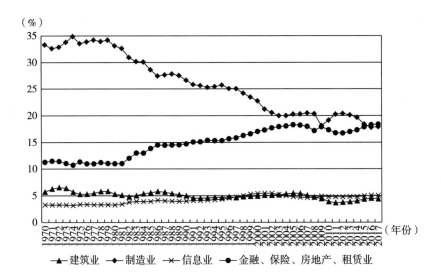

图 3-1　1970—2017 年美国部门支柱产业总产值占比

资料来源：美国经济分析局，https：//www.bea.gov/.

Pacific Partnership Agreement，TPP）和巴黎协定（The Paris Agreement），严重透支了美国的全球信誉。然而在重振美国制造业并确保自身处于全球领先地位问题上，历届美国政府的目标始终一致。因此，美国政府在工业产业振兴财税政策上基本维持了政策的连贯性。

1. 奥巴马政府的财税政策

2009 年上台的贝拉克·侯赛因·奥巴马（Barack Hussein Obama）首要面对的经济问题，是 2008 年爆发的国际金融危机对美国实体经济造成的巨大冲击。为此，奥巴马政府多次提出"再工业化"，并在财税政策上采取了积极行动。

在财政政策方面，鉴于国际金融危机对美国汽车行业的冲击尤为巨大，奥巴马总统于 2009 年 3 月宣布对通用和克莱斯勒实施 850 亿美元的援助计划。通过这项援助计划，美国汽车工业在 2009 年 6 月就新增了 62.33 万个工作岗位，底特律的失业率降低了一半以上。根据美国劳工统计局（U.S. Bureau of Labor Statistics）公布的数据，在 2015 年 12 月，奥巴马总统在汽车行业援助计划所新增的工作岗位已达到 92.94 万个，基本恢复到 2008 年 5 月经济危机爆发前的水平。[①] 不过，奥巴马总统的汽车援助计划也并非一帆风顺。奥巴马总统曾在 2008 年成功当选时发誓，到 2015 年将会有 100 万辆新能源汽车上市，然而截至 2015 年年末只有 40 万辆新能源汽车上市。但总体来看，美国的汽车行业抵御经济危机的能力已经超过了 2008 年。

在税收政策方面，美国总统执行办公室（Executive Office of the President，EOP）于 2009 年 12 月公布了《重振美国制造业框架》（*A Framework for Revitalizing American Manufacturing*），提出对研发及员工的培训费用予以部分税收减免。2010 年 8 月 11 日，奥巴马总统正式签署《美国制造业促进法案》（*United States Manufacturing Enhancement Act*），要求降低部分进口产品关税，以减少美国制造业企业的生产成本。

2. 特朗普政府的财税政策

2017 年上台的唐纳德·特朗普（Donald Trump）为了实现竞选时提出的"让美国再次伟大"（Make America Great Again）的政治口号，将实现美国制造业振兴的切入点聚焦于税制领域的改革。特朗普政府认为，奥巴马政府设计的税制结构并不利于美国的"再工业化"。为此，特朗普政府于 2017 年 9 月公布了主题为《改革我们破碎税则的联合框架》（*Unified Framework for Fixing Our Broken Tax Code*）的税制改革方案，并在此基础上形成了《减税与就业法案》（*Tax Cuts and Jobs Act*），该法案于当年获得国会授权，并于 2017 年 12 月 22 日由特朗普总统正式签署。该法案有效期为 2018 年 1 月 1 日至 2025 年 12 月 31 日。根据《减税与就业法案》条款，特朗普政府一方面将最高联邦企业所得税率从奥巴马执政时期的 35% 降至21%（原先税制改革方案为 15%），同时对美国企业海外利润一次性征收 10% 的税，确保美国国内企业的平均利润高于海外企业。另

---

① 更多美国汽车行业的就业资料可以通过美国劳工统计局（U. S. Bureau of Labor Statistics）公布的 *U. S. Auto Manufacturing Job*，2005—2015 年进行查询。

一方面，特朗普政府将个人所得税率从原先的 7 级（10%、15%、25%、28%、33%、35%、39.5%）简化为 3 级，同时将标准扣除额翻倍①，受益家庭超过 2/3。②

在财政政策方面，特朗普政府不断加强基础研发，尤其强化国防投资的驱动效应。为此，特朗普政府在美国国防预算中不断追加研发支出。以 2019 年为例，美国联邦政府当年研发（R&D）预算高达 1567.77 亿美元，其中国防研发预算为 571.56 亿美元，占当年国防预算的比重达到了 36.4%。③

3. 拜登政府的财税政策

2021 年 1 月 25 日，美国总统小约瑟夫·罗宾内特·拜登（Joseph Robinette Biden）正式签署《关于确保未来由美国工人在美国制造的行政令》（*The Executive Order of Ensuring Future of America is Made in America by All of America's Workers*），在总统管理与预算办公室（The Office of Management of Budget，OMB）下设美国制造办公室（Made in America Office），确保纳税人的资金支持美国制造业。2021 年 3 月 31 日，拜登总统宣布在未来八年内将投资约 2.25 万亿美元用于基建，内容涵盖公路、桥梁的修缮以及宽带建设等。④ 2021 年 4 月 7 日，美国财政部公布了《美国制造税收计划》（*Made in America Tax Plan*），以帮助拜登总统的基建计划筹集资金。2021 年 5 月 28 日，拜登总统已将上述计划列入 2022 财年联邦预算草案并提交国会，并于 2021 年 11 月获得国会授权。目前来看，拜登政府的财税政策至少包括以下内容。

第一，通过联邦合同支持美国工人和美国能源协会的清洁能源发展。美国政府每年用于联邦合同和其他联邦援助的支出达到 6000

---

① 譬如，奥巴马执政时期的已婚人士申报标准扣除额为 12700 美元，特朗普政府将其提高到 25400 美元。

② 戴悦：《特朗普税改及影响分析》，《中央财经大学学报》2017 年第 9 期。

③ 王冉：《美国支持产业创新财税政策有哪些启示？》，《中国电子报》2019 年 7 月 12 日第 6 版。

④ 郭言：《美国基建之路道阻且长》，《经济日报》2021 年 4 月 2 日第 2 版。

多亿美元，其中近 2600 亿美元用于在国内采购制造业产品，进而为美国制造业工人解决就业问题。美国制造办公室与联邦采购政策办公室合作各机构还将利用其巨大的购买力，通过采购战略来扩大和加强政府的合同基础，特别是在服务水平低下的社区，并推动美国清洁能源的发展。①

第二，支持"美国制造"。为了确保国家供应链的安全性和弹性，促进美国制造业的强劲复苏，自由裁量请求包括 4.42 亿美元，用于国家标准与技术研究所（National Institute of Standards and Technology，NIST）的制造项目。这一增长包括 1.5 亿美元，完全用于资助两个新的制造业创新研究所，其中一个旨在恢复美国在半导体设计和制造领域的全球领先地位。作为不断增长的美国制造业网络的一部分，这些制造业创新研究所将补充国防部和能源部发起的其他研究所。自由裁量权请求还通过提供 2.75 亿美元，扩大了制造业扩展合作伙伴关系，以提高美国中小型制造商的竞争力并加强国内供应链。② 2022 年 2 月 4 日，美国众议院通过《2022 年美国竞争法案》（America COMPETES Act of 2022）③，该法案计划投资 520 亿美元用于支持美国半导体产业发展，并安排 450 亿美元用于改善关键产品供应链。

第三，刺激研究和技术创新。自由裁量权要求包括对美国科技竞争力的历史性投资，预算金额高达 9.16 亿美元，较 2021 财年增加了 1.28 亿美元，用于扩大 NIST 的科学和技术研究，帮助推动气候适应性建筑规范、计算、网络安全和人工智能、量子信息科学、生物技术和先进制造业的多项研究进展，建立有奖竞赛，以追求关

① Office of Management and Budget, *FY 2022 President's Budget*, Washington D. C.: The White House, 2021, pp. 32—33.

② Young S. D., *Enclosure 2: 2022 Discretionary Request Summaries for Major Agencies*, Washington D. C.: The Executive Office of the President, 2021, p. 3.

③ 《2022 年美国竞争法案》的全称为《2022 年美国创造制造业机会和技术卓越与经济实力法》（*America Creating Opportunities to Meaningfully Promote Excellence in Technology and Science Act of 2022*）。

键技术目标，造福全体美国人。它还包括 3900 万美元用于国家电信和信息管理局的高级通信电子搜索，该项目将通过确定频谱共享的创新方法，支持宽带和 5G 技术的开发和部署。① 根据《2022 年美国竞争法案》有关条款，美国政府计划投资 1600 亿美元用于科学研究与创新投入。2022 年 7 月 28 日，美国众议院通过《2022 年芯片与科学法案》(*CHIPS and Science Act of* 2022)，并于 2022 年 8 月 9 日由拜登总统签署，该法案计划在未来五年对芯片行业在内的科技产业实施总额达 2800 亿美元的财政补贴，并给予其 25% 的投资税收抵免。

第四，协助能源社区。自由裁量权要求确保受清洁能源转型影响最大的社区不会落后。其中，包括 8400 万美元用于经济发展署（EDA）的煤炭社区援助计划，较 2021 财年增加了 5000 万美元；此外，还有 3 亿美元用于支持地方驱动的经济发展项目。这些资金将推动受煤炭经济变化影响的社区的经济多样化、就业创造、资本投资、劳动力发展和再就业机会。EDA 的努力是"POWER+"计划的一部分，并补充了联邦政府的其他目标投资。②

第五，重组公司税法，确保富有的公司支付公平份额，并在国内投资。除了美国就业计划外，拜登总统还提出了《美国制造税收计划》，该计划将奖励国内投资，阻止利润转移，并确保其他国家不会通过成为避税天堂而获得竞争优势。《美国制造税收计划》的关键组成部分包括 28% 的公司税率和全球最低税率，以及对其他国家制定合理最低税率的强烈激励。该计划还包括防止公司倒转和离岸外包的措施，以及对公司账面收入征收新的最低税，以确保大规模、盈利的公司不再可以不缴纳联邦所得税而逍遥法外。此外，该计划还取消了对化石燃料的税收优惠。拜登政府宣称，这项计划将

---

① Young S. D., *Enclosure* 2：2022 *Discretionary Request Summaries for Major Agencies*, Washington D. C.：The Executive Office of the President, 2021, p. 3.

② Young S. D., *Enclosure* 2：2022 *Discretionary Request Summaries for Major Agencies*, Washington D. C.：The Executive Office of the President, 2021, p. 4.

从根本上改变世界各国对公司配给的征税方式，从而使大公司无法通过将工作和利润外包逃避或免除所欠税款。①

（三）主要影响

1. 虽然美国制造业绝对规模总体保持增长态势，但仍难以扭转相对规模下降的趋势

随着美国经济逐渐走出国际金融危机的阴霾并出现了复苏，加之奥巴马政府和特朗普政府任期内所采取的一系列经济刺激政策，截至新冠疫情对实体经济造成重大冲击前的2019年，美国制造业绝对规模总体保持增长态势。其中，美国制造业增加值从2012年的19271亿美元增长到2019年的23458亿美元，年平均增长率达到2.85%。其中，雇员报酬、生产税净额、总营业盈余同期的年平均增长率分别达到3.05%、1.72%、2.75%（见表3-1）。②然而，相较于美国庞大的经济规模，美国制造业相对规模仍然出现了下降趋势，从2012年的11.90%下降到2020年的10.87%，共下降了1.03个百分点。虽然美国国会于2021年11月通过拜登总统提交的财税政策，然而之前设计的2.25万亿美元的基础设施投资和经济复苏规划却被国会缩减到1.2万亿美元，其实施效果势必大打折扣。③

表3-1　　　　2012—2020年美国私人部门制造业增加值情况

年份	制造业增加值（亿美元）	#雇员报酬（亿美元）	#生产税净额（亿美元）	总营业盈余（亿美元）	国内生产总值（亿美元）	制造业增加值占比（%）
2012	19271	9169	791	9310	161970	11.90
2013	19919	9318	844	9757	167849	11.87
2014	20502	9730	844	9929	175273	11.70

① Office of Management and Budget, *FY 2022 President's Budget*, Washington D. C.: The White House, 2021, p. 11.

② 因2020年开始美国制造业受到新冠疫情的重大冲击，尤其生产税净额较2019年出现大幅下滑，故选取2012—2019年的数据进行分析。

③ 在拜登总统提交国会的财税政策中，缩减最严重的是帮助有色人种建立社区，从计划的200亿美元缩减到10亿美元。

续表

年份	制造业增加值（亿美元）	#雇员报酬（亿美元）	#生产税净额（亿美元）	总营业盈余（亿美元）	国内生产总值（亿美元）	制造业增加值占比（%）
2015	21296	10064	855	10376	182383	11.68
2016	20997	10132	850	10015	187451	11.20
2017	21824	10542	889	10393	195430	11.17
2018	23144	11013	893	11238	206119	11.23
2019	23458	11313	891	11254	214332	10.94
2020	22720	11241	251	11228	208937	10.87

注：美国经济分析局未对公共部门的制造业情况进行单独统计，因此该表格中的美国制造业增加值数据只包括了私人部门。

资料来源：美国经济分析局，https：//www.bea.gov/.

2. 美国制造业仍然较为依赖利润较高的行业

在美国的制造业各行业中，耐用品主要依赖化工产品、电脑和电子产品，而非耐用品主要依赖食品、饮料和烟草制品（见表3-2）。制造业依赖利润较高的行业，固然有利于在美国本土创造更多的财富，但是未必有利于解决产业工人的就业问题。随着美国职业院校的学费不断上涨，部分缺乏相应技能的产业工人面临较高的失业风险，而且这种情况在短期内难以扭转。此外，如果美国制造业过度依赖利润较高的行业，忽视了中低端行业的发展，可能会导致国家在面临国家安全、公共危机时缺乏充分的准备。①

表3-2　　2012—2021年美国私人部门制造业各行业增加值结构　单位：%

年份	2012	2013	2014	2015	2016	2017	2018	2019	2020	2021
木制品	1.34	1.53	1.51	1.53	1.68	1.72	1.75	1.76	1.86	2.27
非金属矿物制品	2.21	2.36	2.41	2.57	2.73	2.80	2.71	2.77	2.94	2.77

① 譬如，当新冠疫情开始在美国肆虐时，美国在口罩、呼吸机等医用产品方面都出现过产能不足的问题，甚至还出现了拦截他国防疫物资的闹剧。此外，美国波音公司的737MAX8系列飞机因设计不合理所造成的重大空难，同样与美国制造业忽视中低端行业的发展存在一定的联系。

续表

年份	2012	2013	2014	2015	2016	2017	2018	2019	2020	2021
原生金属	3.40	3.13	3.13	2.82	2.71	2.70	2.80	2.74	2.57	3.21
金属制品	7.14	7.11	7.02	6.92	6.95	6.84	6.80	6.87	6.42	6.06
机械	7.91	7.94	7.85	7.16	6.84	6.95	6.92	6.93	6.94	6.52
电脑和电子产品	12.47	12.25	12.25	12.55	12.75	12.83	12.74	12.96	13.97	13.28
电气设备、电器和部件	2.70	2.91	2.65	2.99	2.78	2.74	2.74	2.81	2.80	2.71
机动车	5.98	6.16	6.46	6.87	7.39	7.23	6.88	6.99	6.81	6.61
其他运输设备	6.56	6.68	6.78	7.00	7.06	6.94	6.89	7.03	5.74	5.29
家具和相关产品	1.16	1.20	1.25	1.37	1.44	1.36	1.34	1.33	1.39	1.16
杂项制造	4.21	4.04	3.98	3.82	4.16	4.14	4.07	4.12	4.43	4.18
食品、饮料和烟草制品	11.38	11.44	11.63	12.29	12.59	12.17	11.26	11.30	12.75	12.11
纺织品	0.83	0.84	0.87	0.84	0.88	0.83	0.75	0.73	0.67	0.65
服装、皮革及相关产品	0.52	0.51	0.48	0.46	0.46	0.43	0.41	0.40	0.43	0.45
纸制品	2.75	2.83	2.77	2.80	2.78	2.53	2.59	2.61	2.63	2.38
印刷及相关支持活动	1.99	1.95	1.90	1.89	1.95	1.85	1.71	1.72	1.74	1.61
石油和煤炭产品	8.20	7.56	7.69	6.83	4.05	5.98	7.86	6.74	5.00	8.14
化工产品	15.74	16.08	16.06	15.64	17.00	16.42	16.28	16.66	17.37	17.12
塑料和橡胶制品	3.50	3.46	3.27	3.68	3.80	3.55	3.50	3.55	3.55	3.48

注：该表格中的美国制造业增加值数据只包括了私人部门。

资料来源：美国经济分析局，https：//www.bea.gov/.

自1991年苏联解体以来，美国成为全球唯一的超级大国。然而，由军工复合体所构成的利益集团为了维护自身的既得利益，不但使美国的国防预算远远高于其他国家和地区（见图3-2），还造成美国在"冷战"结束后继续卷入一系列局部战争。一方面，军工复合体在一系列局部战争中大发横财；另一方面，原本相当充裕的美国国库正逐渐捉襟见肘。为了维持美国财政的超负荷运转，美国政府不得不选择继续重点扶持一些短期内能获得较高利润的部分行业，尽管这些企业的商业利益进一步绑架了美国的国家利益，却忽视了一些能维护美国长远利益、短期利润相对较低的行业的发展。如果美国政府不能有效遏制军工复合体绑架国家利益的行为，并及时调整自身错误的国策，美国的衰落恐将成为定局。①

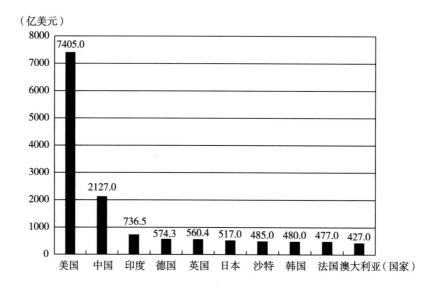

图 3-2　2021 年国防预算规模前十的国家

资料来源：根据各国财政部门公布的数据整理得出。

二　德国工业产业振兴财税政策的做法

（一）背景

从 20 世纪 70 年代开始，受制于土地、劳动力等要素成本上升，以及鲁尔工业区化石能源日益枯竭和环保意识的增强，德国逐渐将生产环节中诸如劳动密集型产业转移到发展中国家。譬如，德国食

---

① 《司马法·仁本第一》一针见血地指出："国虽大，好战必亡。"

品工业由于受国内市场饱和、人口数量下降预期、恩格尔系数持续下降等因素影响，国内食品生产企业面临日趋激烈的竞争，导致德国食品工业营业收入一度出现下滑。2002 年，德国食品工业营业收入约为 1254 亿欧元，较 2001 年下降 1 个百分点。[①] 21 世纪以来，相继爆发的国际金融危机以及欧洲主权债务危机，充分暴露出德国因虚拟经济过度膨胀所导致的产业结构失衡问题。由于土地、劳动力等要素成本上升以及化石能源日益枯竭等问题难以解决，单纯的政策扶持已难以驱使以营利为目的、追求利润最大化的制造业回归本土。

此外，德国虽然是欧洲经济总量最大的国家，但同时也是欧洲老龄化程度最严重的国家。2010 年，德国 65 岁以上人口占比已达到 20.4%，在全球仅次于日本。此外，由于德国本土基础设施发展相对滞后，对经济可持续发展构成了严峻挑战。根据德国复兴银行公布的数据，德国城镇和农村地区存在 1260 亿欧元的基础设施建设投资缺口，其中包括 340 亿欧元的道路投资缺口和 330 亿欧元的学校投资缺口。[②③]

当德国在 2013 年举办的汉诺威工业博览会上正式提出"工业4.0"的概念后，在全球引发了一场对工业发展前途的反思。由于劳动力成本在国际市场竞争中缺乏足够优势，德国必须进一步巩固自身在知识密集型产业的竞争优势。为在缺乏劳动力竞争优势的环境中求得生存与发展，一方面，德国培养出了大批高技能的专业技术人才，德国企业一大批技术精湛、非常敬业的"工匠"——熟练技工，能不断生产出具有世界先进水平质高价贵的产品；另一方面，德国不断出台并实施一系列促进工业产业振兴的财税政策。

---

① 德国食品工业联合会：《2002 年德国食品工业简况》，《中外食品：酒尚》2003年第 7 期。

② 乔继红：《德国经济增长势头能否持续？未来老龄化等将成制约因素》，中国新闻网，https://www.chinanews.com.cn/gj/2017/12-26/8409005.shtml.

③ 王苇航：《德国经济增长面临哪些潜在风险》，《中国财经报》2018 年 4 月 2 日第6 版。

（二）主要措施

1. 不断增加对企业财政补贴，尤其加大对基础研究领域的投入力度

自德国提出"工业4.0"的概念以来，德国政府不断增加对企业财政补贴，其中联邦层面财政补贴额度从2015年的209亿欧元猛增到2020年的307亿欧元，税收优惠力度也从2015年的154亿欧元增加到2020年的204亿欧元。[1][2]

在德国的工业企业中，位于德国北莱茵—威斯特法伦州的智能技术系统网络（It's OWL）是德国"工业4.0"旗舰集群的典型代表，目前已发展成为德国制造业竞争力的主导力量。It's OWL由181家合作伙伴共同组成，包括了Beckhoff、Lenze等核心企业27家，比勒费尔德应用技术大学等6所大学，弗劳恩霍夫ENAS研究所等16个研究机构，以及6家负责技术转移的企业和136家赞助企业，并在2012—2019年共获得了联邦政府4000万欧元的资助。[3]

虽然2020年开始在欧洲各国蔓延的新冠疫情已对德国经济造成较大冲击，德国政府仍决心继续致力于加强研发。根据德国联邦政府发布的《德国可持续发展战略》（2021年版），为推动工业化的可持续性，德国联邦政府出台了经济刺激方案及500亿欧元的未来技术方案，其中包括在本立法任期内追加20亿欧元，以实现将公共与私人部门研发经费支出占GDP的比重从2018年的3.1%提升到

---

[1] 于雯杰：《德国产业政策的路径变迁与启示——基于〈国家工业战略2030〉的分析》，《财政科学》2021年第7期。

[2] German Federal Ministry of Finance, *Overview of Federal Budgetary and Financial Data up to and including November* 2021，德国联邦财政部，https：//www. bundesfinanzministerium. de/Content/EN/Standardartikel/Press_ Room/Publications/Monthly_ Report/Key_ Figures/2021-11-federal-budget. html.

[3] 张佩、赵作权：《世界级先进制造业集群竞争力提升机制及启示——以德国工业4.0旗舰集群为例》，《区域经济评论》2020年第5期。

2025 年的 3.5%的目标。① 2020 年 6 月 3 日，德国联邦议会正式通过了德国政府经济刺激方案及其 500 亿欧元的未来技术方案。

为了实现公共与私人部门研发经费支出占 GDP 的比重达到3.5%的目标，同时确保中小企业在大型企业竞争中保持一定的优势，德国联邦议会于 2020 年颁布并实施了《研究津贴法》（*The German Research Allowance Act*）。根据《研究津贴法》的相关条款，在德国注册投资的中小企业在 2020 年可获得总额高达 10 亿欧元的税收抵免，以支持其研发活动。这一财政措施为企业增加研发投资创造了新的激励。盈利能力阈值以下的初创企业和公司也可以从这一财政研究激励中受益。从 2021 年开始，《研究津贴法》又将可获得税收抵免的总额增加到 15 亿欧元。

2. 加大基础设施的建设力度

根据德国联邦政府发布的《德国可持续发展战略》（2021 年版），当前正在执行的《联邦交通基础设施计划》（FTIP 2030）是第一个与公众合作起草和制订的联邦交通基础设施计划，以 2016—2030 年为计划期。该计划不仅包括了维护和更新投资，还包括了联邦范围内公路、铁路和水路交通网络升级和新建项目，总预算高达2696 亿欧元。除了 FTIP 之外，联邦政府还根据各州的优势，为公共交通和自行车基础设施以及交通工具的互联和多式联运提供资金。除此之外，联邦政府还促进各州之间进行经验共享，以确定可转让的解决方案。

3. 加大对宽带基础设施和移动数据传输投入力度

由于不断变化的生产条件（工业 4.0）和人口结构的变化，获取信息和自动化、灵活的基础设施管理变得越来越重要，德国各州都需要为此创造适当的条件。为补充私营部门宽带的推广，作为德

---

① The Federal Government of Germany，*German Sustainable Development Strategy*（*Update 2021*），德国联邦政府网，https：//www.bundesregierung.de/breg－en/service/information－material－issued－by－the－federal－government/german－sustainable－development－strategy－update－2021－full－version－－1942514.

国政府宽带支持计划的一部分，德国联邦基金从 2016 年开始每年拨款 80 亿欧元以上。同时，为在 2025 年实现全千兆宽带全覆盖，德国政府对适用于"白色区域"的现有宽带支持计划进行了修订，以追求千兆速度的目标，并对现有项目进行了追溯性升级，使其目标为千兆速度。下一步将出台一项新的支持计划，假设预计不会有私营部门提供，宽带速度低于 100 Mbps 的地区将有资格获得资助。此外，德国联邦政府于 2018 年设立了一项专门的数字基础设施基金，用于推广千兆网络，特别是在农村地区，并提供财政援助，为学校教育数字基础设施提供资金。

除了有线宽带基础设施外，移动数据传输也变得越来越重要。目前，德国已经将第五代移动通信技术（5G）的重点首先转移到工业部门，而 5G 技术的引入无疑将为更复杂的大众市场应用打开大门。德国联邦政府认为，5G 技术不但可以通过智能网络和实时应用成为工业连接的骨干，而且有可能成为智能移动、工业 4.0、智能公用事业电网、智能物流、电子健康和数字农业等领域新生产力提升的催化剂。正是出于这一前景，德国联邦政府于 2019 年 11 月 18 日通过了其移动通信战略。实施该战略旨在迅速确保在全国范围内提供移动电话和数据服务（LTE/4G），而额外推出的 5G 可以在此基础上在农村和人口稠密地区进一步推广。移动通信战略中包含的措施将覆盖至少 97.5% 的德国领土和 99.95% 的家庭。

值得注意的是，德国虽然不断加大对宽带基础设施和移动数据传输投入力度，但同时也非常重视信息安全方面的问题。根据德国《联邦信息技术安全法》的有关规定，公司不得收集个人数据用于商业用途，只能收集数据提供服务。[①]

（三）主要影响

1. 制造业逐渐转型升级

2017 年，德国制造业营业收入达到 21933.58 亿欧元，高居欧

---

① ［德］罗兰·贝格等：《弯道超车：从德国工业 4.0 到中国制造 2025》，上海人民出版社 2015 年版，第 8 页。

洲第一位。作为现代汽车的发祥地，以奔驰（戴姆勒—克莱斯勒公司）、大众、宝马为代表的德国汽车公司仍然占据了全球约 1/3 的市场份额。2017 年，德国机动车、拖车和半拖车工业营业收入为4956.83 亿欧元，在制造业中的占比为 22.6%，为德国制造业中的第一大产业，并解决了 86.7 万个就业岗位。此外，德国的食品企业成功应用先进发达的科学技术，培育出以瑚玛娜（Humana）、欧特家博士（Dr. Oetker）、哈瑞宝、冠利等为代表的食品行业隐形冠军企业。2017 年，德国食品工业营业收入增长到 1832.70 亿欧元，在制造业中的占比为 8.4%，并解决了 81.4 万个就业岗位。此外，德国化工原料与产品、金属制品（除机械设备外）、电气设备制造业营业收入分别为 1798.19 亿欧元、1388.20 亿欧元、1223.47 亿欧元，在制造业中的占比分别为 8.2%、6.3%、5.6%（见图 3-3）。

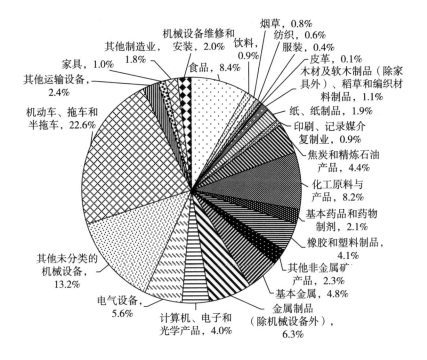

图 3-3　2017 年德国制造业营业收入构成

资料来源：德国联邦统计局，https：//www.destatis.de/DE/Home/_inhalt.html.

2. 经济基本保持较为强劲的增长势头

自德国提出"工业4.0"以来,德国经济基本保持较为强劲的增长势头。在2011—2020年十年内,德国经济除2020年受全球新冠疫情影响出现了-4.57%的负增长外,其他年份均保持了经济正增长的势头,其中2011年、2014年、2016年和2017年的增长率均超过了2%(见图3-4)。德国也因此成为发达国家中经济增长较快的国家。

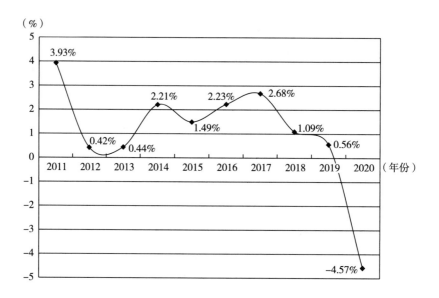

图3-4 2011—2020年德国经济增长率

资料来源:德国联邦统计局,https://www.destatis.de/DE/Home/_inhalt.html.

三 日本工业产业发展财税政策的经验借鉴

(一)背景

从20世纪50年代至70年代,日本政府通过出台实施"国民收入倍增计划"等产业政策,有效管控经济危机并扩大持续对外贸易,造就了日本的经济奇迹。然而进入20世纪80年代后,由于日本过度痴迷于传统支柱产业,未能及时找到新的支柱产业,加之政府研发经费投入不足，大量闲置资金投入房地产及相关行业，导致日本产业结构调整出现滞后，最终制约了经济的进一步发展。[①]

与此同时，由人口老龄化所衍生的一系列问题也加剧了日本的财政负担。早在 20 世纪 70 年代，日本 65 岁以上人口占比就已经超过 7%，进入老龄化社会。受 2008 年国际金融危机影响，日本人口从 2011—2019 年连续出现负增长，而这加剧了日本老龄化问题。到 2018 年，日本 65 岁以上人口占比达到 27%，成为全球老龄化程度最严重的国家。人口老龄化和人口红利消失，使日本经济一直面临增长乏力的困境，政府债务规模不断扩大。到 2018 年年末，日本政府的债务规模已达到当年 GDP 的 253%。

为应对上述问题，日本政府必须保持自身技术和产品在全球市场的竞争力，并实施了一系列与日本工业产业振兴相关的财税政策。这些财税政策由于与产业政策进行了较好的配套组合，已取得了较为良好的效果。

（二）主要措施

1. 高度重视对高附加值制造业的研发力度，并给予一定的税收优惠政策

日本对高附加值制造业的研发重视程度不仅高于中国，也超出了其他发达国家。[②] 根据日本总务省统计局公布的数据，日本 2019 财年的研发预算约为 195757 亿日元，占当年 GDP 的 3.21%，高于德国（3.13%）、美国（2.83%）、法国（2.19%）、中国（2.14%）、英国（1.73%）、俄罗斯（0.98%）的占比。[③] 其中，投向企业部门的研发预算约为 142121 亿日元[④]，占研发预算的比重为

① 裴子英等：《20 世纪 90 年代日本产业结构调整问题论析》，《中外科技信息》2003 年第 Z1 期。
② 张韬：《地方税体系与产业转型升级联动机制研究：以贵州省为例》，中国经济出版社 2019 年版，第 110 页。
③ 德国、美国、法国、中国、英国、俄罗斯均为 2018 年的数据。
④ 总务省统计局：《令和次年科学技术研究调查结果》，日本总务省统计局，ht-tp：//www.stat.go.jp/data/kagaku/index.html.

72.60%，而上述预算主要投向高附加值的装备制造业（见图3-5）。为了促进机器人的普及与应用，日本政府对企业使用机器人与机器人制造商相关技术研发给予了一系列税收优惠政策。①

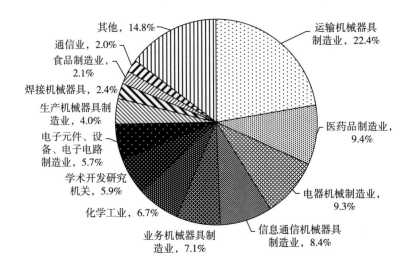

图3-5　日本2019财年企业研发预算构成（按主要产业分类）

资料来源：《2020年（令和二年）科学技术研究调查结果》。

根据日本经济产业省（Ministry of Economy，Trade and Industry）公布的《2019财年初始预算申请和2018财年补充预算申请》（*Initial Budget Request for FY2019 and Supplementary Budget Request for FY2018*），日本财政准备在非竞争性行业的数据共享与互联网行业的人工智能领域投资30亿日元，并在氢能源供应链领域以及为燃料电池汽车提供公共氢站发展分别提供163亿日元和100亿日元的财政补贴。②

①　宋群：《日本机器人产业何以位居世界前列》，《经济日报》2019年2月26日第8版。

②　Ministry of Economy，Trade and Industry，*Initial Budget Request for FY2019 and Supplementary Budget Request for FY2018*，日本经济产业省，https：//www.meti.go.jp/english/aboutmeti/policy/fy2019/0204.html.

2. 推动包括消费税在内的税制改革以增加财政收入

随着日本人口老龄化进程逐步加快，日本政府在社会保障方面的支出逐年增长，目前社会保障支出约占财政支出的 1/3。同时，日本税收收入增速长期低于日益增长的预算需求，进一步加剧了财政对债务的依赖，并将负担转嫁给子孙后代。为了满足日益增长的社会保障支出需求，安倍政府已于 2019 年 10 月 1 日正式实施消费税改革，将消费税率由之前的 8% 上调为 10%。不过为了降低消费税增税对低收入群体的影响，安倍政府的消费税改革方案中对除酒类和外出就餐外的食品和饮料，以及订阅报纸每周发行两次或两次以上的商品供应，仍然实行 8% 的低税率。① 除此之外，安倍政府为了降低其在事业继承税、固定资产税等领域实施减税政策对税收收入造成的影响，还对烟草税、个人所得税、国际观光旅游税方面实施增税政策，预计这项改革有望为日本增加 2800 亿日元的税收收入。

（三）主要影响

1. 制造业逐渐转型升级

2019 年，日本制造业增加值为 104.30 万亿日元，制造业增加值占当年 GDP 的比重为 20.31%，制造业占比在发达国家中位居前列。作为日本制造业中的第一大产业，以马自达、丰田为代表的日本汽车工业凭借掌握汽车发动机等核心技术，在全球汽车市场中仍占有重要地位。2019 年，日本汽车制造业增加值为 18.35 万亿日元，在制造业中的占比为 17.6%，并解决了 109.3 万个就业岗位。此外，日本化工、食品、生产机械制造业增加值分别为 11.50 万亿日元、10.15 万亿日元、7.99 万亿日元，在制造业中的占比分别为 11.0%、9.7%、7.7%（见图 3-6）。

---

① Ministry of Finance, Japan, *Consumption Tax rate hike*（*October* 1，2019），日本财务省，https：//www. mof. go. jp/english/policy/tax_ policy/consumption_ tax/index. html.

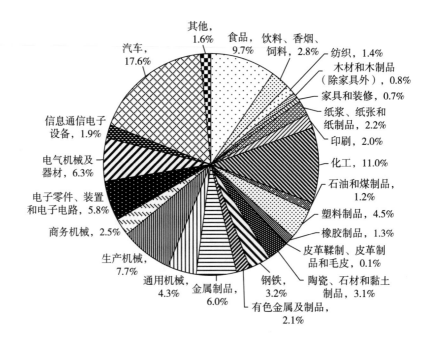

图 3-6 2019 年日本制造业增加值结构

资料来源：《日本统计年鉴（2022）》。

2. 虽然人口出现正增长，但债务规模受疫情影响仍继续增加

虽然日本经济在 2020 年受到新冠疫情的重大冲击，当年 GDP
较 2019 年萎缩了 4.8%，但全国人口却从 2019 年的 12616.7 万人增
长到 2020 年的 12622.7 万人，人口增长率为 0.48‰，为 2007 年以
来最大增幅，较 2019 年的 -2.18‰的负增长率有了明显改善。① 然
而，由于受新冠疫情影响，日本的债务规模仍然在继续增加。截至
2021 年年末，日本的政府债务规模占当年 GDP 的比重已升
至 278%。

---

① 根据日本总务省统计局公布的数据整理并计算得出。

第二节　国内工业产业发展财税
政策的经验借鉴

以民营经济为基础的"温州模式"和以集体经济为基础的"苏南模式"，在中国改革开放初期创造了具有地方特色的和充满生机活力的社会主义实践形式。党的十八大以来，浙江和苏州分别通过实施一系列卓有成效的财税政策，在工业产业转型升级领域取得了明显的成效。对这些已经实现了工业化地区的成功经验和做法进行深入分析，尤其对其在经济高速发展期间，采取科学有效的财税政策与产业发展政策配套组合的分析，可以为贵州等经济欠发达地区的发展提供重要的参考和借鉴。

一　浙江工业产业发展财税政策的经验借鉴

（一）背景

改革开放以来，以纺织、服装、皮革、化工等为代表的传统产业在浙江工业经济中曾发挥着举足轻重的作用。2004 年，浙江工业总产值为 18729.06 亿元，其中纺织业产值为 2470.11 亿元，是浙江第一大行业（见图 3-7）。传统产业不但成为浙江经济发展的主力军，而且贡献了大部分产值、出口值和就业机会。[①] 根据国家统计局浙江调查总队课题组的研究，浙江 2004 年的传统产业占全省工业企业单位数的 87.95%、资产总额的 84.52%，提供了 88.01% 的就业机会，创造了 85.09% 的工业总产值、85.04% 的工业销售产值和 84.32% 的出口交货值。[②]

---

① 叶珺君等：《浙江省传统产业转型升级与知识产权保护的实证研究》，《浙江工贸职业技术学院学报》2020 年第 1 期。
② 浙江省调查总队：《浙江传统产业的升级问题研究》，浙江省统计局，https：// tjj. zj. gov. cn/art/2014/8/27/art_1530863_20981084. html.

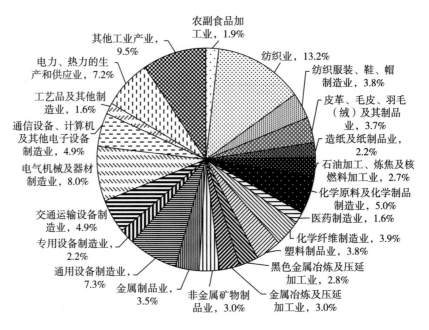

图 3-7　2004 年浙江全部国有及规模以上非国有工业企业总产值结构

资料来源：《浙江统计年鉴（2005）》。

　　然而，地方政府在市场经济中的"无为而治"也产生出显著的弊端——市场的无序。市场的无序不但成为生产和销售假冒伪劣产品和活动的"温床"，还造成企业间以"价格战"的方式过度竞争，不但使传统产业发展陷入泥潭，在国际市场中也面临越来越多的贸易摩擦问题。个别企业甚至通过偷税漏税行为，以不公平竞争的方式在市场上左右逢源，既损害了市场公平竞争的规则，同时削弱了地方政府提供公共服务的能力。① 此外，传统产业相对粗放型的发展之路，也付出了较高的资源代价和环境代价。

（二）主要措施

2003 年 7 月，时任浙江省委书记习近平做出了"发挥八个方面

---

　　① 陆阳、史文学：《长三角批判》，中国社会科学出版社 2008 年版，第 216—217 页。

的优势""推进八个方面的举措"的决策部署，简称"八八战略"。① 以"八八战略"为指引，浙江各级政府部门在财税政策方面支持产业优化升级，取得了显著成效。

1. 优化财政专项资金使用方向，规范财政专项资金使用管理

党的十八大以来，浙江不断优化财政专项资金使用方向。一方面，浙江设立振兴实体经济（传统产业改造）财政专项激励资金，由省级财政对入围县市进行年度考评，并对年度考评结果设立了一套较为完整的奖惩机制。② 另一方面，浙江对制造业高质量发展示范县设立财政专项激励资金，在 2020—2022 年由省级财政每年统筹安排 18 亿元，择优支持 18 个工业大县探索"一县一经验"模式③，以契合中央高质量发展的目标任务。为了规范财政专项资金使用管理，浙江先后出台了工业与信息化发展财政专项资金、发展与改革专项资金相应的资金管理办法，对上述财政专项资金在资金分配、下达和使用以及绩效管理和监督检查领域做出了明确的规定。

2. 加快推进政府产业基金投资运作，并规范政府产业基金使用管理

党的十八大以来，浙江加快推进政府产业基金投资运作。一方面，浙江省政府于 2015 年设立政府产业基金，提出在 2015—2017 年三年内的主要目标，以加快推进浙江产业结构实现转型升级。④

---

① 《新闻链接：习近平总书记提到的"八八战略"》，新华网，http：//www. xin-huanet. com/politics/leaders/2020-04/01/c_ 1125801536. htm.

② 譬如，2017 年，浙江首次设立振兴实体经济（传统产业改造）财政专项激励资金，在 2017—2019 年内给予 18 个入围县市每年 1 亿元的资金支持。根据考评办法，浙江省级财政对考评优秀的 3 个县（市）各奖励 1000 万元，对考核不合格的 3 个县（市）各扣减 2018 年财政专项激励资金 1000 万元。更多内容可见林轩、金超：《浙江 2017 年度振兴实体经济财政专项激励政策考核公布》，新蓝网·浙江网络广播电视台（http：//n. cztv. com/news/12944921. html）。

③ 金梁、夏丹：《我省推进制造业高质量发展示范县创建》，《浙江日报》2020 年 7月 20 日第 1 版。

④ 《浙江省人民政府关于创新财政支持经济发展方式加快设立政府产业基金的意见》（浙政发〔2015〕11 号）明确提出："全省各级政府设立的产业基金规模达到 1000亿元以上，通过与金融资本的结合，撬动社会资本投入 10000 亿元左右。"

另一方面，浙江省政府于2020年出台制造业产业基础再造和产业链提升工程行动方案[①]，将数字安防产业链、集成电路产业链、网络通信产业链、智能计算产业链、生物医药产业链、炼化一体化与新材料产业链、节能与新能源汽车产业链、智能装备产业链、智能家居产业链、现代纺织产业链为浙江十大标志性产业链[②]，不但明确提出了到2025年的发展目标[③]，还通过出台一系列包括招投标和政府采购支持政策在内的财政政策，作为制造业产业基础再造和产业链提升工程行动方案的有力保障。

随着政府产业基金的规模越来越大，为了更好地发挥政府产业基金"四两拨千斤"的作用，浙江进一步规范了财政专项资金使用管理。其中，浙江省财政厅于2021年出台《浙江省产业基金管理办法》，根据政策性项目中所采取的不同模式设置了相应的出资额或出资比例做出了相应的规定。[④]

3. 不断加强对工业企业领域的研发投入力度

"八八战略"实施以来，浙江持续加大对工业企业领域的研发投入力度。其中，浙江研发（R&D）经费支出从2005年的163.29亿元增长到2021年的2157.69亿元，而且每年绝大部分资金都投向了工业企业，有力地推动了工业企业转型升级。同时，浙江研发强

---

① 更多内容可见《浙江省实施制造业产业基础再造和产业链提升工程行动方案（2020—2025年）》（浙政发〔2020〕22号）。

② 沈星：《到2025年突破6万亿元 浙江大力提升十大标志性产业链》，《今日科技》2020年第9期。

③ 《浙江省实施制造业产业基础再造和产业链提升工程行动方案（2020—2025年）》（浙政发〔2020〕22号）提出："到2025年，十大标志性产业链年总产值突破6万亿元，占全省工业总产值的68%以上，基本形成与全球先进制造业基地相匹配的产业基础和产业链体系"。

④ 《浙江省产业基金管理办法》第16条规定，政策性项目采取直接投资模式的，省产业基金最高出资额不超过20亿元，持股比例不得超过20%，且不为第一大股东；政策性项目采取定向基金模式的，省产业基金出资比例不超过定向基金规模的20%，最高出资额不超过20亿元；政策性项目采取非定向基金模式的，省产业基金出资比例不超过非定向基金规模的20%；技术类、农业领域战略类项目可适当提高比例，但不超过30%；特别重大的项目经省政府主要领导审定后可不受本条所设规模及出资比例限制。

度①从 2005 年的 1.25%提高到 2020 年的 2.94%（见表 3-3），明显高于全国的平均水平。为了贯彻落实中央节能减排的目标任务，浙江提出了具体的技术路线图和行动计划，并将实现碳达峰和碳中和的时间点分别设为 2025 年和 2030 年。②

表 3-3　　　　2005—2021 年浙江工业企业 R&D 经费情况

年份	R&D 经费支出（亿元）	#工业企业（亿元）	工业企业 R&D 经费支出占比（%）	地区生产总值（亿元）	研发强度（%）
2005	163.29	130.41	79.86	13028.33	1.25
2006	224.03	183.39	81.86	15302.68	1.46
2007	286.32	235.55	82.27	18639.95	1.54
2008	345.76	283.73	82.06	21284.58	1.62
2009	398.84	330.10	82.77	22833.74	1.75
2010	494.23	407.43	82.44	27399.85	1.80
2011	612.93	501.87	81.88	31854.80	1.92
2012	722.59	588.61	81.46	34382.39	2.10
2013	817.27	684.36	83.74	37334.64	2.19
2014	907.85	768.15	84.61	40023.48	2.27
2015	1011.18	853.57	84.41	43507.72	2.32
2016	1130.63	935.79	82.77	47254.04	2.39
2017	1266.34	1030.14	81.35	52403.13	2.42
2018	1445.69	1147.39	79.37	58002.84	2.49
2019	1669.80	1274.23	76.31	62462.00	2.67
2020	1858.59	1395.90	75.11	64689.06	2.87
2021	2157.69	1591.66	73.77	73515.76	2.94

资料来源：根据历年《浙江统计年鉴》的数据整理计算得出。

① 研发强度指研发投入占某组织或地区当期生产总值的比例。
② 向家莹、于瑶：《因地施策地方版碳达峰路线图渐明》，《经济参考报》2021 年 6 月 25 日第 1 版。

4. 切实降低企业税费负担

进入"十三五"时期以来，浙江先后出台了《关于实施促进实体经济更好更快发展若干财政政策的通知》（浙政办发〔2017〕52号）、《关于贯彻落实民营企业发展促进条例的若干意见》（浙财企〔2020〕22号）等一系列财税政策措施，严格落实国家增值税、企业所得税等税收优惠政策。此外，浙江严格贯彻国家清费减负政策，其中包括取消或停征41项中央设立的行政事业性收费。[①] 仅在2018—2020年，浙江全省累计新增减税降费5138亿元。

5. 引导企业之间公平合理竞争

为了引导企业之间公平合理竞争，浙江省委办公厅、浙江省政府办公厅于2018年11月印发《关于进一步促进民营经济高质量发展的实施意见》（浙委办发〔2018〕83号，以下简称"浙委办发〔2018〕83号文件"）。为贯彻落实好浙委办发〔2018〕83号文件精神，浙江省市场监督管理局于2019年7月9日发布了《浙江省企业竞争合规指引》的公告（公告〔2019〕20号），引导企业之间公平合理竞争，进一步优化了浙江的营商环境。

（三）主要影响

1. 工业产业规模进一步壮大

"八八战略"实施以来，浙江规模以上工业总产值从2005年的23106.8亿元增长到2021年的94969.9亿元，年平均增长率达到了9.2%。其间，除2015年和2017年分别出现了-0.33%和-3.81%的负增长外，其余年份均保持了正增长的趋势（见图3-8）。

2. 产业结构呈现高级化发展

随着浙江工业企业规模进一步壮大，其产业结构也呈现高级化发展。以电气机械、计算机通信、化工、汽车为代表的资本密集型、技术密集型行业方兴未艾，正在逐渐取代传统的以纺织业、纺

---

① 浙江省人民政府办公厅：《浙江省人民政府办公厅关于实施促进实体经济更好更快发展若干财政政策的通知（浙政办发〔2017〕52号）》，《浙江省人民政府公报》2017年第19期。

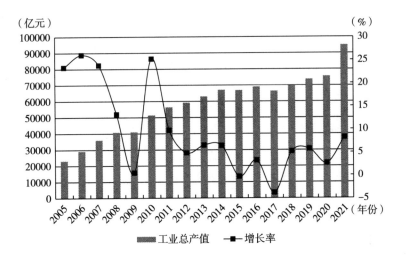

图 3-8　2005—2021 年浙江工业总产值及增长率

资料来源：根据历年《浙江统计年鉴》的数据整理得出。

织服装、鞋帽、皮革毛皮为代表的劳动密集型行业在工业产业中的
主导地位。其中，曾经长期作为浙江支柱产业的纺织业，在浙江工
业总产值的占比已从 2004 年的 13.2%下降到 2021 年的 5.0%，同
期电气机械从 8.0%上升到 11.0%，取代纺织业跃居首位。同时，
计算机通信、通用设备、化工分别成为浙江第二、第三、第四大行
业（见表 3-4）。

表 3-4　　2004 年和 2021 年浙江工业产业规模前十的行业

排名	2004 年		2021 年	
	行业名称	占比（%）	行业名称	占比（%）
1	纺织业	13.2	电气机械	11.0
2	电气机械	8.0	计算机通信	8.5
3	通用设备	7.3	通用设备	7.6
4	电力热力	7.2	化工	7.3
5	化工	5.5	汽车	6.4
6	通信设备	4.9	电力热力	6.0

续表

排名	2004 年		2021 年	
	行业名称	占比（%）	行业名称	占比（%）
7	化学纤维	3.9	纺织业	5.0
8	塑料	3.8	金属制品业	4.9
9	纺织服装、鞋帽	3.8	非金属矿物制品业	4.5
10	皮革毛皮	3.7	橡胶和塑料制品业	3.7

注：该工业总产值为规模以上工业企业总产值。

资料来源：根据《浙江统计年鉴（2005）》《浙江统计年鉴（2022）》的数据整理计算得出。

二 苏州工业产业发展财税政策的经验借鉴

（一）背景

改革开放以来，苏州经济发展取得了令人瞩目的成就。根据"从五湖四海走向五洲四洋"的战略，苏州通过引进港澳台和外商投资，经济实现了持续增长势头。2006 年，苏州以占全国 0.09% 的国土面积和 0.46% 的人口，创造了全国 2.3% 的国内生产总值，2.3% 的财政收入和 9.9 的进出口总额。[1]

然而苏州外资企业的兴旺所带动的经济成就，却难以掩盖苏州经济发展存在的不足。一方面，苏州人均可支配收入增长严重滞后，被一些经济学家讽刺为"只长骨头不长肉"。2008 年，苏州的人均生产总值为 106863 元，已达到全国平均水平的 4.71 倍。[2] 与此同时，苏州城镇居民和农村居民人均可支配收入分别为 23867 元和 11785 元，分别为全国的 1.53 倍和 2.36 倍。[3] 苏州城镇居民和农村居民人均可支配收入分别仅占人均生产总值的 22.33% 和 11.03%。另一方面，苏州出现了技术来源及研发在外、产品价值最

---

[1] 陆阳、史文学：《长三角批判》，中国社会科学出版社 2008 年版，第 61 页。

[2] 2008 年，全国人均 GDP 为 22698 元。

[3] 2008 年，全国城镇居民人均可支配收入 15549 元，农村居民人均可支配收入 4999 元。

终实现在外、增加值难以提升等"两外一难"问题，本地生产力衰落较为显著。① 2008 年，苏州规模以上工业企业的外商投资企业工业总产值、利润总额、应交增值税占比分别为 51.91%、55.80%、43.43%，而同期私营经济工业总产值、利润总额、应交增值税占比仅分别为 16.37%、10.05%、16.44%（见表 3-5）。

表 3-5   2008 年苏州规模以上工业企业主要经济指标

按登记注册类型分	工业总产值（亿元）	利润总额（亿元）	应交增值税（亿元）
国有企业	42.82	2.95	1.91
集体企业	100.01	2.79	2.66
股份合作企业	33.58	2.03	0.97
联营企业	8.55	0.21	0.29
有限责任公司	2372.30	136.75	71.82
股份有限公司	521.28	32.84	12.44
私营企业	3050.01	90.06	66.47
其他企业	5.03	0.14	0.13
港澳台投资企业	2824.95	128.08	72.08
外商投资企业	9671.59	499.79	175.63

资料来源：《苏州统计年鉴（2009）》。

究其原因，一方面，苏州国有经济由于体制瓶颈导致发展后劲不足，尤其以长城电扇、香雪海冰箱为代表的家电产业逐渐衰落。另一方面，苏州本地民营经济局限于餐饮、零售、运输等相关服务业，以及部分较为初级的零部件、包装、印刷等产业，产品附加值相对较低。② 苏州工业经济过度依赖外资的状况，使国内部分学者

---

① 陆阳、史文学：《长三角批判》，中国社会科学出版社 2008 年版，第 6 页。
② 陆阳、史文学：《长三角批判》，中国社会科学出版社 2008 年版，第 91—93 页。

发出提防"拉美化"经济现象的呼吁。[①] 2008 年爆发的国际金融危机进一步充分暴露出苏州工业经济过度依赖外资的弊端。

（二）主要措施

1. 注重税源培育引进

国际金融危机爆发后，苏州积极承接好上海的溢出效应，围绕产业链有效配套财政政策和资金支持，加强对新经济新平台新要素的培育引进。譬如，苏州工业园区可享受合资企业 5 年免税、上不封顶自行审批特权、园区公积金制度等特殊政策，同时三年滚动遴选 1000 家创新型企业，参照国家高企所得税政策给予三年奖励。[②]

2. 注重数字经济培育发展

国际金融危机爆发后，苏州进一步加快推动全市制造业智能化改造和数字化转型，大力发展工业互联网和数字文化产业，加强数字化龙头企业引进，提升财政数字化、精细化、便捷化管理水平，促进实体经济和数字技术融合发展。

3. 注重科技创新和人才培育

国际金融危机爆发后，苏州持续加大对科技的资金投入力度。其中，苏州研发（R&D）经费支出从 2010 年的 147.41 亿元增长到 2021 年的 776.46 亿元，研发强度从 2010 年的 1.61% 提高到 2020 年的 3.42%，尤其是 2019 年的研发强度超过了在发达国家中排名长期靠前的日本。除此之外，苏州创新财政政策支持科技创新，企业研发资金成为苏州 R&D 经费支出的主体，其中 2021 年达到了 98.88%（见表 3-6），财政资金撬动企业资金的效益显著，更为创

---

① 所谓"拉美化"，是指在 20 世纪 80 年代至 90 年代时期，以巴西、阿根廷为代表的拉美国家走上了一条"外资主导型"的开放道路，依靠廉价劳动力和开放国内市场吸引大量外国资本，并以此拉动本国经济发展。掌控着拉美国家经济命脉的跨国公司每年将大量的利润汇回母国，导致拉美国家出现"增长而不发展"的奇怪现象。一旦全球产业风向转变，跨国公司纷纷将投资转向其他劳动力更为低廉的国家和地区后，拉美国家将迅速出现金融危机和经济衰退。

② 任泽平等：《谁是中国最强地级市》，澎湃新闻，https：//m.thepaper.cn/baijiahao_14203779.

新驱动发展积蓄势能。①

表 3-6   2010—2021 年苏州大中型工业企业 R&D 经费情况

年份	R&D 经费支出（亿元）	#企业资金（亿元）	企业研发资金占比（%）	地区生产总值（亿元）	研发强度（%）
2010	147.41	141.00	95.65	9180.76	1.61
2011	189.59	182.74	96.39	10670.08	1.78
2012	208.62	195.92	93.91	11965.76	1.74
2013	234.24	221.32	94.48	12929.78	1.81
2014	313.54	300.88	95.96	13716.95	2.29
2015	336.83	326.92	97.06	14468.68	2.33
2016	361.50	350.32	96.91	15445.26	2.34
2017	393.43	381.80	97.04	16997.47	2.31
2018	518.05	504.85	97.45	18263.48	2.84
2019	629.78	623.10	98.94	19264.80	3.27
2020	679.77	671.94	98.85	20180.45	3.37
2021	776.46	767.74	98.88	22718.34	3.42

注：企业资金是指 R&D 经费支出中来源于企业的经费。

资料来源：根据历年《苏州统计年鉴》的数据整理并计算得出。

与此同时，苏州持续加大对人才的资金投入力度。从人才引进看，苏州市委办公室于 2016 年 12 月 29 日印发《姑苏创新创业领军人才计划实施细则》（苏委办发〔2016〕95 号），其中创新领军人才科研经费最高支持额为 200 万元。从人才住房看，苏州市高新区党政办公室于 2020 年 12 月 25 日出台《苏州高新区关于打造"创业者乐园创新者天堂"的实施意见》（苏高新委〔2020〕175 号），

---

① 苏州市财政局：《苏州财政召开专题会议传达学习贯彻党的十九届五中全会精神和习近平总书记视察江苏重要讲话指示精神》，苏州市财政局，http：//czt.jiang-su.gov.cn/art/2020/11/23/art_77300_9579623.html.

给予顶尖人才（团队）和领军人才（团队）的最高安家补贴分别达到 1500 万元和 600 万元。① 从生活服务看，苏州市委办公室于 2010 年 6 月 28 日出台《苏州市高层次人才享受生活待遇暂行办法》（苏办发〔2010〕58 号），在社会保障、税收②、子女入学等方面提出了有力举措，政策内容细化程度超过了毗邻的无锡市。

（三）主要影响

1. 工业产业规模进一步壮大

随着苏州营商环境的逐步优化，以德国西门子电气、新加坡 PEA 集团等为代表的外商企业，以及国内近百家车联网将其总部设在苏州，促使苏州工业形成了庞大的产业集群。2021 年，苏州完成规模以上工业总产值 41308.1 亿元，较 2020 年增长了 17.2%，并在当年首次超越上海（39498.54 亿元）。同时，苏州完成一般公共预算收入 1403.9 亿元，较 2020 年增长了 15.8%。苏州的电子信息和装备制造业已发展成为"万亿级"产业，而第三代半导体、航空航天、纳米技术、生物医药等高端的战略性新兴产业也即将成为"万亿元"产业。③ 其中，苏州的生物医药产值突破千亿元，工业园区生物医药竞争力全国第一。

2. 苏州私营企业经济规模发展显著，对外商依赖程度明显下降

苏州私营企业经济规模发展显著。2021 年，苏州规模以上工业

---

① 苏州高新区（虎丘区）党政办公室：《苏州高新区党政办关于印发〈苏州高新区人才乐居工程实施意见（试行）〉的通知》，苏州高新区乐居信息网，https：//www.sndrclj.com/detailsPr？id=ae08f907-b77e-485c-8bff-6c02f7de3d03.

② 《苏州市高层次人才享受生活待遇暂行办法》第 8 条规定：（1）引进人才取得的由中央财政给予的一次性补助，免征个人所得税；（2）符合规定的外籍专家，在苏工作期间取得的工资、薪金所得，免征个人所得税；（3）外籍、港澳台同胞以及符合规定的华侨引进人才，在苏工作期间取得的工资、薪金所得，每月应纳税所得额在减除 2000 元的基础上，再减除 2800 元附加减除费用；（4）外籍引进人才以非现金或实报实销形式取得的住房补贴、伙食补贴、搬迁费、洗衣费，暂免征个人所得税。从外商投资企业取得的股息、红利，以及按合理标准取得的出差补贴、语言训练费、子女教育费等，暂免征个人所得税。

③ 《苏州经济"半年报"："增长"背后见"苏州新魅力"》，中国新闻网，http://www.chinanews.com/cj/2021/07-20/9523914.shtml.

企业的私营经济工业总产值、利润总额、应交增值税占比分别为
30.86%、30.00%、42.12%，较 2008 年的占比分别增长了
14.49%、19.95%、25.68%。同期，苏州规模以上工业企业的外商
投资企业工业总产值、利润总额、应交增值税占比分别为 37.37%、
39.48%、28.47%，较 2008 年分别下降了 14.54%、16.32%、
14.96%（见表 3-7）。苏州规模以上工业企业的私营经济工业总产
值与外商投资企业之间的差距显著缩小，尤其私营经济工业应交增
值税在 2021 年超过了外商投资企业，这背后的经济数据可以充分有
力地证明，苏州已率先在全国基本实现了构建以国内大循环为主
体、国内国际双循环相互促进的新发展格局。

表 3-7　　　　2021 年苏州规模以上工业企业主要经济指标

按登记注册类型分	工业总产值（亿元）	利润总额（亿元）	应交增值税（亿元）
国有企业	28.05	0.92	0.74
集体企业	5.90	0.09	0.15
股份合作企业	32.04	1.07	0.84
联营企业	25.88	2.30	0.04
有限责任公司	4345.25	246.56	68.35
股份有限公司	1438.07	107.38	18.25
私营企业	12976.36	818.27	216.31
其他企业	4.08	1.66	0.05
港澳台投资企业	7474.97	472.66	62.64
外商投资企业	15713.54	1076.82	146.22

资料来源：《苏州统计年鉴（2022）》。

3. 苏州居民可支配收入增长滞后的问题得到显著缓解

苏州城镇居民和农村居民可支配收入增长显著，"只长骨头不
长肉"的问题得到显著缓解。2021 年，苏州人均生产总值已达到
177505 元，为全国平均水平的 2.19 倍。[①] 与此同时，苏州城镇常住

―――――――――

① 2021 年，全国人均 GDP 为 80976 元。

居民和农村常住居民可支配收入分别为 76888 元和 41487 元, 分别为全国的 1.62 倍和 2.19 倍。[①] 苏州城镇居民和农村居民人均可支配收入分别达到人均生产总值的 43.32% 和 23.37%, 较 2008 年的占比分别提高了 20.99% 和 12.34%。

---

① 2021 年, 全国城镇居民人均可支配收入 47412 元, 农村居民人均可支配收入 18931 元。

第四章

贵州工业产业的财税政策变迁

清朝晚期至民国时期，以及中华人民共和国成立以来各个国民经济和社会发展的五年计划（或规划）时期，为推动地方产业的发展，政府实行了不同的财税政策，并取得了一定的成效。本书对贵州工业产业变迁的轨迹以及财税政策对贵州工业产业发展的影响进行了分析，从中发现产业政策和财税政策之间变迁的规律，为当前制定与产业发展政策能组合配套的财税政策提供历史和现实的依据。

第一节　清朝晚期至民国时期贵州
工业产业的财税政策变迁

从洋务运动开始，贵州艰难地开启了工业化的步伐，初步奠定了贵州工业经济发展的基础。然而直到中华人民共和国成立前夕，由于贵州工业产业基础十分薄弱，加之长期处于战乱中，造成贵州工业产业发展举步维艰，工业化进程在全国各省份中处于落后位次。

一　清朝晚期贵州工业产业的财税政策变迁

（一）清朝晚期贵州工业产业财税政策变迁的背景

1. 片面依靠传统的财政转移支付已难以缓解贵州地方财政收支压力

自商鞅变法以来，中国历朝历代基本采取了"重农抑商"的国策。尤其从明朝建立到清朝中期，朝廷更是多次实施严厉的"海禁"政策。由于工商业发展受到严重阻碍，以农业为基础所征收的田赋成为中国大部分地区主要的财政收入来源。[①]

贵州自明永乐十一年（1413 年）建制为行政省开始，便长期处于"一方水土养不起一方人"的困境。一方面，缺乏平原支撑以及喀斯特地貌广泛分布的自然地理环境，客观上造成了贵州"人多地少"的现实，也导致了贵州的农业基础非常脆弱。另一方面，当时朝廷明令禁止民间私自开矿，使贵州所蕴藏的矿产资源难以得到充分开发。在此情况下，贵州地方财政长期入不敷出，更无力向朝廷按时按量缴纳规定的赋税。[②] 即使朝廷曾多次实施赋税减免，鼓励贵州发展农业并培育农业税源[③]，甚至将有较好经济发展基础的遵义从四川划入贵州，也难以从根本上改变贵州贫穷落后的状况。因此，财政转移支付（明清时期又被称为"协济"）不得不成为贵州最主要的财政收入来源。

自 1840 年中英鸦片战争爆发以来，西方列强不断通过坚船利炮轰开中国的国门，严厉的"海禁"政策也随之土崩瓦解。此刻，清王朝已处于风雨飘摇之中，内部以太平天国运动为代表的农民起义风起云涌，外部则面临着西方资本主义国家的政治、经济和文化侵略，中国面临"三千年未有之变局"。清政府在军事与外交上的节节失败，尤其与西方列强所签订的一系列不平等条约，使朝廷的绝

---

① 关于田赋的历史文献记载，最早见于周定王十三年（前 594 年）鲁国的"初税亩"。秦国于周威烈王十八年（前 408 年）"初租禾"，并于周显王二十一年（前 348 年）"初为赋"。详见《史记·十二诸侯年表》《史记·六国年表》。

② 缪坤和等：《贵州经济发展的晴雨表》，贵州人民出版社 2009 年版，第 64—66、70 页。

③ 何伟福：《制度变迁与清代贵州经济研究》，中国时代经济出版社 2008 年版，第 138 页。

对权威急剧下降。当时，各协济省往往以各种理由拖欠贵州大量协饷①，造成贵州地方财政运行面临巨大的压力，贵州不得不通过自身发展谋求出路。

2. "洋务运动"的兴起为贵州工业化起步创造了有利条件

随着西方国家"重商主义"的思潮在中国兴起，以曾国藩、李鸿章、张之洞、左宗棠为代表的汉族官僚集团提出了"师夷长技以自强"，认为通过兴办军事工业"可以剿发捻，可以勤远略"②。从19世纪60年代至90年代，洋务运动开启了中国近代化的大门。为了维持军事工业的运转，采煤、炼钢、机器制造和交通运输成为洋务运动时期不可或缺的上游产业。

清朝晚期，贵州经济相对闭塞，加之本土没有洋务派高官主政，在军事工业发展中处于被边缘化的状态。③但是，贵州具有丰富的工业原料和燃料，加之钢钎打眼、火药爆矿，以及土炉冶炼矿石的出现④，为贵州在洋务运动时期逐渐发展成为军火工业重要的原料产地创造了有利条件。随着中国逐渐由以土地为支撑要素的帝国，转型为以主权为支撑要素的现代国家，财政收入也逐渐由主要依靠"履亩而税"，转变为主要围绕工商业活动对私人财产与收益征税。⑤

在此背景下，时任贵州巡抚潘霨在《黔省矿产甚多，煤、铁尤甚，可否体察开采折》中向朝廷陈述："黔省地瘠民贫，尺寸皆山，矿产极多，煤铁尤盛。各省机器局及大小轮船，每岁所用煤铁以亿万计，现又设立海军、制造铁甲，实在需要，更属不资。查此二项

---

① 根据《贵州通志·前事志》卷30《长署巡抚张亮基奏各省历欠贵州协款》的记载，清同治四年（公元1865年），时任贵州巡抚张亮上奏："贵州岁需兵饷、铅本等项，无不仰给帑封。自咸丰四年杨逆倡乱，各省拨款概停，所入岁减百余万，而防剿之需岁增……查自咸丰三年起至同治四年止，各省欠解兵饷银八百八十九万三千七百三十两"，加上历年其他各项欠解，"统计欠解银一千零五十一万余两"。

② 原文出自曾国藩的《复陈购买外洋船炮折》。

③ 杨开宇、廖惟一：《洋务运动中第一个钢铁企业——贵州青溪铁厂始末》，《贵阳师院学报》（社会科学版）1982年第4期。

④ 何伟福：《清代贵州商品经济史研究》，中国经济出版社2007年版，第158页。

⑤ 刘守刚：《财政中国三千年》，上海远东出版社2020年版，第4、6页。

为黔省大宗，开采易见成效。如能合用，则可运销各省，源源接济，亦免重价购自外洋之失。"①② 潘霨认为，如果此事可以办成，一方面可以使朝廷"力敌洋庄，收回铁利"，并改变贵州历来"每岁度支全赖各省协济"的财政窘境，另一方面还可通过与洋务派官员挂钩拉线提高自身的政治地位。③

（二）清朝晚期贵州工业产业的财税政策变迁

1. 清朝晚期贵州采矿业的财税政策变迁

清朝晚期，朝廷对民间禁止采矿的政策逐渐松弛。自清同治十三年（1874 年）起，贵州民间开始经营铁矿开采，但其生产方法比较原始，生产过程甚至必须通过手工操作来完成。④ 为了提高生产效率，"官商合办"近代企业成为必然的选择。清光绪十二年（1886 年）初，经潘霨上奏《勘察矿质好筹定章程六条》，朝廷批准成立贵州矿务局和矿物商局，总揽贵州矿产经营和招集商股。⑤ 同年 12 月，潘霨通过云贵总督岑毓英得到朝廷奏准，在候选通判徐庆沅、翻译祁祖彝的协助下，开始筹建青溪铁厂。通过四年的筹建，青溪铁厂于清光绪十六年（1890 年）正式开始炼铁。⑥ 由于官商合办企业有政府利益在内，青溪铁厂因此也享受了大量免税、减税等优惠政策。⑦

但是青溪铁厂从创办开始，便面临着制度、管理、资金、燃料、运输、技术等方面的问题，其中资金问题更是燃眉之急。在四年多的筹建期间，青溪铁厂"共用银二十七万六千余两，其中股款不

① 杨开宇、廖惟一：《洋务运动中第一个钢铁企业——贵州青溪铁厂始末》，《贵阳师院学报》（社会科学版）1982 年第 4 期。
② 刘兴明：《中国首个钢铁重工业——青溪铁厂》，《文史天地》2016 年第 5 期。
③ 杨开宇、廖惟一：《洋务运动中第一个钢铁企业——贵州青溪铁厂始末》，《贵阳师院学报》（社会科学版）1982 年第 4 期。
④ 何伟福：《清代贵州商品经济史研究》，中国经济出版社 2007 年版，第 173 页。
⑤ 杨开宇、廖惟一：《洋务运动中第一个钢铁企业——贵州青溪铁厂始末》，《贵阳师院学报》（社会科学版）1982 年第 4 期。
⑥ 何伟福：《清代贵州商品经济史研究》，中国经济出版社 2007 年版，第 173 页。
⑦ 刘守刚：《财政中国三千年》，上海远东出版社 2020 年版，第 428—429 页。

敷，陆续挪用公项银十九万二千两"①，而朝廷的态度却是"责令自行筹款，不准报销"②。由于省内绅商不愿出资，贵州只能"向法国泰来洋行借规银三十万两，先将公款全数归清，其余作为该厂周转之资"③。然而，大炉仅出铁一个半月便陷入停产，潘霨担心无力偿还遂"退还洋款"，不得不续借公款银两万两惨淡维持局面。最后，潘霨因创办青溪铁厂失败而被迫"去职"。④ 虽然青溪铁厂以失败告终，却是贵州迈向近代化的第一次尝试⑤，对此后贵州工业产业的财税政策变迁产生了重大影响。清光绪三十三年（1907 年），时任铜仁府候补知府贺昌期收回湖北人史鹤松创立的矿务公司，创办贵州铜松思石矿务总局，主要开采梵净山的锑矿，为贵州采矿业发展做出了一定贡献。⑥

2. 清朝晚期贵州其他产业的财税政策变迁

为开辟财源并增加地方财政收入，贵州地方官员通过相关财税政策鼓励手工业的发展。早在清道光四年（1824 年），时任贵州按察使宋如林传檄各府州县种桑养蚕⑦，其中遵义、安顺、黎平种桑养蚕的兴起便是源于官府的大力倡导。根据《黎平府志》的记载，清光绪三年（1877 年）官府辟公桑园谕郡人购买桑种。清光绪十五年（1889 年），时任黎平知府俞渭捐银二百两购种于河南。此外，

---

① 杨开宇、廖惟一：《洋务运动中第一个钢铁企业——贵州青溪铁厂始末》，《贵阳师院学报》（社会科学版）1982 年第 4 期。

② 杨开宇、廖惟一：《洋务运动中第一个钢铁企业——贵州青溪铁厂始末》，《贵阳师院学报（社会科学版）》1982 年第 4 期。

③ 杨开宇、廖惟一：《洋务运动中第一个钢铁企业——贵州青溪铁厂始末》，《贵阳师院学报》（社会科学版）1982 年第 4 期。

④ 杨开宇、廖惟一：《洋务运动中第一个钢铁企业——贵州青溪铁厂始末》，《贵阳师院学报》（社会科学版）1982 年第 4 期。

⑤ 何伟福：《制度变迁与清代贵州经济研究》，中国时代经济出版社 2008 年版，第 133 页。

⑥ 贵州省地方志编纂委员会：《贵州省志·工业经济志》，贵州人民出版社 2003 年版，第 13 页。

⑦ 《贵州通史》编委会：《贵州通史（第 3 卷：清代的贵州）》，当代中国出版社 2002 年版，第 160 页。

清政府还通过创办蚕桑学堂提高蚕桑业的附加值，以缓解财政紧张的矛盾。清光绪三十一年（1905 年），时任贵州巡抚林绍年奏请开办蚕桑学堂。[①] 通过地方政府的大力支持，贵州蚕桑业取得了一定成效。[②]

然而，晚清时期鸦片贸易的"合法化"，也使得贵州经济呈现出畸形发展的态势。其中贵州全省的鸦片产量，从清光绪五年（1879 年）的 1 万担至 1.5 万担，猛增到清光绪三十二年（1906 年）的 4.8 万担，位居全国第四位。[③] 因鸦片贸易而开征的厘税（约二十七八万两）甚至超过了田赋（约二十五万两），成为贵州财政收入的重要来源。[④] 鸦片贸易所带来的暴利，客观上又导致贵州其他轻工业发展受到严重的制约。

二 民国时期贵州工业产业的财税政策变迁

（一）北洋政府时期贵州工业产业的财税政策变迁

1. 北洋政府前期贵州工业产业的财税政策变迁

在民国创立初期，西方列强忙于欧洲战事无暇东顾，国内政局也相对稳定。同时，孙中山、袁世凯一再强调国家应以发展实业为先，从中央政府的工商部到省政府的实业厅，都相继制订实业计划并召开工商会议。[⑤] 相对稳定的政治经济环境，为贵州工业产业的初步发展创造了较为有利的发展环境。

曾为清朝贵州谘议局议员、后担任军政府黔军都督府财政司司长的华之鸿，于 1911 年在贵阳创办文通书局印刷所。作为贵州近代工业的成功代表，文通书局印刷所是贵州第一家使用动力机械的新

---

① 刘恩元等：《试论清末贵州农业教育的产生与影响》，《古今农业》1994 年第 2 期。

② 何伟福：《制度变迁与清代贵州经济研究》，中国时代经济出版社 2008 年版，第 139 页。

③ 何伟福：《制度变迁与清代贵州经济研究》，中国时代经济出版社 2008 年版，第 145—146 页。

④ 何伟福：《制度变迁与清代贵州经济研究》，中国时代经济出版社 2008 年版，第 147 页。

⑤ 刘守刚：《财政中国三千年》，上海远东出版社 2020 年版，第 433 页。

式印刷企业，其营业额于 1921 年达到 30 万元。为了减少对进口纸张的依赖并降低成本，华之鸿于 1915 年创办永丰造纸厂，不但派人赴日本培训、聘请技师，并出资购进造纸机器及维修设备。到 1919 年，永丰造纸厂最高月产量可达 3000 令，不但解决了文通书局印刷所用纸的困难，还有少量售往省外。①②

2. 北洋政府后期贵州工业产业的财税政策变迁

袁世凯死后，由于继任总统的黎元洪难以掌控全国政权，加之西方列强再次介入，中国重新陷入了军阀混战和割据的状态，贵州工业经济发展因此失去了相对稳定的发展环境，导致贵州工业产业发展缺乏充足的资金与政策扶持。③ 其中，作为贵州近代工业代表的文通书局印刷所到 1930 年负债额突破 20 万元，只能依靠高利贷勉强度日。④ 为缓解财政压力，滇军创始人唐继尧以罚金的形式推行所谓"寓禁于征"的鸦片政策，一方面诱使云贵地区的农民种植鸦片，另一方面与周边军阀相互勾结包销鸦片。⑤ 在北洋政府后期，贵州仅烟税总额便达到 600 万—800 万银元，占全省税收总额的65%以上。⑥⑦

虽然部分地方军阀还在贵州继续创办厂矿，但更多的是为了满足自身军用物资供应。譬如，唐继尧在 1921 年创办"元纪制革公司"，专门为军队提供马鞍、皮靴、皮包等，而周西成在 1927 年更是将华之鸿创办的永丰造纸厂改造为修理枪械的兵工厂，时任贵州

---

① 《贵州通史》编委会：《贵州通史（第 4 卷：民国时期的贵州）》，当代中国出版社 2002 年版，第 279—280 页。

② 《贵阳最早的造纸厂》，《贵阳文史》2011 年第 6 期。

③ 缪坤和等：《贵州经济发展的晴雨表》，贵州人民出版社 2009 年版，第 141 页。

④ 贵州省地方志编纂委员会：《贵州省志·工业经济志》，贵州人民出版社 2003 年版，第 14 页。

⑤ 熊元彬：《云贵高原近代手工业研究（1851—1938）》，博士学位论文，华中师范大学，2015 年。

⑥ 杨开宇、廖惟一：《贵州资本主义的产生与发展》，贵州人民出版社 1982 年版，第 85 页。

⑦ 熊元彬：《云贵高原近代手工业研究（1851—1938）》，博士学位论文，华中师范大学，2015 年。

军事厅厅长毛光翔在 1930 年将威宁铜川铜厂和大方大兴铜厂改为生产军用品。[1][2]

（二）国民政府时期贵州工业产业的财税政策变迁

1. 抗日战争时期贵州工业产业的财税政策变迁

1935 年，蒋介石以围剿红军的名义，命令薛岳率领中央军进驻贵州，并驱逐了王家烈在贵州的势力，改组贵州省政府，贵州进入了国民政府统治时期。随着抗日战争的全面爆发，国家政治经济中心迁到西南地区，贵州成为全国抗日战场上重要的战略后方基地与后方大通道。其间，贵州地方财政重新获得中央财政的大力扶持。[3]

1937 年 8 月，国民政府开始组织沿海工业整体内迁。尤其从 1938 年起，国民政府制定了一系列措施，包括国库拨款、四行[4]投资、四行贷款等方式，支持西南地区国营、民营厂矿的发展。[5] 随着经济较为发达的沿海大部分地区相继沦陷敌手，国民政府中央财政捉襟见肘，而内迁经费数额庞大，国民政府只能优先保障军需厂矿的内迁经费（譬如对军需厂矿免征各种转口税及落地税，并给予一定的财政补贴），而普通厂矿的内迁经费只能由企业自行解决。因此，抗日战争时期实际能内迁的工厂只是沿海工业的一小部分。虽然沿海工业内迁对当时的中国造成了较为严重的经济损失，但却保留了一批近代工业精华，不但为贵州工业进一步发展创造了有利条件，更为争取抗日战争胜利奠定了重要的工业基础。

1939 年 6 月，江浙财阀、贵州省主席吴鼎昌主持创立"贵州企业公司"，时任贵阳市长何辑五（军政部长何应钦胞弟）兼任董事

---

① 唐载阳：《民国时期贵州工商业概况》，《贵州文史丛刊》1987 年第 2 期。

② 《贵州通史》编委会：《贵州通史（第 4 卷：民国时期的贵州）》，当代中国出版社 2002 年版，第 282 页。

③ 缪坤和等：《贵州经济发展的晴雨表》，贵州人民出版社 2009 年版，第 143 页。

④ 国民政府时期的四行包括中央银行、中国银行、交通银行、中国农民银行，并与邮政储金汇业局、中央信托局合称为"四行两局"。

⑤ 《贵州通史》编委会：《贵州通史（第 4 卷：民国时期的贵州）》，当代中国出版社 2002 年版，第 285—286 页。

长，中国银行代表彭湖（宋子文亲信）兼任总经理，总资本额定为
法币 600 万元，股东由官股、特种商股、地方商股共同组成（见表
4-1）。① 从 1939 年到 1945 年，"贵州企业公司"下辖企业从 13 家
发展到 38 家，涉及工矿业、农林业、金融业、运输业等，资金达
5000 万元，从业职工 3500 余人，基本垄断了贵州经济命脉。② 1940
年，何辑五投资 20 万元支持从上海内迁的青年卷烟公司在贵阳建
厂，在归并贵州企业公司相关业务后更名为贵州卷烟公司。③ 由贵
州卷烟公司生产的黄河牌香烟不但结束了贵州不能独立生产香烟的
历史，还为香烟产业发展为贵州的支柱产业奠定了基础。

表 4-1　　　　　1939 年"贵州企业公司"股东投资情况

股东	股东性质	投资额（万元法币）	投资占比（%）
贵州省政府	官股	123	20.50
国民政府经济资源委员会	官股	125	20.83
中国银行、交通银行、中国农民银行	特种商股	350	58.33
何辑五、何应钦、谷正伦及其亲友	地方商股	2	0.33

资料来源：唐载阳：《民国时期贵州工商业概况》，《贵州文史丛刊》1987 年第 2 期。

在这一时期，原设上海的通用机器厂，以及原设汉口的瑞丰汽
车修理厂、中国煤气机制造厂、长兴印刷公司也内迁贵阳。④ 其中，
内迁贵阳后的中国煤气机制造厂在贵州企业公司投资后更名为中国
机械厂，长兴印刷公司改组为西南印刷所。⑤ 贵州的工厂数量从
1938 年的 55 家增长到 1943 年的 154 家，机械修理业、燃料化工
业、电力工业、农副产品加工业、冶铁业、纺织业、日化业、建筑

① 唐载阳：《民国时期贵州工商业概况》，《贵州文史丛刊》1987 年第 2 期。
② 唐载阳：《民国时期贵州工商业概况》，《贵州文史丛刊》1987 年第 2 期。
③ 张守广：《抗战大后方工业研究》，重庆出版社 2012 年版，第 138 页。
④ 一说通用汽车厂内迁到昆明。
⑤ 张守广：《抗战大后方工业研究》，重庆出版社 2012 年版，第 137—138 页。

材料业、文化用品业得到了显著的发展。上述工业的内迁，不但促进了贵州工业经济的发展，而且为贵州财政收入的增长做出了贡献。①

2. 解放战争时期贵州工业产业的财税政策变迁

虽然在抗日战争时期，国民政府对贵州工业产业投入了大量资金，但这些投资主要还是为战争服务，对基础设施的投资严重不足。抗日战争胜利后，国民政府政治经济中心回迁东南沿海地区，客观上导致外来资金、人员大量迁出贵州，贵州工业普遍陷入衰退。到1945年，贵州全省工业企业仅剩57家。

随着国内企业的大量回迁，被腾空的资本市场空间迅速被外国势力控制，留在贵州的工业企业在发展上举步维艰。尤其国民党当局不顾全国人民渴望和平的共同利益，悍然挑起内战，贵州的经济建设支出迅速减少，更是导致经济凋敝。到1948年，贵州经济建设支出占当年财政支出的比重仅为0.55%②，贵州官办企业更是锐减到19家。与此同时，苛捐杂税名目繁多，物价飞涨，政府信用已处于崩溃边缘。③

第二节　中华人民共和国成立以来贵州
工业产业的财税政策变迁

中华人民共和国成立以来，贵州在中央的特殊关怀与支持下，依托地方资源开发，出台相应的财税政策，促使煤炭工业、电力工业、烟草业、酿酒工业逐渐发展成贵州传统四大支柱产业。

---

① 缪坤和等：《贵州经济发展的晴雨表》，贵州人民出版社2009年版，第149页。
② 贵州省地方志编纂委员会：《贵州省志·财政志》，贵州人民出版社1993年版，第148页。
③ 唐载阳：《民国时期贵州工商业概况》，《贵州文史丛刊》1987年第2期。

一 "一五"时期至"五五"时期贵州工业产业的财税政策变迁

(一)"一五"时期至国民经济调整时期贵州工业产业的财税政策变迁

中华人民共和国成立以来,贵州工业经济得到恢复发展,全省工业总产值从 1949 年的 2.06 亿元增长到 1952 年的 3.04 亿元。1953 年,中国进入有计划的经济建设时期。鉴于中央未在贵州布局苏联与东欧国家援建的"156 项重点工程"(见表 4-2),贵州省委、省政府从实际出发,以发展农业为重点,并在服务农业经济原则下确定了贵州工业的具体任务,即"大力发展煤炭、生铁、农具、化肥、食品油、丝织、卷烟、食品加工等工业,适当提高铅、锌、锰、铝和汞等有色金属的开采冶炼能力"。[①]

表 4-2　　　"一五"时期"156 项重点工程"构成情况

省份	实际投入施工项目		实际完成投资	
	项目数	占比(%)	投资额(亿元)	占比(%)
辽宁	24	16.00	50.75	25.88
黑龙江	22	14.67	21.65	11.04
陕西	24	16.00	17.14	8.74
河南	10	6.67	15.97	8.14
内蒙古	5	3.33	15.90	8.11
湖北	3	2.00	15.48	7.89
吉林	10	6.67	14.55	7.42
甘肃	8	5.33	13.97	7.12
山西	15	10.00	13.19	6.72
云南	4	2.67	5.56	2.83
河北	5	3.33	2.83	1.44

---

① 贵州省地方志编纂委员会:《贵州省志·工业经济志》,贵州人民出版社 2003 年版,第 18、20 页。

省份	实际投入施工项目		实际完成投资	
	项目数	占比（%）	投资额（亿元）	占比（%）
北京	4	2.67	2.52	1.28
江西	4	2.67	2.51	1.28
四川	5	3.33	1.85	0.94
湖南	4	2.67	1.43	0.73
重庆	1	0.67	0.36	0.18
新疆	1	0.67	0.33	0.17
安徽	1	0.67	0.15	0.08

注：在"156 项重点工程"中，实际投入施工项目为 150 项。

资料来源：董志凯、吴江：《新中国工业的奠基石：156 项建设研究》，广东经济出版社 2004 年版，第 413—494 页。

在"一五"时期（1953—1957 年），贵州基本建设投资共计 1.97 亿元，占同期财政支出的比重为 32.1%，其中工业投资在基本建设投资中的占比为 17.18%。[1] 在轻工业方面，贵州"一五"时期的投资达 0.76 亿元，占全部工业投资的 17.1%，有效加强了轻工业在贵州国民经济中的地位和作用。[2] 在重工业方面，贵州在办好已有厂矿的基础上，适当新建、扩建翁井煤矿、农具厂、铁厂、电厂等 38 个厂矿。铜仁汞矿、遵义锰铁矿等 13 个单位经过改建，增加了水银、锰铁、高锰酸钾等 10 个主要产品，有力地支援了国家的重工业建设。[3] 1957 年，贵州工业总产值达 6.06 亿元，较 1952 年增长了 1.11 倍。[4]

[1] 贵州省地方志编纂委员会：《贵州省志·财政志》，贵州人民出版社 1993 年版，第 310 页。
[2] 缪坤和等：《贵州经济发展的晴雨表》，贵州人民出版社 2009 年版，第 204—205 页。
[3] 贵州省地方志编纂委员会：《贵州省志·财政志》，贵州人民出版社 1993 年版，第 310 页。
[4] 《贵州通史》编委会：《贵州通史（第 5 卷：当代的贵州）》，当代中国出版社 2003 年版，第 70 页。

1956 年，中国在对农业、手工业、资本主义工商业社会主义改造上取得了决定性胜利。由于原有以"多种经济成分并存"为基础而建立的税收制度与经济基础的新变化不相适应，包括"税收无用论""税利合一论"等主张取消税收的观点开始泛起。随着 1958 年《中华人民共和国工商统一税条例（草案）》公布施行，税收的激励与收入分配功能已基本丧失，即使征集收入的基础功能在实际中也被公有制企业上缴利润取代。①

随着农业、手工业、资本主义工商业社会主义改造的完成，中国国内的主要矛盾已经发生变化。为了尽快把中国从落后的农业国建设成为先进的工业国，党中央选择了优先发展重工业的战略。②然而，受"大跃进""大炼钢铁""超英赶美"等"左倾"政治口号影响，当时片面强调提高工业产值，尤其是以钢铁为核心的重工业在工农业总产值的"比重论"的观点，不但对贵州工业经济发展造成了较大干扰，更使国民经济遭受了重大挫折。

在"二五"时期（1958—1962 年），为尽快改变贵州省工业落后的局面，贵州省委于 1958 年 1 月发布《关于发展贵州省地方工业的意见》。仅在 1958—1960 年，贵州基本建设投资共计 11.85 亿元，较"一五"时期增长了 6 倍。在 1958—1960 年，基本建设投资占同期财政支出的比重分别为 68.53%、55.18%、51.98%，投资规模也明显超出地方财力可承受的范围。③为了落实"钢铁元帅升帐"的政治口号，各工业部分相继采取工业"跃进"措施，尤其提出在 1960 年内把各工业部门的"四化"（半机械化、机械化、半自动化、自动化）提高到 60%—70% 或更高一些。贵州重工业产值从 1957 年的 2.52 亿元猛增到 1960 年的 8.75 亿元，同期轻工业总产

① 楼继伟、刘尚希：《新中国财税发展 70 年》，人民出版社 2019 年版，第 47—48 页。
② 周明轩：《新中国成立后的装备制造业：曲折中不断发展》，《智慧中国》2017 年第 10 期。
③ 贵州省地方志编纂委员会：《贵州省志·财政志》，贵州人民出版社 1993 年版，第 311 页。

值仅从 3.53 亿元提高到 5.2 亿元，贵州轻重工业之比从 58.35：41.65 转为 37.28：62.72。① 大炼钢铁运动不但打破了国民经济内部各部门原有的平衡，造成了农业发展明显滞后，更是严重影响人民生活水平和轻工业发展速度。最后，农业发展的滞后也影响到重工业发展的速度。②③

为了尽快摆脱国民经济的被动局面，党中央在 1960 年冬确立了"调整、巩固、充实、提高"的八字方针。贵州坚决贯彻中央的决策部署，认真吸取三年"大跃进"的教训，大力压缩基本建设投资，关、停、并、转了一批工业企业，精减了部分职工。④ 其中，贵州基本建设投资从 1960 年的 4.45 亿元下降为 1961 年的 0.70 亿元，其占同期财政支出比重也从 51.98% 猛跌为 17.38%。到 1962 年，贵州继续削减基本建设投资，当年投资仅为 0.46 亿元。⑤ 通过一系列调整，贵州国民经济运行状况有所好转，财政状况也逐步趋好。

在国民经济调整时期（1963—1965 年），贵州基本建设投资共计 2.81 亿元，占同期财政支出的比重为 28.2%。其中，工业投资共计 1.07 亿元，占比为 38.1%；重工业投资比重从 1963 年的 47.2% 下降到 1965 年的 27.7%。为了弥补居民生活的"欠账"，贵州对非生产性建设的投资速度超过了生产性建设。1965 年与 1962 年相比，全省食品工业、皮革工业、造纸工业总产值分别增长了 94.5%、48.3%、80.4%。⑥ 在这一时期，贵州在采矿业方面续建了

---

① 贵州省地方志编纂委员会：《贵州省志·工业经济志》，贵州人民出版社 2003 年版，第 24—25 页。

② 缪坤和等：《贵州经济发展的晴雨表》，贵州人民出版社 2009 年版，第 219 页。

③ 马洪：《马洪文集》（第一卷），中国社会科学出版社 2010 年版，第 3、13 页。

④ 《贵州通史》编委会：《贵州通史（第 5 卷：当代的贵州）》，当代中国出版社 2003 年版，第 516—517 页。

⑤ 贵州省地方志编纂委员会：《贵州省志·财政志》，贵州人民出版社 1993 年版，第 311—312 页。

⑥ 贵州省地方志编纂委员会：《贵州省志·工业经济志》，贵州人民出版社 2003 年版，第 25 页。

务川汞矿、铜仁汞矿、丹寨汞矿和贵阳矿山机器厂；化工工业方面建成了贵阳化工厂和贵阳橡胶厂；机械工业方面建成了贵钢、黔南重型机床锻压设备厂、贵阳农机工具厂、贵阳柴油机厂；电力工业方面续建了猫跳河电站和遵义、都匀电厂，建成了贵阳至凯里段的送变电工程、沿山变电站。[①] 通过国民经济调整，1965年贵州工业总产值达11.43亿元，较1961年增长了26.9%。[②]

（二）"三线建设"时期贵州工业产业的财税政策变迁

进入20世纪60年代，中国周边局势日益紧张。为应付可能发生的外敌入侵，党中央基于中国的生产力布局[③]，于1964年8月召开中共中央书记处会议，做出了实施"三线建设"的决定。[④] 在1964—1965年，贵州省委先后组成迁建工作领导小组、军工领导小组和国防工业办公室以及支援"三线建设"领导小组。[⑤] "三五""四五"时期是"三线建设"的重要阶段，"五五"时期是"三线建设"的续接收尾阶段。

在"三五"时期（1966—1970年），贵州基本建设投资共计8.06亿元。其中，工业投资占比由国民经济调整时期的38%上升到47%左右。在这一时期，代表国防科技工业的〇一一基地、〇六一基地、〇八三基地建设迅速展开。[⑥] 此外，代表冶金工业的水城钢铁厂、六砂、七砂，代表机械工业的东方机床厂、贵州汽油机厂、

---

① 贵州省地方志编纂委员会：《贵州省志·财政志》，贵州人民出版社1993年版，第312页。

② 缪坤和等：《贵州经济发展的晴雨表》，贵州人民出版社2009年版，第229页。

③ 1956年4月25日，毛泽东在《论十大关系》中分析了轻工业和重工业的关系，明确提出应"适当地调整重工业和农业、轻工业的投资比例，更多地发展农业、轻工业"。针对重工业和轻工业的布局，毛泽东进一步指出："我国全部轻工业和重工业，都有约百分之七十在沿海，只有百分之三十在内地。这是历史形成的一种不合理的状况。沿海的工业基地必须充分利用，但是，为了平衡工业发展布局，内地工业必须大力发展。"关于更多内容见中共中央党校编《马列著作毛泽东著作选读（政治经济学部分）》，人民出版社1978年版，第506页。

④ 何郝炬等：《三线建设与西部大开发》，当代中国出版社2003年版，第3—6页。

⑤ 刘毓麟：《三线建设在贵州》，《晚晴》2021年第8期。

⑥ 何郝炬等：《三线建设与西部大开发》，当代中国出版社2003年版，第182页。

永光压铸厂、永新示波器厂、永恒精密电表厂、永跃万用表厂、永新机模具厂、新天光学仪器厂、长征电器基地、朝晖机械厂、红星拖拉机厂、贵阳轻机厂,代表化工工业的清镇纺织印染厂、贵州有机化工厂、涟江化工厂等一大批企业也陆续建成。[1]

在"四五"时期(1971—1975年),贵州基本建设投资共计10.51亿元。其中,工业投资共计6.51亿元,较"三五"时期增长30.29%,占比为61.95%。在这一时期,贵阳钢厂、水钢、贵铝、乌江渡电站等一批大型企业仍在建设中,永安电机厂、朝晖机械厂、遵义碱厂、贵州晶体管厂、半导体厂、无线电厂、贵州汞矿、七砂、贵州合成洗涤剂厂、贵阳车辆厂、遵义铁合金厂、开阳磷矿等一批企业也在续建或新建中。[2]

在"五五"时期(1976—1980年),贵州基本建设投资共计11.34亿元。其中,工业投资共计5.54亿元,占比为48.8%,较"四五"时期出现明显下降。在这一时期,清镇电厂、贵州汞矿、贵阳耐火材料厂、六枝煤矿、贵州化肥厂、长征电器基地、贵州铝厂、贵阳矿山机器厂、第三砂轮厂、第七砂轮厂、水钢、遵义铁合金厂、贵州柴油机厂等一批企业竣工投产。[3]

"三线建设"是贵州工业史的一个重要里程碑,对贵州生产力布局和经济社会结构都产生了深远的影响。[4]虽然"三线建设"是在特定的历史背景下进行的,不可避免地存在资源浪费和生产损失的情况,但是"三线建设"对贵州的积极作用远远超过其消极影响。[5]第一,伴随着大量的固定资产投资,贵州经济实力得到显著

① 贵州省地方志编纂委员会:《贵州省志·财政志》,贵州人民出版社1993年版,第312页。

② 贵州省地方志编纂委员会:《贵州省志·财政志》,贵州人民出版社1993年版,第312页。

③ 贵州省地方志编纂委员会:《贵州省志·财政志》,贵州人民出版社1993年版,第312页。

④ 何郝炬等:《三线建设与西部大开发》,当代中国出版社2003年版,第181页。

⑤ 贵州商学院贵商文化研究所:《贵商文化读本》,贵州人民出版社2015年版,第126页。

增强。以 1965 年和 1978 年的数据进行比较，全省地区生产总值从 24.42 亿元增长到 46.62 亿元，地方财政收入从 3.35 亿元增长到 6.26 亿元，三大产业在国民生产总值的占比从 62.4 ∶ 23.1 ∶ 14.5 转变为 41.7 ∶ 40.4 ∶ 17.9。第二，大批工业企业的兴建，贵州工业基础落后的面貌得到较大改变。到 1976 年，贵州工业企业较 1965 年增长 81.8%，且多为大中型企业，其中全民所有制工业企业的固定资产为 1965 年的 5.54 倍。第三，交通运输取得明显发展。原本曾经缓建的川黔、贵昆、湘黔三条铁路均在"三线建设"时期建成通车，使贵阳逐渐成为西南地区的铁路枢纽，打破了贵州经济长期封闭的状况。第四，促进了贵州科技的进步。在"三线建设"时期，大批教学科研单位以及企业的内迁，给贵州带来了大批优秀的科技人员和先进设备，在一定程度上缩小了贵州科学技术与全国平均水平的差距。①

二　"六五"时期至"九五"时期贵州工业产业的财税政策变迁

（一）"六五"时期至"七五"时期贵州工业产业的财税政策变迁

党的十一届三中全会召开以来，根据党中央提出的"调整、改革、整顿、提高"八字方针，贵州不但对之前工业比例失调的问题进行调整，而且在财税政策领域还进行了卓有成效的初步改革。

1. "六五"时期贵州工业产业的财税政策变迁

为贯彻落实党中央于 1979 年 4 月召开的中央工作会议精神，贵州省委于 1979 年 5 月做出了《关于搞好国民经济调整工作的决定》，对基础建设和轻重工业的投资比例失调问题进行调整。一方面，贵州逐步降低基建的相对规模。在"六五"时期（1981—1985 年），贵州基本建设投资共计 13.51 亿元，虽然投资较"五五"时

---

① 缪坤和等：《贵州经济发展的晴雨表》，贵州人民出版社 2009 年版，第 235—236 页。

期继续保持增长势头，但是其占财政支出的比重出现了明显下降。其中，工业投资共计1.88亿元，其占基本建设投资的比重下降到13.88%。[1] 另一方面，贵州增强了对轻工业的投资。1981年，贵州确定以卷烟、名酒为重点，大力发展纺织、皮革、缝纫机、轻骑摩托等产品。在"六五"时期，贵州新建了凯里玻璃厂、凯里棉纱厂，扩建了贵州茅台酒厂、贵州建材总厂、贵州肉联厂、贵阳牛羊肉冷库、贵州新华印刷厂。[2]

此外，为充分发挥国防科技工业的积极性，贵州在确保军需生产任务的同时，按照"军民结合、平战结合、市场需求"的原则，将"军转民"纳入全省国民经济的计划，调整国防工业内部结构，并在原材料供应、贷款等方面给予财政支持和税收优惠政策。[3] 在相关政策有力支持下，贵州轻重工业占全部工业总产值的比重实现了逐步优化，由1978年的33∶67调整为1983年的37∶63。[4]

随着经济体制改革逐步进行，中国国民经济在所有制结构上呈现出多种经济形式并存的局面，利用税收调节经济重新被提上了改革日程。[5] 在"六五"时期，中国开始实施"利改税"并改革工商税制。根据1982年政府工作报告的相关精神[6]，国务院于1983年4月批转了《财政部关于〈全国利改税工作会议的报告〉和〈关于国

---

[1] 贵州省地方志编纂委员会：《贵州省志·财政志》，贵州人民出版社1993年版，第312—313页。

[2] 贵州省地方志编纂委员会：《贵州省志·财政志》，贵州人民出版社1993年版，第312—313页。

[3] 缪坤和等：《贵州经济发展的晴雨表》，贵州人民出版社2009年版，第243页。

[4] 贵州省地方志编纂委员会：《贵州省志·工业经济志》，贵州人民出版社2003年版，第33页。

[5] 楼继伟、刘尚希：《新中国财税发展70年》，人民出版社2019年版，第111、113页。

[6] 1982年11月，时任国务院总理赵紫阳在第五届全国人民代表大会第五次会议上所做的政府工作报告明确提出："在企业实现利润的增长部分中，保证了大部分以税金和资金占用费的形式上缴国家，企业所得也增加了，对国家和企业都有利。因此，把上缴利润改为上缴税金这个方向，应该肯定下来。这项改革需要分别不同情况，有步骤地进行。"更多内容可见《中华人民共和国第五届全国人民代表大会第五次会议对〈关于第六个五年计划的报告〉的决议》，《中华人民共和国国务院公报》1982年第20期。

营企业利改税试行办法〉的通知》（国发〔1983〕75 号），财政部于当月正式颁布并实施《关于国营企业实行利改税有关财政预算、金库报解等若干具体问题的处理办法》。鉴于当时的价格体系尚未完全理顺，国务院决定采取渐进式的方法推动改革，即分两步对国营企业实施利改税并改革工商税制。改革的第一步为利税并存阶段，大中型国营企业缴纳所得税后的利润，除了企业的合理留利外，采取递增包干、定额包干、固定比例和调节税等多种形式上缴国家①；第二步为实行完全的以税代利，即将利税并存阶段的上缴利润也改为上缴税收，根据课税对象将工商税分解为产品税、增值税、营业税等不同税种②，并建立健全了企业所得税制。

"利改税"与工商税制改革的实施，不但解决了政府与企业的分配关系，而且有利于充分发挥税收的经济杠杆作用，有效激发了企业活力。1984 年，贵州国有企业工业总产值达到 63.6 亿元，较 1983 年增长了 17%；国有地方工业的亏损户为 133 家，较 1983 年下降 35%。③④

2. "七五"时期贵州工业产业的财税政策变迁

1984 年 5 月 10 日，国务院印发《关于进一步扩大国营工业企业自主权的暂行规定》（国发〔1984〕67 号，以下简称"国发〔1984〕67 号文件"），国营工业企业获得了十个方面的自主权。1984 年 10 月，党的十二届三中全会明确提出"增强企业活力是经济体制改革的中心环节"。根据党的十二届三中全会以及国发〔1984〕67 号文件的精神，贵州将增强国营大中型企业活力作为"七五"时期（1986—1990 年）城市经济改革的中心环节工作，以

① 王丙乾：《关于国营企业实行利改税和改革工商税制的说明》，《中华人民共和国国务院公报》1984 年第 23 期。

② 塞风：《工业经济管理学》，中国人民大学出版社 1986 年版，第 66 页。

③ 贵州省地方志编纂委员会：《贵州省志·工业经济志》，贵州人民出版社 2003 年版，第 33 页。

④ 魏霞：《改革开放四十周年：贵州工业发展实践、成就、经验与启示》，《新西部》2018 年第 31 期。

全面推进改革开放。①

　　1985 年 8 月，贵州省政府颁发了《关于进一步增强企业活力的若干规定（试行）》，积极探索企业的所有权与经营权相分离，计划管理的指令性工业产品从改革前的 292 种减少到 32 种。除了"利改税"与工商税制改革外，贵州对国营企业还实施了企业基金、利润留成、盈亏包干、经营承包等扩大企业财力的利润分配制度。② 1986 年 12 月，《国务院关于深化企业改革增强企业活力的若干规定》（国发〔1986〕103 号，以下简称"国发〔1986〕103 号文件"）明确要求："继续减免轻纺企业和其他进行重点技术改造的大中型企业的调节税，企业由此增加的留利，必须用于企业发展生产。对纺织产品和某些轻工产品适当降低产品税或增值税税率。企业用税后留利进行生产性投资所增加的利润，按 40% 的税率征收所得税。"③ 根据国发〔1986〕103 号文件相关改革要求，贵州还积极落实一系列减税让利的政策，尤其是《国务院关于进一步推动横向经济联合若干问题的规定》（国发〔1986〕36 号）还给予贵州等欠发达地区有力的税收优惠政策。④

　　随着工业企业活力被进一步激发，贵州的工业企业利润及总产

---

　　① 陈华永：《叹七十载奋力拼搏沧海桑田 看巨变中贵州工业跃马向前》，《贵州日报》2019 年 7 月 26 日第 T2—T3 版。

　　② 贵州省地方志编纂委员会：《贵州省志·工业经济志》，贵州人民出版社 2003 年版，第 33—34 页。

　　③ 国发〔1986〕103 号文件明确要求："降低奖金税税率。企业全年发放奖金总额不超过标准工资四个月的部分，继续免征奖金税；四个月至五个月的部分，奖金税税率由现行的 30% 降为 20%；五个月至六个月的部分，奖金税税率由 100% 降为 50%；六个月至七个月的部分，奖金税税率由 300% 降为 100%；七个月以上的部分，奖金税税率定为 200%。试行工资总额同上缴利税挂钩的企业，工资增长率为 7% 至 13% 的部分，工资调节税税率由 30% 降为 20%；增长率为 13% 以上至 20% 的部分，工资调节税税率由 100% 降为 50%；增长率为 20% 以上至 27% 的部分，工资调节税税率由 300% 降为 100%；增长率为 27% 以上的部分，工资调节税税率定为 200%。"

　　④ 《国务院关于进一步推动横向经济联合若干问题的规定》第 27 条规定："企业和单位向能源、交通设施以及'老、少、边、穷'地区进行投资分得的利润，可减半征收所得税五年。参与投资的企业和单位，从联合中分得的利润再投资于上述行业和地区的，可免征所得税。"

值均取得显著发展。1987 年，全省国营工业企业实现利润 1.68 亿元，实现利润比重由 1978 年的 11.9%上升到 46.7%。在"七五"时期，贵州工业产值年均增速达到 24.44%。1990 年，贵州实现工业总产值 218.16 亿元，超额完成了"七五"工业发展计划目标。①

（二）"八五"时期至"九五"时期贵州工业产业的财税政策变迁

邓小平 1992 年视察南方重要讲话以及党的十四大顺利召开②，既为中国特色社会主义市场经济体制的创建指明了方向，也标志着贵州工业改革和建设进入了一个新的历史时期。③

1. "八五"时期贵州工业产业的财税政策变迁

1992 年 4 月，贵州省委、省政府印发《关于加快改革开放步伐加速经济发展若干问题的通知》，并出台了一系列配套财税措施，通过合理安排工业固定资产投资规模和结构，提高工业经济效益。在 20 世纪 90 年代，贵州全省固定资产投资达 1651 亿元。1993 年 2月，贵州省政府制定并颁布《贵州省全民所有制工业企业转换经营机制实施办法》，对试点企业实施统一所得税率，并对企业以留利安排生产建设项目或补充流动资金退税做出了规定。④

1993 年 12 月 15 日，国务院印发《国务院关于实行分税制财政管理体制的决定》（国发〔1993〕85 号）。分税制改革的实施，有利于增强中央政府宏观调控能力，为中央加大对贵州财政转移支付力度奠定了坚实的财力保障。为贯彻落实中央分税制改革要求，贵

---

① 贵州省地方志编纂委员会：《贵州省志·工业经济志》，贵州人民出版社 2003 年版，第 34 页。

② 党的十四大报告明确提出："使市场在社会主义国家宏观调控下对资源配置起基础性作用。"详见江泽民《加快改革开放和现代化建设步伐 夺取有中国特色社会主义事业的更大胜利——在中国共产党第十四次全国代表大会上的报告》，《求实》1992 年第 11期。

③ 魏霞：《改革开放四十周年：贵州工业发展实践、成就、经验与启示》，《新西部》2018 年第 31 期。

④ 《贵州省全民所有制工业企业转换经营机制实施办法》第 10 条第 4 款规定："企业以留利安排生产建设项目或者补充流动资金的，经同级财政部门审查核实的，税务部门以当年所得税率作为计算依据，可以退还企业再投资部分已交纳所得税的 40%税款。"

州省政府于 1994 年 3 月发布《贵州省人民政府贯彻国务院关于实行分税制财政管理体制决定的通知》（黔府发〔1994〕15 号），除了继续对国有企业执行国家规定的 33%所得税率外，还增设 27%和 18%两档照顾税率，并取消对国有企业征收的能源交通重点建设基金和预算调节基金。①②

1995 年 1 月，贵州省委、省政府印发《关于选择部分国有企业进行现代企业制度试点的意见》（省发〔1995〕3 号），将现有企业大部分改建为有限责任公司、股份有限公司或国有独资公司，企业按统一税制纳税。其中，开阳磷矿矿务局与赤水天然气化肥厂列入全国 100 家试点单位企业，水城钢铁公司、贵州茅台酒厂等 20 家企业列为省内试点企业，以上试点企业先后改制挂牌为国有独资的有限责任公司、多元主体投资的有限责任公司或股份有限公司。③ 同时，企业在农村销售地方工业产品不再收取市场管理费，零售商品的营业税一律在销售地缴纳，企业所在地不再重复征税。④

贵州工业产业通过一系列财税政策改革，改变了此前忽视市场需求、为生产而生产的做法。1995 年，贵州工业产品销售总额中市场调节的比重已超过 90%。当年，贵州工业总产值达到 531.93 亿元，较 1990 年增长了 143.83%。⑤

2. "九五" 时期贵州工业产业的财税政策变迁

为贯彻落实《国务院办公厅转发国家经贸委〈关于深化企业改革 搞好国有大中型企业的意见〉的通知》（国办发〔1995〕16

---

① 贺绍奇：《"国有企业利润上交制度方案"研究报告 第一部分 国有企业利润上交制度演变及利润上交情况》，中国经济改革研究基金会 2010 年研究课题汇编，北京，2011 年 6 月，第 154—188 页。

② 彭晶：《国有企业利润分配问题初探》，《时代金融》2013 年第 11 期。

③ 贵州省地方志编纂委员会：《贵州省志·工业经济志》，贵州人民出版社 2003 年版，第 37 页。

④ 贵州省地方志编纂委员会：《贵州省志·工业经济志》，贵州人民出版社 2003 年版，第 37 页。

⑤ 贵州省地方志编纂委员会：《贵州省志·工业经济志》，贵州人民出版社 2003 年版，第 37 页。

号），贵州省委、省政府从1996年起将一批国有大中型企业列为重点企业，并在财政、税收等方面给予重点倾斜支持。譬如，为实现新旧税制平稳过渡，贵州省地方税务局通过发布《关于城乡集体企业所得税及财务几个具体问题的通知》（黔地税一字〔1996〕14号）、《关于老年集体企业征免所得税问题的通知》（黔地税一字〔1996〕26号）等文件，继续保留了部分行业、企业的所得税优惠政策。除此之外，贵州省委、省政府还出台了《关于放开搞活国有小型企业的决定》（省发〔1996〕28号），陆续将全省1707家国有小型企业中的1007家企业进行了破产、兼并、出售、租赁、承包、股份制、股份合作制等多种形式的改革，使工业生产和经营效益得到了进一步提高[1]，并初步形成了国家投资为主，集体、个人和其他经济类型为补充的多渠道社会投资格局。1999年，贵州全省规模以上工业企业发展到2119万户，工业总产值达741.89亿元，比1990年增长了2.08倍。[2] 2000年，全省实现工业增加值308.5亿元，较1995年增长了65%。[3] 国有工业总产值翻了一番，并实现整体扭亏为盈。主要工业产品产量保持了较快增长幅度。[4]

然而，由于当时贵州财力非常薄弱，难以通过自身财力完善基础设施建设，加之"九五"时期中央对贵州大项目相对较少，以及贵州对外开放程度明显不足，均在一定程度上导致这一时期贵州人均生产总值与全国平均水平之间的差距进一步拉大。1978年，贵州人均生产总值占同期全国人均生产总值的比重为46.2%，1995年该比重为38.2%，到1998年进一步降至36.2%。[5] 贵州要缩小与全国

---

① 贵州省地方志编纂委员会：《贵州省志·工业经济志》，贵州人民出版社2003年版，第37—38页。

② 缪坤和等：《贵州经济发展的晴雨表》，贵州人民出版社2009年版，第265页。

③ 贵州省地方志编纂委员会：《贵州省志·工业经济志》，贵州人民出版社2003年版，第39页。

④ 魏霞：《改革开放四十周年：贵州工业发展实践、成就、经验与启示》，《新西部》2018年第31期。

⑤ 根据历年《中国统计年鉴》《贵州统计年鉴》的数据整理计算得出。

之间的经济发展差距，改变自身贫穷落后的面貌，亟待更有力的财税政策支持。

三　西部大开发以来贵州工业产业的财税政策变迁

为了改变西部地区发展相对落后的状况，1999 年召开的党的十五届四中全会和中央经济工作会议正式提出了实施西部大开发战略。在这一时期，中央通过包括工业产业财税政策在内的相关举措，持续加大贵州等经济欠发达地区的支持力度，其中能源产业迅速发展为贵州新兴支柱产业。

（一）"十五"时期至"十一五"时期贵州工业产业的财税政策变迁

1. "十五"时期贵州工业产业的财税政策变迁

2000 年 10 月 26 日，国务院印发《关于实施西部大开发若干政策措施的通知》（国发〔2000〕33 号，以下简称"国发〔2000〕33 号文件"），一方面通过中央财政性建设资金、一般性转移支付等加大财政资金支持力度，另一方面实施了包括减按 15% 的税率征收企业所得税等一系列税收优惠政策。贵州省政府根据国发〔2000〕33 号文件有关要求，结合本省水能火能互济的独特优势，于当年 12 月印发《关于加快电力建设实施西电东送有关具体问题的通知》（黔府发〔2000〕45 号），从电力、煤矿投融资体制改革、职工持股、产业发展基金试点等方面，积极为电力和配套煤矿建设创造宽松的财税政策环境。到 2005 年，贵州能源产业已发展成为贵州第一支柱产业，贵州支柱产业长期以来单一锁定在烟酒产业的状况得到了改变。[①]

2002 年 11 月，党的十六大报告明确提出："国家要在投资项目、税收政策和财政转移支付等方面加大对西部地区的支持，逐步建立长

[①]　陈华永：《生态产业化　产业生态化——贵州工业擦亮绿色名片谱写高质量发展精彩篇章》，《贵州日报》2020 年 8 月 15 日第 17 版。

期稳定的西部开发资金渠道。"① 除此之外，党的十六大报告还正式提出了走新型工业化的道路，并明确定义了新型工业化的概念。随着胡锦涛在 2003 年正式提出科学发展观，新型工业化逐渐成为贯彻科学发展观的重要抓手之一，各级政府开始积极培育发展战略性新兴产业。根据国务院在 2004 年 3 月印发的《关于进一步推进西部大开发的若干意见》（国发〔2004〕6 号），贵州省委、省政府于 2004 年 7 月正式下发《关于加大力度实施西部大开发战略的若干意见》（黔党办发〔2004〕13 号），提出既要进一步做大以能源产业为代表的新兴支柱产业，还要做强以能源产业为代表的传统支柱产业。②

2. "十一五"时期贵州工业产业的财税政策变迁

党的十七大报告不但明确提出坚持走中国特色新型工业化道路，还将建设资源节约型、环境友好型社会放在了工业化、现代化发展战略的突出位置。2008 年，美国金融危机开始在全球蔓延，给中国的消费、外贸造成了较大的下行压力。为贯彻中央"保增长、扩内需、调结构"的总体要求，贵州在 2009 年除贯彻实施家电下乡、汽车下乡等惠民政策外，还启动了包括煤炭、白酒、卷烟、特色食品、医药、旅游商品在内的六大重点产业振兴计划。③ 在"十一五"时期，贵州不但克服了国际金融危机所带来的不利影响，而且在工业经济方面均取得了显著成绩。其中，贵州规模以上工业总产值从 2005 年的 1690.40 亿元增加到 2010 年的 4206.37 亿元，规模以上工业增加值从 2005 年的 585.85 亿元增加到 2010 年的 1227.17 亿元，这也为贵州在"十二五"时期实施工业强省战略奠定了坚实的经济基础。

尽管贵州在"十一五"时期工业取得了较大的进展，但与全国

---

① 江泽民：《全面建设小康社会 开创中国特色社会主义事业新局面》，《人民日报》2002 年 11 月 9 日第 1 版。

② 向阳生、刘奇凡：《迈向新阶段的行动指南——解读省委、省政府〈关于加大力度实施西部大开发战略的若干意见〉》，《当代贵州》2004 年第 15 期。

③ 《贵州省出台 6 大重点产业振兴计划》，《贵州统计》2009 年第 4 期。

其他省份相比仍然存在较大差距。一方面，贵州工业增加值占全国比重明显低于工业增加值占全国比重。[1] 另一方面，贵州工业投资增速相对较慢，既低于全国平均增速，同时也低于其周边省份。[2] 要缩小贵州工业经济与全国其他省份之间的差距，贵州亟待更有力的工业产业政策。

（二）"十二五"时期以来贵州工业产业的财税政策变迁

1. 工业强省战略

2010 年 6 月 29 日，党中央、国务院印发的《关于深入实施西部大开发战略的若干意见》（中发〔2010〕11 号）提出了将西部地区建设为国家重要战略资源接续区。根据党中央、国务院的要求，贵州省委、省政府于 2010 年 11 月 8 日印发《关于实施工业强省战略的决定》（黔党发〔2010〕12 号，以下简称"黔党发〔2010〕12 号文件"）。根据黔党发〔2010〕12 号文件的要求，省级财政从 2011 年起设立 10 亿元的省级工业和信息化发展专项资金，市级、县级财政也加大工业发展资金的投入。2010 年 11 月 11 日，贵州省政府印发《贵州省工业十大产业振兴规划》（黔府发〔2010〕16 号，以下简称"黔府发〔2010〕16 号文件"），明确提出振兴电力产业、煤炭产业、化工产业、装备制造业、冶金产业、有色产业、建材产业、烟酒产业、新兴产业、民族医药和特色食品及旅游商品为主的特色产业，并明确要求"到 2015 年，电力，煤炭，冶金，有色，化工，装备制造，烟酒，民族医药、特色食品及旅游商品八大产业产值分别超过 1000 亿元，初步把我省建成国家重要能源基地、资源深加工基地、装备制造业基地、战略性新兴产业基地、国家优质轻工产品

---

[1] 2009 年，贵州地区生产总值占全国总量为 1.16%，而工业增加值仅为全国总量的 0.93%。

[2] 2009 年，贵州工业投资较 2008 年增长了 14.9%，而全国平均增速为 25%，贵州周边省份中的四川、湖南、重庆、广西、云南增速分别达到 46.4%、36.8%、31.7%、30%、18.8%。

基地"①，使工业成为带动贵州经济社会发展的主导力量。

2012 年 1 月 12 日，国发〔2012〕2 号文件正式印发。国发〔2012〕2 号文件除了提出在水利建设、生态环境保护和建设、节能减排、扶贫攻坚、教育事业、产业、人才等方面加大对贵州财税政策支持的力度外，还将能源产业、资源深加工产业、装备制造业、特色轻工业、战略性新兴产业作为构建贵州现代产业体系的组成部分。② 2014 年 5 月 22 日，贵州省政府印发《省人民政府关于支持工业企业加快发展若干政策措施的通知》（黔府发〔2014〕16 号），在工业企业的税收目录清单、税收优惠目录清单、企业所得税和社会保险费缴纳等方面做出相应安排，进一步减轻了工业企业的税费负担。

2. 供给侧结构性改革

党的十八大以来，以习近平同志为核心的党中央做出了中国经济进入新常态的重大战略判断。党的十八届三中全会《决定》明确提出："使市场在资源配置中起决定性作用和更好发挥政府作用。"③ 为解决贵州存在的供给需求结构性错位问题，全面落实中央"三去一降一补"五大重大任务，贵州省委、省政府于 2016 年 2 月 29 日印发《关于推进供给侧结构性改革 提高经济发展质量和效益的意见》（黔党发〔2016〕6 号）。一方面，逐步取消对"僵尸企业"和落后产能的财政补贴，将工业类财政专项资金投入方式为主转变为基金投入方式为主；另一方面，将建筑业、房地产业、金融业、生活服务业纳入"营改增"试点范围，并鼓励利用余压余热发电企业享受资源综合利用增值税优惠政策，落实股权期权税收优惠政策。

贵州素有"西南煤海"之称。2021 年，贵州煤炭生产量为

---

① 贵州省人民政府：《省人民政府关于印发贵州省工业十大产业振兴规划的通知》（黔府发〔2010〕16 号），《贵州省人民政府公报》2010 年第 12 期。

② 《国务院关于进一步促进贵州经济社会又好又快发展的若干意见》（国发〔2012〕2 号），《贵州日报》2012 年 1 月 16 日第 1 版。

③ 《中共中央关于全面深化改革若干重大问题的决定》（二〇一三年十一月十二日中国共产党第十八届中央委员会第三次全体会议通过），《人民日报》2013 年 11 月 16 日第 1 版。

13231.89 万吨,其中 1919.78 亿吨调往省外。① 丰富的煤炭资源,使煤炭在贵州一次能源生产量结构中占有较大比重。然而煤炭属于不可再生资源,过度开采还会污染和破坏生态环境。2016 年 6 月 18 日,贵州省政府办公厅出台《贵州省推动煤炭、电力行业供给侧结构性改革 促进产业转型升级的实施意见》(黔府办发〔2016〕20 号,以下简称"黔府办发〔2016〕20 号文件")。对于煤炭行业,黔府办发〔2016〕20 号文件中除了要求落实地方奖补资金外,还要求拓宽财政支持方式,设立省级煤炭结构调整转型升级专项资金。对于电力行业,黔府办发〔2016〕20 号文件提出:"对污染物排放浓度低于国家或省规定的污染物排放值 50% 以上的,落实减半征收排污费政策。"② 在一系列政策支持下,贵州能源生产结构不断优化。2011—2021 年,贵州原煤一次能源生产量占比从 91.4% 下降到 74.6%,而水电占比从 8.6% 上升到 24.0%(见图 4-1)。

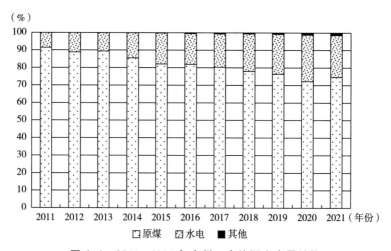

图 4-1　2011—2021 年贵州一次能源生产量结构

资料来源:根据历年《贵州统计年鉴》的数据整理得出。

---

① 《贵州统计年鉴(2022)》,http://stjj.guizhou.gov.cn/tjsj_35719/sjcx_35720/gz-tjni_40112/.

② 贵州省人民政府办公厅:《省人民政府办公厅关于印发贵州省推动煤炭、电力行业供给侧结构性改革 促进产业转型升级的实施意见》(黔府办发〔2016〕20 号),《贵州省人民政府公报》2016 年第 9 期。

第五章

贵州工业产业发展的财税政策条件分析

为了比较清晰地了解并分析贵州工业产业发展的基本情况，本章对推进贵州工业产业发展的财税政策的有利条件和主要障碍进行了比较系统的分析。总体来看，财税政策对促进贵州工业产业发展发挥了应有的作用。但是在新的历史条件下，存在的一些突出问题也需要找到科学有效的解决办法。

第一节 贵州工业产业发展财税政策的有利条件

一 大部分十大千亿级工业产业发展势头良好

（一）各工业产业固定资产投资实现了较高增速

黔府发〔2018〕33 号文件的印发，有力地扭转了贵州工业投资增速一度下滑的局面。虽然大部分工业产业固定资产投资在 2018 年保持了两位数以上增速，但冶金产业和烟酒产业却出现了负增长。然而，上述工业产业固定资产投资在 2019 年全部实现正增长。其中，电力产业、煤炭产业、装备制造业、特色食品四大工业产业固定资产投资占当年工业投资比重均超过了 10%（见表5-1）。

表 5-1　　　　　　　　　贵州工业产业固定资产投资增速

工业产业目录	2018 年比上年增长（%）	2019 年比上年增长（%）	2019 年占工业投资比重（%）
电力产业	10.9	21.8	12.8
煤炭产业	17.9	51.0	14.7
化工产业	13.8	31.9	5.1
装备制造业	20.8	27.8	16.5
冶金产业	−10.8	5.1	1.9
有色产业	11.2	8.7	2.8
建材产业	−3.5	10.2	7.8
烟酒产业	−16.9	15.2	3.9
民族制药	50.2	19.8	0.7
特色食品	37.7	23.3	11.1

注：本表统计口径为计划总投资 500 万元及以上固定资产项目投资。

资料来源：《贵州统计年鉴（2020）》。

（二）贵州十大千亿级工业产业已初具规模

2019 年，贵州第二产业增加值为 6058.45 亿元，较 2018 年增长了 9.8%，高于当年全国平均增速（5.7%），居全国第 1 位。虽然 2020 年受新冠疫情影响，贵州第二产业增加值仍然保持了 2.5% 的增长率，达到 6211.62 亿元。2019 年和 2020 年，全省每个十大千亿级工业产业总产值均保持在 1000 亿元以上，成为名副其实的"千亿级工业产业"。2019 年，全省规模以上工业企业实现利润总额 886.58 亿元，较 2018 年增长 0.2%；税金总额突破 1000 亿元，较 2018 年增长了 5.3%。[①] 与此同时，十大千亿级工业产业带动规模以上工业增加值增长了 9.6%，对工业增加值增长贡献率达 98% 以上；带动工业投资完成 4200 亿元，增长了 32.6%，有力地扭转了

————————

① 贵州省工业和信息化厅：《2019 年贵州省十大千亿级工业产业发展报告》，省领导领衔推进十大工业产业联席会议办公室，贵阳，2020 年，第 3 页。

工业投资一度下滑的局面。[1]

在贵州十大千亿级工业产业中，贵州先进装备制造业取得了显著的发展。2019 年，贵州全省先进装备制造业努力克服了宏观经济的下行压力，完成规模以上工业总产值 1109 亿元。[2] 即使 2020 年受新冠疫情影响，全省先进装备制造业总产值仍然实现了正增长，达到 1281.47 亿元。其中，贵州汽车制造业及与之相配套的轮胎行业所取得的成绩可圈可点。作为贵州先进装备制造领域的龙头企业，贵州吉利汽车制造有限公司的龙头企业品牌聚集效应已快速显现，车身零部件 90% 已实现本地化配套供应。[3] 2019 年，吉利汽车产值为 50.57 亿元，其中生产汽车和发动机产值为 11 亿元[4]，成功打造了一个"以品育业、以业带链、以链集群"的汽车制造千亿级工业产业集群。[5] 而贵州轮胎已经与国内叉车领域前 40 名企业完成产业配套，产品销往全球 130 多个国家和地区，并于 2018 年在"一带一路"沿线国家实现全覆盖。

（三）十大千亿级工业产业年度基本目标完成

2019 年，贵州省十大千亿级工业产业实际总产值为 12709.77 亿元，占年度目标值的 101.6%，十大千亿级工业产业中除了基础能源、现代化工以外，大部分工业产业总产值均超额完成年度目标。其中，完成年度目标在 100%—110% 的包括了新型建材、先进装备制造、健康医药，在 110%—120% 的包括了清洁高效电力、优质烟酒、生态特色食品，在 120% 以上的包括了基础材料、大数据

---

① 刘力维：《贵州省高位推动十大工业产业跃上新台阶》，《贵州日报》2020 年 10 月 14 日第 1 版。

② 贵州省工业和信息化厅：《2019 贵州省十大千亿级工业产业发展报告》，省领导领衔推进十大工业产业联席会议办公室，贵阳，2020 年，第 28 页。

③ 管云：《贵州力推十大工业产业集群发展》，《贵州日报》2020 年 10 月 20 日第 2 版。

④ 石琳婕：《"贵州造"先进装备业抢抓机遇勇闯市场 奋力打造发展高地》，多彩贵州网，http://www.gog.cn/zonghe/system/2020/05/22/017618760.shtml.

⑤ 管云：《贵州力推十大工业产业集群发展》，《贵州日报》2020 年 10 月 20 日第 2 版。

电子信息。即使 2020 年受新冠疫情和经济下行等不利因素影响，贵州省十大千亿级工业产业在总体上仍然保持着增长势头，当年实际总产值为 13887.28 亿元，基本完成年度目标。其中，完成年度目标在 100%—110% 的包括了健康医药，在 110%—120% 的包括了清洁高效电力、优质烟酒、基础材料、生态特色食品，在 120% 以上的包括了大数据电子信息（见表 5-2）。①

表 5-2　　2019—2020 年贵州十大千亿级工业产业总产值指标

工业产业目录	目标值（亿元）		实际总产值（亿元）		占年度目标（%）	
	2019 年	2020 年	2019 年	2020 年	2019 年	2020 年
基础能源	1800	2000	1364.92	1279.56	75.8	64.0
清洁高效电力	1450	1650	1734.70	1866.39	119.6	113.1
优质烟酒	1465	1600	1621.97	1780.69	110.7	111.3
新型建材	1500	2050	1569.26	1595.48	104.6	77.8
现代化工	1220	1600	1174.22	1188.91	96.2	74.3
先进装备制造	1190	1300	1264.63	1281.47	106.3	98.6
基础材料	1000	1190	1216.99	1358.91	121.7	114.2
生态特色食品	1060	1200	1196.15	1400.85	112.8	116.7
大数据电子信息	820	1000	1002.82	1400.07	122.3	140.0
健康医药	1000	1080	1019.24	1164.67	101.9	107.8
合计	12505	14600	12709.77	13887.28	101.6	95.1

注：1. 各工业产业之间存在行业交叉，在核算十大千亿级工业产业总产值数据时剔除了重复行业。

2. 部分工业产业包括了除工业外的其他关联行业。

资料来源：《贵州统计年鉴（2020）》《贵州统计年鉴（2021）》。

二　中央为壮大贵州工业产业创造了有利的政策条件

2016 年 2 月，经国家发展和改革委员会、工业和信息化部、中

① 李远莉：《99.2% 贵州十大工业产业总产值占比保持九成以上》，多彩贵州网，http://www.gywb.cn/system/2021/03/23/031083163.shtml？from=groupmessage.

央网信办发函批复，贵州正式建设国家大数据（贵州）综合试验区，贵州因此成为全国首个国家级大数据综合试验区。2016年8月，中共中央办公厅、国务院办公厅印发了《关于设立统一规范的国家生态文明试验区的意见》（中办发〔2016〕58号），贵州与福建、江西被列入首批国家生态文明试验区。2020年5月，中共中央、国务院印发《关于新时代推进西部大开发形成新格局的指导意见》（中发〔2019〕13号，以下简称"中发〔2019〕13号文件"），在财税、金融支持以及产业、用地、人才、帮扶政策等方面均提出了明确要求。[1] 国家级大数据综合试验区和国家生态文明试验区的建设，中发〔2019〕13号文件提出的支持政策，以及国发〔2022〕2号文件将西部大开发综合改革示范区、数字经济发展创新区、生态文明建设先行区作为贵州的战略定位，为贵州在"十三五"和"十四五"时期持续实施大数据、大生态的战略行动，进而壮大贵州工业产业创造了有利的政策条件。

2016年8月5日，国务院批复贵州省政府与国家发展和改革委员会，同意设立贵州内陆开放型经济试验区。[2] 2020年11月15日，东盟十国与中国、日本、韩国、澳大利亚、新西兰共同签署了《区域全面经济伙伴关系协定》（*Regional Comprehensive Economic Partnership*，RCEP），该协定于2022年1月1日正式生效。作为全球人口最多、经贸规模最大的自由贸易区，中国成功参与的意义无疑是举

---

[1] 关于财税支持，中发〔2019〕13号文件提出："稳妥有序推进中央和地方收入划分改革。中央财政在一般性转移支付和各领域专项转移支付分配中，继续通过加大资金分配系数、提高补助标准或降低地方财政投入比例等方式，对西部地区实行差别化补助，加大倾斜支持力度。考虑重点生态功能区占西部地区比例较大的实际，继续加大中央财政对重点生态功能区转移支付力度，完善资金测算分配办法。考虑西部地区普遍财力较为薄弱的实际，加大地方政府债券对基础设施建设的支持力度，将中央财政一般性转移支付收入纳入地方政府财政承受能力计算范畴。指导推动省以下财政事权和支出责任划分，调动市县积极性。对设在西部地区的鼓励类产业企业所得税优惠等政策到期后继续执行。赋予西部地区具备条件且有需求的海关特殊监管区域内企业增值税一般纳税人资格。对西部地区鼓励类产业项目在投资总额内进口的自用设备，在政策规定范围内免征关税。"

[2] 《贵州获批建立"三大试验区"》，《贵州日报》2017年1月1日第5版。

足轻重的。而三大试验区的建立以及中国参与构建 RCEP，以及国发〔2022〕2 号文件将内陆开放型经济新高地作为贵州的战略定位，为贵州当前贯彻落实 2020 年 7 月 30 日召开的中共中央政治局会议提出的"加快形成以国内大循环为主体、国内国际双循环相互促进的新发展格局"创造了有利的政策条件。

三 日益完善的交通基础设施将区位劣势转化为区位优势

自中华人民共和国成立以来，贵州省委、省政府一直将交通基础设施建设摆在全省经济社会发展的重要位置。截至 2020 年年底，贵州铁路营业里程达到 3873 千米，其中高速铁路营业里程已达到 1527 千米；贵州公路线路里程达到 206693 千米，其中高速公路总里程已达到 7607 千米，民航旅客年吞吐量突破 3000 万人次。[①][②] 2020 年，全省交通投资占固定资产投资的比重达 13.3%。[③] 贵州已实现了通航机场"市州全覆盖、县县通高速公路、村村通水泥路、组组通硬化路"，预计在 2023 年实现"市市通高铁"。

随着交通基础设施的日益完善，贵州立体化交通网络体系逐渐完善，曾经长期制约贵州经济社会发展的交通瓶颈已经被打破，过去的区位劣势已逐渐转化为区位优势。马光荣等（2020）的研究发现，交通基础设施建设有利于促进资源配置效率的提升。[④] 其中，贵州社会物流总费用占地区生产总值的比重已从 2005 年的 34.2%下降到 2021 年的 14.8%。[⑤] 2021 年 4 月 26 日，贵州省发展和改革委员会等八个部门印发《贵州省进一步降低物流成本若干政策措施》（黔发改经贸〔2021〕249 号），以进一步降低社会物流总费

---

① 陈正源、韦兴生：《历史性撕下贫困与落后的标签——贵州之治的实践经验及重要意义》，《贵州政协报》2020 年 7 月 17 日第 3 版。

② 闵捷：《高速公路通车里程 7607 公里！今天的贵州，天堑变通途！》，贵阳网，http://www.gywb.cn/system/2021/01/25/030942422.shtml.

③ 《贵州统计年鉴（2021）》，http://stjj.guizhou.gov.cn/tjsj_35719/sjcx_35720/gz-tjni_40112/.

④ 马光荣等：《交通基础设施如何促进资本流动——基于高铁开通和上市公司异地投资的研究》，《中国工业经济》2020 年第 6 期。

⑤ 李炳军：《政府工作报告》，《贵州日报》2022 年 2 月 7 日第 1 版。

用。社会物流总费用占地区生产总值的比重不断下降，为推进贵州工业产业发展创造了有利的前提条件。

四 不断加大的科技活动投资力度提供了有力的技术支撑

保持对科技活动方面的投资力度，对落实创新驱动发展战略，解决原始创新能力不足、核心技术受制于人等问题，发挥着举足轻重的作用。党的十八大以来，贵州不断加大对研究与试验发展（R&D）经费方面的投入力度，研究与试验发展经费投入从 2012 年的 41.73 亿元增长到 2021 年的 180.35 亿元，其研发强度也从 2012 年的 0.61%增长到 2021 年的 0.92%，彻底扭转了贵州研发强度一度下滑的情况（见图 5-1）。其中超过 70%的研究与试验发展经费投向了工业企业。[①] 在投向工业企业 R&D 经费中，政府资金是除企业资金外重要的资金来源，在工业企业研究与试验发展经费中发挥了"四两拨千斤"的作用（见图 5-2）。贵州不断加大对研究与试验发展的投资力度，为推进贵州工业产业发展提供了有力的技术支撑。

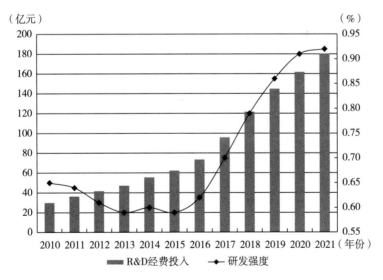

图 5-1 2009—2021 年贵州 R&D 经费投入及研发强度

资料来源：根据历年《贵州统计年鉴》的数据整理得出。

---

① 根据历年《贵州统计年鉴》的数据整理计算得出。

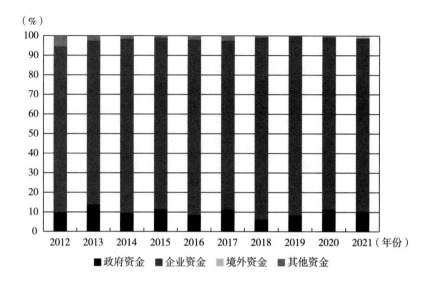

图 5-2　2012—2021 年贵州规模以上工业企业 R&D 经费投入来源

注：规模以上工业企业指年主营业务收入 2000 万元及以上工业企业。

资料来源：根据历年《贵州统计年鉴》的数据整理得出。

五　地方财政收入的持续平稳增长为财税政策的实施提供了财力保障

（一）地方一般公共预算收入持续保持平稳增长

进入 21 世纪，尤其是国发〔2012〕2 号文件印发以来，贵州一般公共预算收入持续保持平稳增长，无论从总量还是人均来看，贵州在全国的排名都取得了显著的成绩。尤其在 2020 年贵州努力克服新冠疫情对地方财政收入增速所造成的不利影响，实现了正增长。地方一般公共预算收入持续保持平稳增长，为推进贵州工业产业发展财税政策的实施，提供了可靠的财力保障。

从总量来看，贵州一般公共预算收入 2008 年为 347.84 亿元，2009 年为 416.48 亿元（超过新疆的 388.78 亿元），2010 年为 533.73 亿元，2011 年为 773.08 亿元，2012 年为 1014.05 亿元，2013 年为 1206.41 亿元（超过吉林的 1156.96 亿元），2014 年为 1366.67 亿元（超过黑龙江的 1301.31 亿元），2015 年为 1503.38

亿元，2016 年为 1561.34 亿元（超过广西的 1556.27 亿元和山西的 1557.00 亿元），2017 年为 1613.84 亿元（被山西的 1867.00 亿元反超），2018 年为 1726.85 亿元（再次反超广西的 1681.45 亿元），2019 年为 1767.36 亿元（再次被广西的 1811.89 亿元反超），2020 年为 1786.80 亿元（第三次反超广西的 1716.94 亿元）。贵州一般公共预算收入的全国排名从 2008 年的第 26 位上升到 2020 年的第 22 位（2016 年贵州一度上升到第 21 位）。[1]

从人均来看，贵州人均一般公共预算收入 2008 年为 921 元，2009 年为 1097 元（超过甘肃的 1089 元），2010 年为 1468 元（超过河南的 1463 元），2011 年为 2225 元（超过广西的 2048 元），2012 年为 2917 元（超过湖南的 2693 元、云南的 2834 元、河北的 2869 元），2013 年为 3454 元（超过黑龙江的 3331 元、四川的 3441 元、安徽的 3453 元），2014 年为 3899 元（被西藏的 3945 元反超），2015 年为 4272 元（与西藏持平），2016 年为 4407 元（超过山西的 4239 元，被西藏 4763 元再次反超），2017 年为 4524 元（超过吉林的 4444 元，被山西的 5057 元反超），2018 年为 4810 元（被安徽的 4847 元反超），2019 年为 4903 元（被河北的 4953 元和四川的 5021 元反超），2020 年为 4932 元（超过青海的 4902 元）。贵州人均一般公共预算收入的全国排名从 2008 年的第 30 位上升到 2020 年的第 22 位（2016 年和 2017 年贵州一度上升到第 20 位）。[2]

（二）主体税种占比持续提高，成为一般公共预算收入增长的稳定来源

2016 年中国全面实施"营改增"以来，增值税、企业所得税、个人所得税共同构成了包括贵州在内全国地方税体系中的主体税种。全面实施"营改增"以来，除了 2020 年受新冠疫情影响之外，贵州的增值税、企业所得税总量总体保持了平稳增长。此外，由增

---

[1] 根据历年《中国财政年鉴》的数据整理得出。
[2] 根据历年《中国财政年鉴》的数据整理得出。

值税、企业所得税所构成的主体税种占比不断提高，成了贵州一般公共预算收入增长的稳定来源。2021 年，贵州由增值税、企业所得税所构成的主体税种合计达到 705.47 亿元，占当年税收收入比重的 59.93%，较 2018 年的 52.99% 提高 6.94 个百分点（见表 5-3）。

表 5-3　　　　　　2018—2021 年贵州各税种税收收入

税种	2018 年		2019 年		2020 年		2021 年	
	总量（亿元）	占比（%）	总量（亿元）	占比（%）	总量（亿元）	占比（%）	总量（亿元）	占比（%）
增值税	486.39	38.42	474.21	39.37	417.54	38.45	453.77	38.55
企业所得税	184.46	14.57	215.41	17.88	206.36	19.00	251.71	21.38
个人所得税	69.31	5.47	40.32	3.35	42.26	3.89	45.10	3.83
城市维护建设税	85.53	6.76	82.79	6.87	83.80	7.72	91.44	7.77
契税	96.11	7.59	103.66	8.61	94.26	8.68	98.30	8.35
其他税收收入	344.22	27.19	288.03	23.91	241.80	22.26	236.83	20.12
税收收入	1266.02	100.00	1204.42	100.00	1086.02	100.00	1177.14	100

注：1. 2019 年贵州增值税较 2018 年有所下降，主要是为了落实中央更大规模的减税降费政策，以充分释放改革红利。

2. 2019 年贵州个人所得税较 2018 年有所下降，主要是由于 2018 年 10 月 1 日起工资薪金所得费用减除标准和税率调整引起的翘尾减收，以及 2019 年 1 月 1 日起实施个人所得税专项附加扣除等影响。

资料来源：根据历年《贵州统计年鉴》的数据整理计算得出。

第二节　贵州工业产业发展财税政策的主要障碍

一　部分工业经济指标波动较大，且结构失衡问题较为突出

（一）工业总产值增速呈明显下降趋势且轻重工业结构失衡

1. 工业总产值增速呈明显下降趋势

黔党发〔2010〕12 号文件提出"工业强省"战略以来，贵州

轻工业和重工业总产值在"十二五"时期保持了较快的增速。然而进入"十三五"时期以来,贵州轻工业和重工业总产值在增速上却不同程度地呈下降趋势,分别从 2011 年的 30.49% 和 31.46% 下降到 2020 年的 3.73% 和-3.65%。尤其在 2017—2018 年,贵州轻工业和重工业总产值增速连续两年出现负增长。虽然在 2019 年贵州轻工业和重工业总产值均实现正增长,但是在 2020 年重工业总产值再次出现负增长,只有轻工业总产值略高于 2016 年的水平(见表 5-4)。

表 5-4　　2011—2021 年贵州轻工业、重工业总产值及增速

年份	轻工业		重工业	
	总产值(亿元)	增速(%)	总产值(亿元)	增速(%)
2011	1192.92	30.49	4327.76	31.46
2012	1389.71	16.50	5154.31	19.10
2013	1864.15	34.14	6210.45	20.49
2014	2305.15	23.66	7202.18	15.97
2015	2760.50	19.75	8032.72	11.53
2016	3225.10	16.83	8652.18	7.71
2017	3144.77	-2.49	7903.52	-8.65
2018	3120.86	-0.76	7113.19	-10.00
2019	3224.40	3.32	7220.80	1.51
2020	3344.73	3.73	6957.08	-3.65
2021	3149.09	-5.85	8197.83	17.83

注:轻工业和重工业总产值数据均为规模以上工业总产值。

资料来源:根据历年《贵州统计年鉴》的数据整理得出。

2. 轻重工业总产值结构失衡问题尚未从根本上得到解决

中华人民共和国成立以来,由于历史原因,贵州工业化走上了一条优先发展重工业的道路,尤其体现在贵州霍夫曼系数[①]在相当

---

① 1931 年,德国经济学家霍夫曼在其著作《工业化的阶段与类型》中总结了部分国家工业化阶段中消费资料工业生产与资本资料工业生产的关系。学者将其归纳为"霍夫曼比例"。

长的一段历史时期整体呈下降趋势，从 1949 年的 3.12 下降到 2007 年的 0.26。黔党发〔2010〕12 号文件印发以来，贵州霍夫曼系数持续下降的趋势逐渐得到有效遏制。党的十八大以来，贵州霍夫曼系数持续下降的趋势开始实现逆转，从 2012 年的 0.27 增加到 2021 年的 0.38（见图 5-3）。然而，由于贵州对轻工业发展的历史欠账较多，导致其轻重工业总产值结构失衡问题尚未从根本上得到解决。

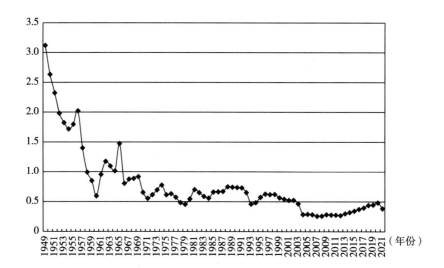

图 5-3 中华人民共和国成立以来贵州的霍夫曼系数

注：1. 霍夫曼系数＝轻工业总产值/重工业总产值

2. 1949—1997 年工业总产值为乡及乡以上全部工业口径，1997—2021 年为规模以上工业总产值。

资料来源：根据历年《贵州统计年鉴》的数据整理计算得出。

（二）工业企业收入与利润不稳定且结构失衡

1. 重工业企业主营业务收入利润总额不稳定

黔党发〔2010〕12 号文件提出"工业强省"战略以来，贵州规模以上重工业企业主营业务收入从 2011 年的 4158.07 亿元增长到 2016 年的 8232.59 亿元，年平均增幅为 14.63%。然而在 2017—

2020 年，贵州规模以上重工业企业主营业务收入持续下滑。虽然 2021 年贵州重工业企业主营业务收入增长至 6050.62 亿元，但仅为 2016 年的 90.10%（见表 5-5）。与此同时，贵州重工业企业利润总额增幅很不稳定，其在贵州工业企业利润总额的占比在 2017—2020 年持续下降。2011 年，贵州重工业企业利润总额为 243.61 亿元，占比达 52.40%；2021 年，贵州重工业企业利润总额为 457.94 亿元，占比仅为 36.65%。

表 5-5
2011—2021 年贵州规模以上工业
企业主营业务收入与利润总额

年份	轻工业				重工业			
	主营业务收入（亿元）	#白酒（亿元）	利润总额（亿元）	#白酒（亿元）	主营业务收入（亿元）	#采矿与能源（亿元）	利润总额（亿元）	#采矿与能源（亿元）
2011	1132.83	270.17	221.28	139.19	4158.07	1922.13	243.61	143.89
2012	1299.99	378.69	307.74	203.96	4666.53	2232.99	319.28	206.99
2013	1697.41	454.05	370.74	240.78	5660.02	2611.75	265.85	152.44
2014	2064.98	480.66	397.58	241.31	6590.89	2891.01	231.10	120.27
2015	2471.60	542.10	426.41	253.37	7405.20	2982.96	306.02	156.53
2016	2939.85	652.50	491.66	287.81	8232.59	2998.56	355.36	145.06
2017	3023.56	802.74	600.99	416.94	7623.99	2760.67	302.44	109.46
2018	2282.78	981.34	622.23	536.42	7390.49	2489.34	276.85	37.37
2019	2933.88	1062.28	722.05	599.73	6685.24	2531.03	254.24	117.15
2020	3069.74	1253.30	864.84	722.52	6050.62	2449.70	309.57	139.60
2021	2800.07	762.83	791.71	629.31	7417.73	2822.85	457.94	166.41

资料来源：根据历年《贵州统计年鉴》的数据整理得出。

深入分析造成这一现象的深刻原因，关键还在于贵州重工业主体上还是采矿与能源企业。由于进入门槛较低，采矿与能源行业也因此成为贵州在工业化初期优先考虑的产业发展项目。2012 年，贵州采矿与能源企业主营业务收入、利润总额在贵州重工业的占比分别达到47.85%、64.83%。虽然此后贵州采矿与能源企业主营业务收入、利润总额在贵州重工业的占比有所下降,但在2021年的占比仍分别达到38.06%、36.34%(见表5-5)。较低的进入门槛,使采矿与能源行业容易形成大量的竞争者,不但可能出现同类行业间的"价格战",也可能因过度投资引起产能过剩。而且,采矿与能源行业还存在前期投入成本高、资金周转慢等特征,还可能面临资产投入被套牢的风险,严重限制其收入与利润的增长空间。[①] 除此之外,受能源结构转型、经济下行压力等因素影响,贵州采矿与能源行业在原材料、劳动力等成本持续增长的情况下,一方面要贯彻落实中央减费让利政策,另一方面更是不计成本全力保障产业链、供应链稳定,都在较大程度上导致贵州重工业企业收入与利润出现明显下滑。[②]

2. 轻工业企业主营业务收入与利润总额结构严重失衡

黔党发〔2010〕12号文件提出"工业强省"战略以来,贵州轻工业企业主营业务收入与利润总额持续增长,且增速明显快于重工业企业。然而,贵州轻工业企业主营业务收入和利润总额结构严重失衡,无论是主营业务收入还是利润总额,贵州轻工业对白酒行业的依赖都较为显著。尤其是进入"十三五"时期以来,贵州轻工业对白酒行业的依赖还在进一步加深。从主营业务收入来看,贵州白酒收入在轻工业的占比已从2015年的21.93%增长到2021年的27.24%,其中2018年达到42.99%;从利润总额来看,贵州白酒利润总额在轻工业的占比已从2016年的58.54%增长到2021年的79.49%,其中2018年达到86.21%(见表5-5)。

二 贵州工业投资效率偏低

目前,贵州经济发展主要依靠固定资产投资拉动。然而,贵州

---

① 〔美〕迈克尔·波特:《国家竞争优势》,李明轩、邱如美译,华夏出版社2002年版,第14页。

② 2018年贵州电力企业主营业务收入为1128.35亿元,利润总额为-34.91亿元。

在不断扩大固定资产投资规模的同时，还应关注固定资产投资的效率问题。[①] 目前中国衡量投资效率的指标包括固定资产投资率和投资效果系数。计算公式如下：

固定资产投资率＝全社会固定资产投资额/GDP

投资效果系数＝GDP 增加额/当年固定资产投资额

本书通过对 1994—2021 年贵州全社会固定资产投资和地区生产总值的数据计算分析，一方面，贵州固定资产投资率增幅显著，从 1994 年的 0.27 增加到 2021 年的 0.94，其中第二产业的固定资产投资率从 1994 年的 0.34 增加到 2021 年的 0.93（见图 5-4）；另一方面，贵州投资效果系数出现显著下滑，从 1994 年的 0.76 下降到 2021 年的 0.09，其中第二产业的投资效果系数从 1994 年的 0.60 下降到 2021 年的 0.11（见图 5-5）。[②]

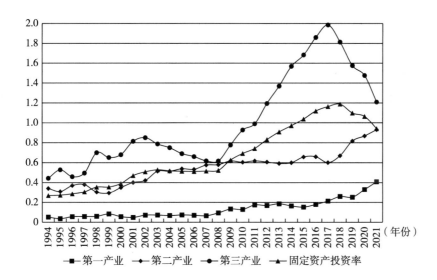

图 5-4　1994—2021 年贵州第一、第二、第三产业的固定资产投资率

资料来源：根据历年《贵州统计年鉴》的数据整理计算得出。

---

① 张晓阳：《努力提高我省投资效率的思考》，《贵州日报》2013 年 5 月 2 日第 11 版。

② 根据历年《贵州统计年鉴》的数据整理计算得出。

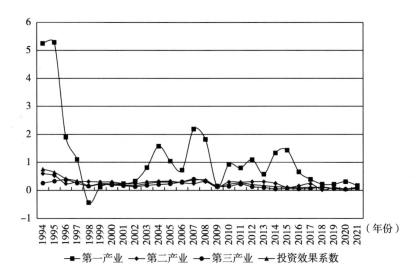

图 5-5 1994—2021 年贵州第一、第二、第三产业的投资效果系数
资料来源：根据历年《贵州统计年鉴》的数据整理计算得出。

三 职业教育发展相对滞后导致工业发展动力不足

（一）劳动年龄人口平均受教育年限低于全国平均水平

实现新型工业化目标需要大批各级各类技能人才支撑，其中劳动年龄人口平均受教育年限是衡量技能人才的一个重要指标。2021年3月12日，《中华人民共和国国民经济和社会发展第十四个五年规划和2035年远景目标纲要》（以下简称《国家"十四五"规划纲要》）正式公布，其中在"十四五"时期经济社会发展主要指标专栏中将"2025年劳动年龄人口平均受教育年限达到11.3年"设定为约束性指标。[1] 虽然贵州在提高劳动年龄人口平均受教育年限方面取得了一定进展，然而目前仍然明显低于全国平均水平，完成该指标的任务尤为艰巨。2020年，全国劳动年龄人口平均受教育年限为10.8年，其中贵州为10.2年，在全国31个省份中仅高于西藏（见图5-6）。

---

① 《中华人民共和国国民经济和社会发展第十四个五年规划和2035年远景目标纲要》，《人民日报》2021年3月13日第1版。

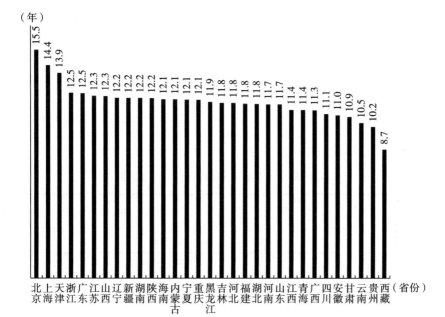

图 5-6 2020 年全国各省份劳动年龄人口平均受教育年限

资料来源:《中国人口与就业统计年鉴(2020)》。

(二)技能人才的需求数量难以满足工业发展需求

产业结构的高度化发展使各个产业的技术复杂程度不断提高,这就要求劳动者必须掌握更加复杂的技术,才能满足产业发展需求。本科层次职业教育的产生与发展是产业结构由劳动密集型产业向资本、技术密集型产业演进的必然要求,也是职业教育层次高移的必然结果。因此,贵州实施新型工业化急需大批能够开展技术服务、实施技术攻关、解决技术难题的高层次技术技能人才。选择工科特色突出的高职院校升格为本科层次职业学校,能够有效对接新型工业化的高端产业和产业高端,有针对性地培养一批高层次、高素质技术技能人才。

然而从技能人才的需求数量和职业教育当前的培养能力看,贵州当前的缺口较为显著。需求方面,根据《贵州省"十四五"人才发展专项规划(征求意见稿)》,"十四五"时期,贵州技能人才缺口总量为 64.65 万，每年需近 13 万技能人才。供给方面，根据贵州十大千亿级工业产业人才发展规划与职业院校工科类专业毕业生数量对比，贵州高职院校中工业类专业毕业生人数总体偏少，职业院校现有的工科类专业无论从数量还是层次上，都难以满足贵州大力推动新型工业化，实施工业倍增行动对人才的需要（见表5-6）。

表5-6   贵州十大千亿级工业产业"十四五"人才发展规划与
2020届职业院校工科类专业毕业生数量

十大千亿级 工业产业	"十四五"人才发展规划 （到2025年，年均/人）	2020届职业院校毕业生
基础能源产业人才	10000	7（煤炭类）
清洁高效 电力产业人才	12000	1169（电力技术类、热能与发电工程类）
优质烟酒产业人才	15600	121（生物技术类）
新型建材产业人才	26000	84（建筑材料类）
现代化工产业人才	18000	120（化工技术类）
先进装备制造 产业人才	24000	7027（汽车制造类、自动化类、机械设计制造类、机电设备类）
基础材料产业人才	13000	73（资源勘查类）
生态特色食品 产业人才	19600	1427（食品药品管理类、食品工业类、粮食储检类）
大数据电子信息 制造业人才	60000	10489（电子信息大类）
大健康医药产业人才	19000	27512（医药卫生大类、药品制造类）

四 外贸依存度偏低不利于确立有利的分工地位

外贸依存度反映着一个国家或地区经济依赖于对外贸易的程度。偏高的外贸依存度固然会增加自身经济发展受到外来不确定因素的影响，更容易导致经济出现波动甚至衰退。然而，偏低的外贸依存度会导致自身与国际市场相分隔，不利于确立有利的国际分工地位，进而阻碍了自身工业化的进程。

"西部大开发"战略实施以来，尽管面临 2008 年国际金融危机以及 2016 年以来西方国家贸易保护主义抬头等不利因素的影响，贵州仍然在进出口贸易和实际利用外资方面取得了较大的发展。[①] 然而，贵州外贸依存度明显偏低，难以充分利用国际市场资源提高自身的工业化水平。[②] 2019 年，贵州外贸依存度仅为 7%，较全国平均水平低近 30 个百分点。[③] 其中，贵州进出口贸易额为 657358 万美元，仅占当年地区生产总值 16769.34 亿元人民币（折合 2430.87 亿美元）的 2.70%；贵州实际利用外资总额 67887 万美元，仅占全省固定资产投资总额 18436.39 亿元人民币（折合 2672.52 亿美元）的 0.25%（见图 5-7）。

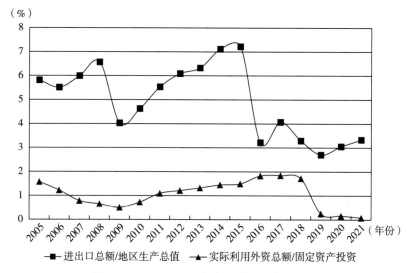

图 5-7　2005—2021 年贵州外贸依存度状况

注：2005—2018 年实际使用外资统计口径为贵州省商务厅直接利用外资总额加上贵州省发展和改革委员会国外贷款，2019 年起实际使用外资统计口径变化为贵州省商务厅直接利用外资总额。

资料来源：根据历年《贵州统计年鉴》的数据整理计算得出。

---

① 张晓阳：《重化工业阶段贵州工业发展的战略选择》，《贵州财经学院学报》2005 年第 2 期。
② 张晓阳：《重化工业阶段贵州工业发展的战略选择》，《贵州财经学院学报》2005 年第 2 期。
③ 贵州省人民政府发展研究中心：《贵州省"十四五"时期经济社会发展总体思路及发展战略研究》，贵州省人民政府发展研究中心，贵阳，2019 年，第 54 页。

相较于全国其他省份，贵州经济外向度不但明显低于中东部地区，而且也低于大部分西部地区的水平。2019 年，贵州进出口总额占地区生产总值的比重（2.70%）仅高于青海（1.27%），位居全国倒数第二（见图 5-8），占全国的比例不足 0.5%。

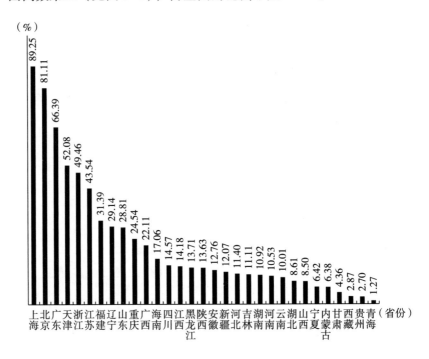

图 5-8　2019 年全国各省份进出口总额占地区生产总值的比重

注：进出口总额按收发货人所在地进行划分。

资料来源：根据《中国统计年鉴（2020）》的数据整理计算得出。

为了改变贵州外贸依存度偏低的现状，贵州曾在 2019 年考虑将"大开放"列入"十四五"时期战略行动。虽然贵州已成为国家级大数据综合试验区、国家生态文明试验区和内陆开放型经济试验区，然而贵州目前仍然是西南地区唯一没有设立自由贸易试验区的省份①，这在很大程度上导致贵州最终未能将"大开放"列入"十

---

① 截至 2020 年 9 月，中国已分多批次批准设立了 21 个自贸试验区，沿海省份、贵州周边省份都已成为自由贸易试验区。

四五"时期战略行动。新冠疫情在全球蔓延，更是为全球国际贸易复苏蒙上了一层阴影。2021 年，贵州进出口贸易额增长到 101.24亿美元，占当年地区生产总值 19586.42 亿元人民币（折合为3035.95 亿美元）的 3.33%，但实际利用外资却下降到 23778 万美元，仅占全省固定资产投资总额 18436.54 亿元人民币（折合2857.71 亿美元）的 0.08%（见图 5-7）。如果新冠疫情未来继续在全球蔓延，贵州在短期内提高外贸依存度势必存在较大障碍。

五　较为严峻的地方财政形势对财税政策可持续性构成较大的挑战

（一）地方财政收入形势较为严峻

1. 全省半数以上区县的财政收入出现减收

受新冠疫情、经济下行压力、上级减税降费政策等宏观因素的综合影响，2020 年贵州全省市县级一般公共预算收入仅为 1316.06亿元，较 2019 年下降了 0.2%。从市州来看，贵阳市的一般公共预算收入分别较 2019 年下降了 4.6%，其余市州的一般公共预算收入虽然均实现了正增长，但六盘水市、黔东南州直到 2020 年的一般公共预算收入都未能超过 2015 年之前的水平；从区县来看，全省 88 个区县中有 46 个的一般公共预算收入出现负增长，其中兴仁市、赤水市、正安县分别较 2019 年下降了 33.5%、24.8%、21.6%。①

2. 非税收入占比高于全国平均占比，且较往年有所上升

2020 年，贵州全省税收收入为 1086.04 亿元，较 2019 年下降了 9.8%；全省非税收入为 700.76 亿元，较 2019 年增长了 24.4%；全省非税收入占比为 39.2%，远高于全国（25.4%）的平均占比。从市州来看，除贵阳市、遵义市外，其余 7 个市州的非税收入占比均超过了 30%，其中黔西南州和安顺市的占比甚至超过了 50%。②相较于税收收入，由于非税收入更容易受到宏观经济形势等外部因

---

① 根据《贵州统计年鉴（2020）》的数据整理得出。
② 根据贵州省 9 个市州财政局公布的数据整理得出。

素的影响，因此非税收入很难成为地方稳定可持续的财力保障。

3. 中央财政转移支付收入不足以弥补减税带来的收入缺口

2021 年，贵州共获得中央财政转移支付收入 3186.12 亿元（其中一般性转移支付收入 2924.96 亿元、专项转移支付收入 261.16 亿元），较 2020 年增长 20.35 亿元，增长了 0.64%，增量比上年回落107.18 亿元，增幅比上年回落 3.6 个百分点。[①] 2021 年，贵州新增减税降费总额为 165.45 亿元[②]，全省的中央财政转移支付收入增量仅占新增减税降费总额的 12.3%，难以弥补当年因减税降费导致的收入缺口。

（二）保持地方财政支出增幅面临较大的压力

1. 地方财政支出面临较大的刚性增长压力

虽然贵州的一般公共预算收入持续保持增长，但是增幅却从2012 年的 31.2% 回落到 2020 年的 1.1%，平均增速为 9.8%。[③] 在一般公共预算收入增速明显放缓的情况下，贵州在重要基础设施建设、巩固拓展脱贫攻坚成果、乡村振兴等方面存在巨大的资金需求。此外，由中央和贵州省委、省政府陆续出台的制度性民生建设保障任务，尤其是收入分配政策调整完善、养老保险改革、供给侧结构性改革[④]，也同样需要巨大的财政资金作为保障。上述因素导致贵州的地方财政支出面临较大的刚性增长压力。在 2012—2020年，贵州一般公共预算支出年平均增速为 11.0%，其中 2019 年的一般公共预算支出增速达到 18.3%。[⑤]

2. 一般公共预算支出增速差异较大

从全省 9 个市州来看，2020 年市县级一般公共预算支出为

① 根据中华人民共和国财政部公布的历年《中央对地方转移支付分地区决算表》的数据整理得出。

② 冯倩、申川：《2021 年我省实现新增减税降费 165.45 亿元》，《贵州日报》2022年 4 月 2 日第 2 版。

③ 根据历年《贵州统计年鉴》的数据整理得出。

④ 杨光凯：《贵州省县级财政困境与出路的思考》，《乌蒙论坛》2018 年第 6 期。

⑤ 根据历年《贵州统计年鉴》的数据整理得出。

4575.14 亿元，较 2019 年增长了 1.1%。其中，毕节市、黔西南州、铜仁市的增速分别达到 8.5%、6.2%、3.6%，而贵阳市、黔东南州、安顺市却出现了 5.7%、5.1%、1.5% 的负增长。从全省 88 个区县来看，2020 年区县级一般公共预算支出为 3692.15 亿元，较 2019 年下降了 0.5%，其中有 45 个区县为负增长。具体来看，一般公共预算支出增速最快的沿河县、汇川区、纳雍县分别达到 27.7%、25.6%、22.9%，但是黄平县、剑河县、锦屏县却分别下降了 26.5%、21.0%、19.6%。[①]

（三）地方政府债务规模仍然较大

虽然地方政府在棚户区改造、基础设施建设等方面的资金来源包括财政拨款、债券发行、银行贷款等，但最后的还款保证主要还是地方政府的财政收入。约瑟夫·尤金·斯蒂格利茨一针见血地指出："增长实际上建立在巨额债务之上，毫不夸张地说，这些增长的基础是不稳固的。"[②] 从财政部公布的地方政府债务余额表来看，贵州政府债务余额占地区生产总值的比重已经从 2015 年的 87.0% 下降到 2021 年的 63.1%，降低了 23.9 个百分点，尤其在 2019 年一度降至 60.8%。[③] 从总体来看，虽然贵州在地方政府债务化解上取得了明显成效，但仍是全国地方政府负债率较高且突破国际社会认定警戒线[④]的省份（见图 5-9），较高的地方政府负债率使贵州防范化解地方政府债务风险任务较为艰巨。

---

① 根据《贵州统计年鉴（2021）》的数据整理得出。

② ［美］约瑟夫·E. 斯蒂格利茨：《自由市场的坠落（珍藏版）》，李俊青、杨玲玲译，机械工业出版社 2017 年版，前言第 10 页。

③ 根据中国财政部公布的《地方政府一般债务分地区余额表》《地方政府专项债务分地区余额表》以及《中国统计年鉴》的数据计算得出。

④ 根据欧盟《稳定与增长公约》（*Growth and Stability Pact*）的规定，公共债务占 GDP 比重必须保持在 60% 以下。

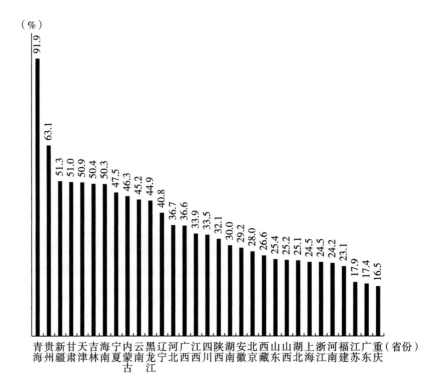

图 5-9 2021 年全国各省份政府债务余额占地区生产总值的比重

资料来源：根据财政部《2021 年地方政府一般债务分地区余额表》《2021 年地方政府专项债务分地区余额表》以及《中国统计年鉴（2022）》的数据计算得出。

第六章

推进贵州工业产业发展财税政策的机制构建

习近平总书记在党的二十大报告中明确提出："坚持把发展经济的着力点放在实体经济上，推进新型工业化，加快建设制造强国、质量强国、航天强国、交通强国、网络强国、数字中国。"[①]《贵州省"十四五"规划纲要》明确提出："坚持把发展经济着力点放在实体经济上，聚焦加快工业化进程，大力实施产业发展提升行动，做大做强十大千亿级工业产业，推进产业基础高级化、产业链现代化，推动产业高端化、绿色化、集约化发展，提高经济质量效益和核心竞争力。"[②] 结合党的二十大报告以及《贵州省"十四五"规划纲要》的要求，本书认为，贵州必须根据产业大集群化发展的总体构想，将十大千亿级工业产业打造为具有强大市场竞争力的产业集群，推动全省产业有序转型升级，尽快迈上价值链的中高级阶段。为与产业大集群化发展相适应，需要加大财税与产业政策系统集成，构建省级专项资金项目储备库。同时，阶段性的财税政策适时有序退出，加大以市场化方式运作产业投资基金的权重。此

---

① 习近平：《高举中国特色社会主义伟大旗帜　为全面建设社会主义现代化国家而团结奋斗——在中国共产党第二十次全国代表大会上的报告》，《人民日报》2022 年 10 月 26 日第 1 版。

② 贵州省人民政府：《贵州省国民经济和社会发展第十四个五年规划和 2035 年远景目标纲要》，贵州人民出版社 2021 年版，第 15 页。

外，加大科技投入力度，健全科技投入机制，进一步落实并完善中央减税降费政策，有序推进贵州工业产业发展。

第一节　加大十大千亿级工业产业振兴行动财税政策系统集成

荷兰经济学家简·丁伯根提出，政策目标数量不能多于相互独立的政策工具数量，否则容易导致政策顾此失彼。丁伯根的这一研究，被学者命名为"丁伯根法则"。由于当前贵州财力相对薄弱，片面依靠财政政策的倾斜，难以从根本上解决贵州工业产业利润总额和税金总额结构失衡的问题。要达成预期的政策目标，贵州必须将十大千亿级工业产业打造为产业集群，形成完整配套的产业链，进一步降低包括物流运输在内的生产成本，使本土的工业产品具有强大的市场竞争力。

本书建议，一方面，贵州必须根据产业大集群化发展的总体构想，打造十大千亿级工业产业，使十大千亿级工业产业真正做大做强，成为推进贵州工业产业发展的主要承载体；另一方面，对贵州十大千亿级工业产业振兴行动的财税政策进行系统化的组合配套集成，使其产生聚集效应和倍增效应，更好地发挥财税政策"四两拨千斤"的作用。

一　将十大千亿级工业产业打造为具有强大市场竞争力的产业集群

一般来说，具有市场竞争力的现代产业体系通常是多家企业组成的群体，而不是由一两家公司独挑大梁。[①] 国内外的经验表明，产业按照集群化的方式来发展，有着不可比拟的优势。在集群内，

---

① ［美］迈克尔·波特：《国家竞争优势》，李明轩、邱如美译，华夏出版社2002年版，第10页。

企业可以面对多个原材料、零部件供应商，以及能提供各种公共服务的供应商，能最大限度地降低交易费用和产品成本，显著提高产品的市场竞争力。

黔府发〔2018〕33号文件印发以来，贵州十大千亿级工业产业在营业收入方面取得了显著成效，大部分工业产业的营业收入突破1000亿元，营业总收入突破10000亿元大关。然而，由于发展历史和地缘等因素的制约，加之发展基础薄弱、产业配套能力不强等原因的影响，贵州工业产业与沿海发达地区同类产业相比较，很难在短期内成长壮大。其中，以先进装备制造、生态特色食品、大数据电子信息、健康医药为代表的绿色产业，其营业总收入占十大千亿级工业产业营业总收入的比重仅为31.3%。如果从利润总额和税金总额两个指标来看，贵州十大工业产业对优质烟酒产业的依赖性更为显著，且大部分利润来自贵州茅台酒股份有限公司，结构失衡问题显著。[①] 2020年，贵州优质烟酒产业的利润总额和税金总额分别为772.79亿元和591.30亿元，占比分别为64.19%和60.83%；而以先进装备制造、生态特色食品、大数据电子信息、健康医药为代表的绿色产业，其利润总额和税金总额分别为190.77亿元和132.93亿元，占比仅分别为15.8%和13.7%（见表6-1）。

表6-1　　　2020年贵州十大千亿级工业产业主要经济指标

工业产业目录	营业收入（亿元）	利润总额（亿元）	税金总额（亿元）
基础能源	959.81	40.98	71.64
清洁高效电力	1708.08	49.70	61.35
优质烟酒	1770.89	772.79	591.30
新型建材	1287.83	69.17	54.70
现代化工	1010.69	55.01	34.33
先进装备制造	1070.26	57.91	30.10
基础材料	1186.07	38.73	34.25

① 2018—2020年，贵州茅台酒股份有限公司净利润分别为352.04亿元、412.06亿元、466.97亿元。

续表

工业产业目录	营业收入（亿元）	利润总额（亿元）	税金总额（亿元）
生态特色食品	681.94	38.91	20.04
大数据电子信息	945.26	46.30	43.11
健康医药	763.79	47.65	39.68
合计	11043.25	1203.84	972.02

资料来源：《贵州统计年鉴（2021）》。

虽然烟草产业、酒产业、茶产业、中药产业都是贵州的重要特色产业，但是在"十三五"时期只有酒产业在利润总额上保持了较快的增长势头，从 2015 年的 260.02 亿元增长到 2020 年的 730.05亿元。其中，茅台酒由于占据了中国高端白酒第一品牌的优势，其市值在 2021 年 2 月 5 日一度达到 2.9 万亿元，远远超过同期贵州全省地区生产总值。烟草产业、茶产业、中药产业虽然也是贵州的重要特色产业，但迄今仍然没有一个成长为在全国和世界市场上居主导地位的大品牌。在"十三五"时期，烟草产业、茶产业、中药产业的利润总额波动较大，尤其是茶产业在 2019 年的利润总额仅为2.55 亿元，较 2018 年下滑了 66.97%，利润总额更是仅为 2017 年的 24.06%（见表 6-2）。

表 6-2　　　2015—2021 年贵州部分特色产业利润总额

年份	烟草产业（亿元）	酒产业（亿元）	茶产业（亿元）	中药产业（亿元）
2015	38.82	260.62	9.16	33.55
2016	28.67	303.33	10.06	44.37
2017	27.60	421.88	10.60	34.67
2018	31.08	540.12	7.72	30.99
2019	21.16	599.73	2.55	20.45
2020	42.74	730.05	12.09	28.95
2021	36.09	655.91	16.89	40.77

注：烟草产业、酒产业、茶产业、中药产业利润总额均为规模以上工业企业统计口径，即全部年主营业务收入为 2000 万元及以上的工业企业。

资料来源：根据历年《贵州统计年鉴》的数据整理得出。

　　党的二十大报告明确提出："推动战略性新兴产业融合集群发展，构建新一代信息技术、人工智能、生物技术、新能源、新材料、高端装备、绿色环保等一批新的增长引擎。"① 本书建议，对于具有市场竞争优势的重要特色产业，贵州应根据全省"一盘棋"的总体构想，在战略规划的引领和推动下，整合全省的优质资源，按照大集群、大品牌的思路发展。譬如，对以大数据和电子信息技术等在未来发展潜力较大的战略性新兴产业，可充分利用建设国家级大数据综合试验区、国家生态文明试验区、内陆开放型经济试验区等政策机遇，在"十四五""十五五"时期，将上述战略性新兴产业打造为在全国和世界上都具有较强竞争力的大产业集群。贵州决策层和实际工作部门既要有充分的信心，还应有明确的工作思路。

　　面对 2020 年以来新冠疫情对产业链、供应链的冲击，贵州以推动产业链、供应链畅通循环为抓手，力推十大千亿级工业产业集群发展。2020 年，由政府搭台、企业唱戏，贵州举办了 12 场十大千亿级工业产业"加强产销对接、推动协同发展"专场对接活动，共组织供销双方企业 1100 余户企业参加，促成签约项目 102 个，累计签约金额达 145 亿元。② 随着贵州立体化的现代交通网已经构建完善，物流成本也随之显著降低，依托十大千亿级工业产业和 100 个产业园区平台，贵州产业配套能力已明显增强。这些产业发展条件的不断完善，为传统优势产业和部分战略性新兴产业向大集群化发展奠定了良好的基础。更为重要的是，自"十二五"以来，贵州已经连续十年地区生产总值增速保持全国前三位，这在贵州建省六百多年的历史上是从未有过的现象。经济较长时期的快速增长，不仅在很大程度上开始改变了人们对贵州封闭和落后的印象，还在很大

---

　　① 习近平：《高举中国特色社会主义伟大旗帜 为全面建设社会主义现代化国家而团结奋斗——在中国共产党第二十次全国代表大会上的报告》，《人民日报》2022 年 10 月 26 日第 1 版。

　　② 陈华永：《精准打出组合拳 奋力谱写新篇章——贵州十大工业产业加强产销对接推进协同发展系列活动综述》，《贵州日报》2020 年 7 月 17 日第 5 版。

程度上大大提振了贵州干部群众的"精气神"，必然会对经济社会的发展注入强大的动力。

2021年2月3日至5日，习近平总书记在赴贵州看望慰问各族干部群众时明确指出："创新发展是构建新发展格局的必然选择。要着眼于形成新发展格局，推动大数据和实体经济深度融合，培育壮大战略性新兴产业，加快发展现代产业体系。"① 为了贯彻习近平总书记的重要讲话精神，2021年3月，中共贵州省委办公厅印发了《中共贵州省委贵州省人民政府关于实施工业倍增行动 奋力实现工业大突破的意见》（黔党发〔2021〕10号，以下简称"黔党发〔2021〕10号文件"）。作为黔府发〔2018〕33号文件的"升级版"，黔党发〔2021〕10号文件不但要求十大千亿级工业产业在"十四五"期间实现提质升级，而且对工业经济主要指标提出了明确的要求。②

二 加大财税与产业政策系统集成

本书认为，三次产业间的比例关系并不是衡量产业结构转型升级的唯一指标。譬如，2004年印度第三产业增加值比例就已经突破50%，而中国直到2015年才首次超过50%，但这并不意味着印度的产业结构转型升级已领先于中国。③ 虽然产业结构是在市场竞争过程中"进化"形成的，但是政府必须在产业结构转变过程中发挥重

---

① 彭刚刚等：《坚持创新驱动构建新发展格局》，《贵阳日报》2021年2月7日第1版。

② 黔党发〔2021〕10号文件提出："'十四五'期间，通过实施工业倍增行动，加快推动优质烟酒、现代能源、新型建材、现代化工、先进装备制造、基础材料、生态特色食品、大数据电子信息、健康医药、新能源汽车等十大千亿级工业产业提质升级，工业经济主要指标实现倍增，到2025年，全省工业总产值突破2.8万亿元，全省工业企业达到10万户（其中，规模以上工业企业突破8000户），工业战略性新兴产业总产值占工业总产值比重提升到22%，全省规模以上工业企业研究与开发经费支出占主营业务收入的比重提升到1.8%，'十四五'期间工业投资累计突破3万亿元。"关于更多内容见刘力维、董桂：《打造贵州特色新型工业化体系——图解〈关于实施工业倍增行动 奋力实现工业大突破的意见〉》，《当代贵州》2021年第14期。

③ 金碚：《工业的使命和价值——中国产业转型升级的理论逻辑》，《中国工业经济》2014年第9期。

要作用。① 只有以市场力量为主体，政府则因势利导完善相关财税政策，才可能真正实现产业结构的转型升级。

为推动十大千亿级工业产业的发展，贵州省政府及相关部门不断出台一系列与产业发展相关联的财税政策和金融政策。这些政策对推动十大千亿级工业产业发展的作用正在逐渐显现。2020 年 8 月13 日，贵州省政府办公厅印发的《关于推动高质量发展 对真抓实干成效明显地方加大激励支持力度的通知》（黔府办发〔2020〕18号）明确要求："对推进十大工业产业高质量发展和工业园区转型升级、'千企改造'成效明显的市（州）、县（市、区、特区），在十大工业产业专项资金、省工业和信息化专项资金、省工业及省属国有企业绿色发展基金安排上对相关企业和项目给予倾斜支持。"②
2021 年 3 月印发的黔党发〔2021〕10 号文件提出："按照'政府引导、市场化运作'方式统筹财政资金支持，加大对重点开发区、新型工业化产业示范基地扶持力度，同步引导金融机构加大对工业经济的支持力度。设立新型工业化基金，按照'资金跟着项目走'原则，引导金融机构、社会资本加大对新型工业化发展的投入。各级要明确相应资金，专项支持新型工业化发展。"③ 2021 年 4 月 30 日，贵州省财政厅印发《支持新型工业化若干财政政策措施》（黔财工〔2021〕46 号，以下简称"黔财工〔2021〕46 号文件"），按照十大千亿级工业产业分类，在"十四五"时期，对十大千亿级工业产业营业收入首次突破 1000 亿级、500 亿级、100 亿级、10 亿级的企业，分档分别给予一次性奖励，单户企业（一级企业）奖励不低于

---

① ［美］约瑟夫·E. 斯蒂格利茨：《自由市场的坠落（珍藏版）》，李俊青、杨玲玲译，机械工业出版社 2017 年版，第 185 页。

② 贵州省人民政府办公厅：《省人民政府办公厅关于推动高质量发展 对真抓实干成效明显地方加大激励支持力度的通知》（黔府办发〔2020〕18 号），《贵州省人民政府公报》2020 年第 8 期。

③ 刘力维、董桂：《打造贵州特色新型工业化体系——图解〈关于实施工业倍增行动奋力 实现工业大突破的意见〉》，《当代贵州》2021 年第 14 期。

200 万元，最高不超过 1000 万元。①

深入分析这些文件和政策的出台和效应后，会明显发现其有着"部门化""碎片化""短期化"等现象。这对促进产业集群的大发展感到支撑力度不够，后劲不足。本书建议，在新的时期应根据十大千亿级工业产业向大产业集群发展思路的总体要求，按照一个产业一个方案的方法，加大全省财税与产业政策系统集成，成熟一个，实施一个。这种工作思路可以较好地避免部门"碎片化""短期化"现象，真正发挥出财税政策"四两拨千斤"的作用。

三 构建并完善省级专项资金项目储备库

2019 年 2 月 24 日，贵州省委办公厅、省政府办公厅印发了《省委省政府领导领衔推进十大千亿级工业产业工作方案》（黔党办发〔2019〕26 号，以下简称"黔党办发〔2019〕26 号文件"），明确要求按照"一个产业、一个省领导、一个工作专班、一个实施方案"的思路，指导帮助十大产业稳增长、调结构、促升级、增效益，推动龙头骨干企业增产、增收、增效。② 2019 年 2 月 28 日，贵州省政府召开省领导领衔十大千亿级工业产业振兴行动联席会议第一次会议，对有关工作进行了安排部署。③

2019 年 6 月 18 日，《贵州省十大千亿级工业产业振兴行动各产业实施方案》通过省领导审定，并分别出台了贵州省基础能源、清洁高效电力、优质烟酒产业、新型建材、现代化工、先进装备制造、基础材料、生态特色食品、大数据电子信息、健康医药的产业振兴行动实施方案。根据实施方案，贵州省财政厅、贵州省工业信息化厅分别印发了针对基础能源产业、清洁高效电力产业、优质烟

---

① 贵州省财政厅：《省财政厅举行新闻发布会介绍财政支持新型工业化高质量发展有关情况》，贵州省财政厅，http://czt.guizhou.gov.cn/xwzx/czdt/202107/t20210712_68985176.html.

② 陈华永：《重大项目集中开工掀起贵州投资热潮》，《贵州日报》2019 年 9 月 9 日第 7 版。

③ 陈华永：《产业有底气 振兴有盼头——贵州省十大千亿级工业产业振兴行动之优质烟酒》，《贵州日报》2019 年 6 月 25 日第 8 版。

酒产业、新型建材产业、现代化工产业、先进装备制造产业、基础材料产业、生态特色食品产业、大数据电子信息产业、健康医药的产业振兴专项资金管理办法。①

专项资金项目储备库的科学建设和有效使用，是贵州实施十大千亿级工业产业振兴行动的重要任务之一。贵州经济发展历史的许多实例已经证明，在抓重大项目库卓有成效的时期，贵州就能紧紧

---

① 黔党办发〔2019〕26 号文件印发以来，贵州省政府或省级部门层面公开印发关于十大千亿级工业产业振兴专项资金管理办法主要包括《贵州省工业和信息化厅、贵州省财政厅、贵州省国资委关于印发〈贵州省工业及省属国有企业绿色发展基金管理办法〉的通知》（黔工信规划〔2019〕6 号）、《贵州省财政厅、贵州省工业和信息化厅关于印发〈贵州省工业和信息化发展专项资金管理办法〉的通知》（黔财工〔2019〕78 号）、《贵州省财政厅、贵州省工业和信息化厅关于印发〈贵州省十大千亿级工业（优质烟酒）产业振兴专项资金管理办法〉的通知》（黔财工〔2019〕109 号）、《贵州省财政厅、贵州省工业和信息化厅关于印发〈贵州省十大千亿级工业（基础能源）产业振兴专项资金管理办法〉的通知》（黔财工〔2019〕122 号）、《贵州省财政厅、贵州省工业和信息化厅关于印发〈贵州省十大千亿级工业（生态特色食品）产业振兴专项资金管理办法〉的通知》（黔财工〔2019〕127 号）、《贵州省财政厅、贵州省工业和信息化厅关于印发〈贵州省十大千亿工业（健康医药）产业振兴专项资金管理办法〉的通知》（黔财工〔2019〕130 号）、《贵州省财政厅、贵州省能源局关于印发〈贵州省十大工业（清洁高效电力）产业振兴专项资金管理办法〉的通知》（黔财工〔2020〕83 号）、《贵州省财政厅、贵州省大数据局关于印发〈贵州省大数据发展专项资金管理办法（2021 修订版）〉的通知》（黔财工〔2021〕49 号）。

除此之外，贵州省政府或省级部门层面公开印发的间接涉及十大千亿级工业产业振兴专项资金的文件包括《贵州省财政厅、贵州省地方金融监管局关于印发〈贵州省深化政府性融资担保体系改革方案〉的通知》（黔财金〔2020〕58 号）、《贵州省财政厅关于印发〈贵州省政府性融资担保贷款风险补偿金管理暂行办法〉〈贵州省政府性融资担保政银担风险分担实施细则（暂行）〉的通知》（黔财金〔2020〕66 号）、《贵州省科技厅关于印发〈省科技厅权责事项运行规定（暂行）〉的通知》（黔科通〔2020〕63 号）、《贵州省农业农村厅关于开展农银企产业共同体创新试点的通知》（黔农发〔2019〕37 号）、《贵州省财政厅、贵州省能源局关于印发〈充电基础设施建设补助资金绩效承诺奖补办法〉的通知》（黔财工〔2019〕114 号）、《贵州省人民政府关于强化煤矿瓦斯防治攻坚进一步加强煤矿安全生产工作的意见》（黔府发〔2020〕3 号）、《贵州省能源局、贵州省财政厅印发关于支持加大煤矿安全生产投入的若干政策措施的通知》（黔能源煤安〔2020〕62 号）、《贵州省能源局、贵州省自然资源厅、贵州省财政厅、贵州省生态环境厅、贵州省水利厅、贵州省市场监管局、贵州省林业局、贵州省煤矿安全监察局印发关于加快推进兼并重组煤矿分类处置　促进煤炭产业转型升级发展的通知》（黔能源煤炭〔2020〕100 号）、《贵州省市场监管局关于印发〈贵州省知识产权创造运用促进资助办法〉的通知》（黔市监发〔2020〕17 号）、《贵州省大数据局关于印发〈贵州省"企业上云"云使用券管理实施细则（2020 年修订版）〉的通知》（黔数〔2020〕20 号）等。

抓住重大的发展机遇，如贵州在西部省区率先实现"县县通高速"，以及快速建成贵广高铁和基本解决了工程性缺水等重大问题，就同贵州抓住重大项目的申报，获得中央政府的大力支持密切相关。当然，贵州也有由于对项目库建设重视不够，重大项目的准备不足，错失了一些经济发展的重大机遇。在实际工作中，贵州省级专项资金项目储备库建设一直存在各个部门各建各的项目库，彼此之间不衔接、不认可的问题，这必然使项目成效在项目实施中大打折扣，甚至变成难以实施的项目。

为加快财政核心业务一体化建设，财政部从 2019 年起已陆续印发《财政部关于印发〈财政信息系统集中化推进工作方案〉的通知》（财办〔2019〕30 号）、《财政部关于印发〈关于推进财政大数据应用的实施意见〉的通知》（财办〔2019〕31 号）、《财政部关于印发〈财政信息化三年重点工作规划〉的通知》（财办〔2019〕34 号）、《财政部关于印发〈财政核心业务一体化系统实施方案〉的通知》（财办〔2019〕35 号）、《财政部关于开展财政核心业务一体化系统实施工作的通知》（财办〔2019〕44 号）、《财政部关于印发〈预算管理一体化规范（试行）〉的通知》等文件。2022 年 2 月 15 日，贵州省政府印发《关于进一步深化预算管理制度改革的实施意见》（黔府发〔2022〕3 号，以下简称"黔府发〔2022〕3 号文件"）。黔府发〔2022〕3 号文件提出："预算支出全部以项目形式纳入预算项目库，未纳入预算项目库的项目一律不得安排预算。"①本书认为，在贵州十大千亿级工业产业振兴行动省级专项资金项目库的建设中，应彻底打破部门之间的壁垒。本书建议，可以根据十大千亿级工业产业振兴行动的目标任务要求，由贵州省工业和信息化厅主导建设十大千亿级工业产业振兴行动省级专项资金项目储备库，就省级专项资金所对应的切块，分别与贵州省发展和改革委员

① 贵州省人民政府：《省人民政府关于进一步深化预算管理制度改革的实施意见》（黔府发〔2022〕3 号），《贵州省人民政府公报》2022 年第 4 期。

会、贵州省财政厅等部门积极对接、专家充分论证、有序入库、彼此认可，通过整合相关的资金和资源，一个大产业专门设立一个省级专项资金项目库。通过该项目储备库建设，从根本上改变长期以来省级专项资金项目储备库"分散化""部门化""碎片化"等状况，为已经锁定的千亿级工业产业的建设和发展提供可持续的资金保证。

第二节　构建财政补贴、税收优惠与产业投资基金相结合的财税机制

一　阶段性的减税降费政策有序退出，规范普惠性减税和结构性减税政策

阶段性的财税政策主要包括财政补贴和减税降费，是在经济下行、企业经营较为困难时期临时采取的非常措施。其中阶段性的减税降费主要是通过降低税率，取消或停征一些税种的办法，降低税收收入占国民收入的比重，来增加企业或个人收入；降费则是减少政府性基金，减少、取消或停征部分涉及企事业单位的行政事业性收费，减税降费对在一定时期内扩张需求有着较为明显的作用。

在工业化初期和中期阶段，经济欠发达地区在招商引资的过程中，为吸引到更多外地厂商到本地投资，一般会采取较为丰厚的税收优惠政策。而对本土发展的企业，地方政府除给予相应的税收优惠政策，通常还会给予一定的财政补贴。上述财税政策不但会产生"粘蝇纸效应"，引导企业经济行为与政府期望相吻合，同时有利于降低企业成本，尤其在经济下行、企业经营较为困难时期还发挥着稳定就业市场的作用。

然而，无论是财政补贴政策，还是税收优惠政策，在实际工作中都是一把"双刃剑"。徐青发现，周边地区的财政补贴和减税降

费会对本地区制造业的产业集聚造成负面影响。① 为吸引到更多外地厂商到本地投资，地方政府很容易陷入财税政策的恶性竞争当中。从总体来看，财政补贴和减税降费都有着明显的短期性、不可持续性等特点，尤其对包括贵州在内的经济欠发达地区而言，地方财政常常是收不抵支，长期实行只会使地方财政更加拮据。除此之外，不恰当的财政补贴和减税降费，一方面会破坏市场公平竞争的秩序，另一方面还可能让地方政府和企业产生惰性，阻碍企业转向高质量发展，既不利于构建以国内大循环为主体、国内国际双循环相互促进的新发展格局，也严重降低了财政支出的绩效。随着中国正式加入《区域全面经济伙伴关系协定》（RCEP），可能在不久的将来还将加入《全面与进步跨太平洋伙伴关系协定》（*Comprehensive and Progressive Agreement for Trans-Pacific Partnership*，TPCPP），中国必将会进一步开放国内市场。届时，随着包括贵州在内的经济欠发达地区的财政补贴、税收优惠等涉及贸易保护政策将逐步取消，失去贸易保护政策的国内企业将直接面对国内国际市场上极其激烈的市场竞争，而缺乏市场竞争力的企业将不可避免地面临倒闭风险，这势必在短期内会对本土经济产生较大冲击。

本书建议，在经济发展和财政收入有所好转时，贵州应适时让阶段性的财税政策有序退出，规范现行的普惠性减税和结构性减税政策，让更加优良的投资环境、更加配套的产业发展条件、更加优良的政府公共服务来吸引投资者和企业经营者，促进贵州工业产业的发展振兴，以便在未来更好地迎接国内国际市场的激烈竞争。

二 加大以市场化方式运作产业投资基金的权重

通过对以江苏、浙江为代表的经济较发达地区财税政策变迁进行分析，本书认为，真正能长期吸引投资商的因素早已不再是简单

① 徐青：《税收竞争对我国制造业产业集聚的影响研究——基于空间动态面板模型的实证分析》，《税务研究》2021年第4期。

的财政补贴或减税降费，更多的是看当地的综合投资环境，譬如投资方的基本权益是否享有法律保障，投资地的配套条件是否齐全等。2017 年 1 月 26 日，《贵州省人民政府办公厅关于印发〈贵州省促进产业投资基金加快发展的意见〉和〈贵州省产业投资基金管理暂行办法〉的通知》（黔府办发〔2017〕5 号）正式发布，为贵州产业投资基金管理进行改革试点发挥了积极作用。2021 年 4 月 2日，贵州省政府办公厅印发《省级政府投资基金优化整合实施方案》（黔府办发〔2021〕9 号），提出贵州省级财政在 2021 年设立贵州省新型工业化发展基金，每年安排预算 70 亿元，其中工业发展专项资金为 60 亿元，大数据发展专项资金为 10 亿元。[①] 相较于2019 年设立的十大千亿级工业产业振兴专项资金（高质量发展实体经济专项资金），要求贵州省级财政每年安排预算 10 亿元，贵州省新型工业化发展基金对新型工业化和数字经济领域的支持力度明显提升。2021 年 11 月 26 日，贵州省第十三届人民代表大会常务委员会第二十九次会议表决通过了《贵州省优化营商环境条例》，为企业等市场主体在贵州从事市场经济活动提供了有力保障。

2022 年 3 月 5 日，国务院总理李克强在《政府工作报告》中明确提出："要用好政府投资资金，带动扩大有效投资……民间投资在投资中占大头，要发挥重大项目牵引和政府投资撬动作用，完善相关支持政策，充分调动民间投资积极性。"本书建议，一方面，贵州应加大以市场化方式运作产业投资基金的权重，与现行的普惠性减税和结构性减税政策相结合，构建起财政补贴、税收优惠与产业投资基金科学组合、高效运行的新格局，充分发挥财税政策"四两拨千斤"的作用；另一方面，贵州等经济欠发达地区的政府部门应与相关智库机构合作，譬如借鉴广西、云南、山东等其他省份的做法，成立 RECP 企业服务中心、RECP 国际知识产权总部基地，

---

① 伍华：《70 亿元！省级财政设立新型工业化发展基金》，《贵阳日报》2021 年 7月 13 日第 8 版。

搭建共享交流平台，共同解决企业在 RCEP 贸易规则、企业管理、市场开拓等方面的问题。

第三节　加大科技投入力度，
健全科技投入机制

　　周振华、顾为东认为，技术结构、固定资产结构、中间要素投入结构是决定产业结构的三大因素，通过控制与改变这三个因素可以达到产业结构转型升级的目的，其中技术结构和固定资产结构是长期因素，需要长期累积才能改变，而中间要素是短期因素，可以通过购买跨国公司或进口核心部件或中间产品快速改变。[1][2] 改革开放以来，尤其是中国加入世界贸易组织以来，中国通过购买跨国公司的核心部件或中间产品，改变了中间要素投入结构，促进了产业结构转型升级。然而，过度依赖中间要素投入结构也产生了显著的负面效应。由于中国本土企业缺乏对核心技术的掌握，导致中国高新技术发展与高新技术产业发展出现脱节，制约了产业结构进一步转型升级。[3]

　　习近平总书记强调："关键核心技术是要不来、买不来、讨不来的。只有把关键核心技术掌握在自己手中，才能从根本上保障国家经济安全、国防安全和其他安全。"[4] 通过科技创新，不但可以将关键核心技术掌握在自己手中，而且有利于推动中国经济实现高质

---

　　① 周振华：《论产业结构分析的基本理论框架》，《中国经济问题》1990 年第 1 期。

　　② 顾为东：《产业结构调整的资本支持战略研究》，博士学位论文，南京农业大学，2001 年。

　　③ 徐礼伯、张雪平：《美国"再工业化"与中国产业结构转型升级》，经济管理出版社 2019 年版，第 178—179 页。

　　④ 单飞跃、熊湘怡：《在创新驱动发展上迈出更坚实步伐》，《经济日报》2019 年 5 月 27 日第 12 版。

量发展。[①] 为了激励企业加大研发投入，《国家"十四五"规划纲要》明确提出："实施更大力度的研发费用加计扣除、高新技术企业税收优惠等普惠性政策。拓展优化首台（套）重大技术装备保险补偿和激励政策，发挥重大工程牵引示范作用，运用政府采购政策支持创新产品和服务。"[②] 贵州应按照中央的部署，进一步加大科技投入力度，健全科技投入机制。

一 加大科技投入力度

党的十八大以来，虽然贵州不断加大对研究与试验发展经费方面的投入力度，研发强度已从 2012 年的 0.61% 增长到 2021 年的 0.92%，但是与全国同期平均水平相比仍然存在明显差距（见图 6-1），而这种情况在一定程度上导致贵州工业发展落后于全国平均水平。国发〔2022〕2 号文件在提升贵州科技创新能力方面提出了明确要求。[③] 本书建议，为了缩小与全国的发展差距，贯彻落实国发〔2022〕2 号文件有关精神，推动工业实现高质量发展，贵州应重点对以下领域加大科技投入力度。

《国家"十四五"规划纲要》明确将高端装备、新材料、新能源汽车、信息技术等列入了战略性新兴产业。[④] 被列入贵州十大千亿级工业产业中重点发展的先进装备制造、新能源汽车、基础材料、大数据电子信息高度契合了中央确定的战略性新兴产业。

---

① 郭广生、任晓刚：《以科技创新驱动高质量发展》，《人民日报》2019 年 6 月 27 日第 13 版。

② 《中华人民共和国国民经济和社会发展第十四个五年规划和 2035 年远景目标纲要》，《人民日报》2021 年 3 月 13 日第 1 版。

③ 国发〔2022〕2 号文件提出："实施'科技入黔'，加强公共大数据、智能采掘、非常规油气勘探开发、新能源动力电池等领域关键核心技术攻关。支持贵州培育壮大战略性新兴产业，加快新能源动力电池及材料研发生产基地建设，有序发展轻量化材料、电机电控、充换电设备等新能源汽车配套产业，支持以装备制造及维修服务为重点的航空航天产业发展。"

④ 《中华人民共和国国民经济和社会发展第十四个五年规划和 2035 年远景目标纲要》，《人民日报》2021 年 3 月 13 日第 1 版。

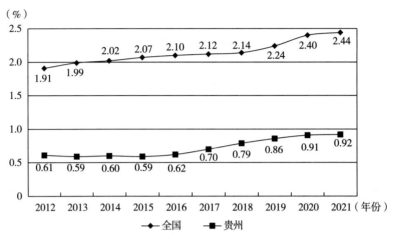

图 6-1　2012—2021 年全国与贵州研发强度

资料来源：根据历年《中国统计年鉴》《贵州统计年鉴》的数据整理得出。

（一）加大对先进装备制造的投资力度

作为制造业的核心，装备制造业在贵州工业产业发展中发挥着举足轻重的作用。目前，以贵州中航电梯有限责任公司、贵州通用航空公司等代表的企业已成为贵州先进装备制造的龙头企业。然而，由于科学技术研发存在耗资多、周期长、见效慢等特征，一般制造业企业缺乏充足的科学技术研发意愿，导致贵州装备制造业发展相对滞后，在诸如航空发动机等一些涉及国家战略的关键领域仍然面临"卡脖子"的问题。

《贵州省"十四五"规划纲要》将黔中、黔北地区同时作为重点发展先进装备制造业的地区。2021 年 11 月，贵州省工业和信息化厅印发《贵州省"十四五"工业发展规划》，将航空航天作为先进装备制造业重点发展的行业。本书建议，相关政府部门应组织相关企业、学校、科研机构进行产学研合作，按照《贵州省先进装备制造业"十四五"发展规划》提出"创新财政资金使用方式，以产业基金投入为主，专项资金为辅，加大企业支持力度"[①] 的要求，

---

①　贵州省工业和信息化厅：《贵州省"十四五"工业发展规划》，贵州省工业和信息化厅，http://gxt.guizhou.gov.cn/zwgk/xxgkml/zdly/ghjh/202112/t20211214_72041185.html.

不断提升财政资金使用效益，在先进装备制造业关键领域实现技术突破。

（二）加大对新能源汽车及其配套产业的投资力度

由于传统能源的汽车难以从根本上解决污染问题，所以未来一定是新能源汽车取代传统能源汽车。当前，国家明确的新能源汽车发展方向是纯电动、插电式混合动力和燃料电池并行。为了鼓励新能源汽车发展，加大对新能源汽车及其配套产业的投资力度，贵州省财政厅等四部门发布的《关于转发〈财政部工业和信息化部科技部发展改革委关于完善新能源汽车推广应用财政补贴政策的通知〉的通知》已将对新能源汽车财政补贴的实施期限延长至 2022 年年底。[①] 而《贵州省"十四五"规划纲要》也提出："落实新能源汽车购置补贴、税收优惠等政策。"[②]

能耗、性能、续航里程是衡量新能源汽车质量的关键指标。其中，碳化硅器件能够最大化保障电池输出的能量的利用效率。然而，碳化硅功率模块的完整产业链呈现了美国、欧洲、日本三足鼎立的态势，并非由中国自主控制，核心材料 50% 以上需要从国外进口。此外，电机所在的电驱系统既能保障新能源汽车的续航能力，又能保障新能源汽车在最高车速、加速时间、爬坡能力等方面的性能。《贵州省"十四五"规划纲要》已明确提出："到 2025 年，基础材料产业产值达到 1600 亿元。"[③] 国发〔2022〕2 号文件提出："加快新能源动力电池及材料研发生产基地建设，有序发展轻量化材料、电机电控、充换电设备等新能源汽车配套产业。"[④]

---

① 《财政部工业和信息化部科技部发展改革委关于完善新能源汽车推广应用财政补贴政策的通知》，《中华人民共和国财政部文告》2020 年第 4 期。

② 贵州省人民政府：《贵州省国民经济和社会发展第十四个五年规划和 2035 年远景目标纲要》，贵州人民出版社 2021 年版，第 111 页。

③ 贵州省人民政府：《贵州省国民经济和社会发展第十四个五年规划和 2035 年远景目标纲要》，贵州人民出版社 2021 年版，第 24 页。

④ 《国务院关于支持贵州在新时代西部大开发上闯新路的意见》（国发〔2022〕2号），《贵州日报》2022 年 1 月 27 日第 1 版。

考虑到中国新能源汽车产业进入市场驱动为主的阶段，同时在部分地区出现了个别车企违规套取财政补贴的情况，国家从 2019 年开始对新能源汽车的补贴已开始大幅退坡。根据财政部等的要求，对新能源汽车的财政补贴从 2023 年起将全部取消。① 鉴于未来新能源汽车的财税政策尚未正式出台，本书建议国家可对现行的新能源汽车补贴政策进行调整，贵州应按照国发〔2022〕2 号文件以及《贵州省"十四五"规划纲要》的相关要求，一方面逐步以政府投资基金取代财政补贴；另一方面进一步加大对基础材料，尤其是新能源汽车电驱系统和碳化硅器件研发的投资力度，力争在 2025 年汽车产业产值达到 800 亿元②，并彻底改变中国新能源汽车核心技术受制于人的情况。

（三）加大对信息类基础设施的投资力度

党的十八大以来，贵州不断加大对信息类基础设施的投资力度。其中，以苹果、华为、阿里巴巴、腾讯为代表的人工智能企业均在贵州建立大数据中心。作为全国第一个国家级大数据试验区，贵州在政策、土地、税收等方面给予贵安新区大力支持。虽然中国的信息类基础设施取得了显著发展，但是与发达国家相比较，目前中国信息硬件仍然存在显著的短板。譬如，在集成电路半导体芯片领域，中国仍然无法独立自主研发 10 纳米以下的数据存储芯片，与部分发达国家尚存在一定的差距。

党的十九大报告明确提出："推动新型工业化、信息化、城镇化、农业现代化同步发展。"③《国家"十四五"规划纲要》明确提出："围绕强化数字转型、智能升级、融合创新支撑，布局建设信

---

① 财政部：《关于 2022 年新能源汽车推广应用财政补贴政策的通知》（财建〔2021〕466 号），中华人民共和国财政部，http://jjs.mof.gov.cn/zhengcefagui/202112/t20211231_3780322.htm.

② 贵州省人民政府：《贵州省国民经济和社会发展第十四个五年规划和 2035 年远景目标纲要》，贵州人民出版社 2021 年版，第 28 页。

③ 习近平：《决胜全面建成小康社会 夺取新时代中国特色社会主义伟大胜利——在中国共产党第十九次全国代表大会上的报告》，《人民日报》2017 年 10 月 28 日第 1 版。

息基础设施、融合基础设施、创新基础设施等新型基础设施。"① 国发〔2022〕2 号文件明确要求贵州"加快构建以数字经济为引领的现代产业体系"。② 根据党中央、国务院以及《贵州省"十四五"规划纲要》的要求，黔中地区应加快 5G 网络建设，扩容贵阳·贵安国家级互联网骨干直联点带宽，提升贵阳·贵安国际互联网数据专用通道访问性能。③ 2021 年 12 月 20 日，经国家发展和改革委员会、中央网信办、工业和信息化部、国家能源局发函批复，贵州建设全国一体化算力网络国家枢纽节点正式启动。④ 贵州应充分利用好各项政策支持，与以华为、阿里、腾讯为代表的人工智能企业展开更积极的合作，将合作领域由软技术中心转向硬技术中心，做到软硬结合，推动贵州在现有大数据中心的基础上发展为中国的大数据研发创新中心。

然而信息技术是一把"双刃剑"，在给人民生活带来便利的同时，也在一定程度上增加了敏感信息泄露的风险。为此，欧盟已在 2022 年 3 月 24 日就《数字市场法》（*Digital Markets Act*）的出台达成一致，预计该方案将在 2022 年 10 月正式生效。⑤ 贵州在加大对信息类基础设施的投资力度的同时，还应按照《中共中央关于坚持和完善中国特色社会主义制度　推进国家治理体系和治理能力现代化若干重大问题的决定》（以下简称党的十九届四中全会《决定》）的要求，建立健全运用互联网、大数据、人工智能等技术手

---

① 《中华人民共和国国民经济和社会发展第十四个五年规划和二〇三五年远景目标纲要》，《人民日报》2021 年 3 月 13 日第 1 版。

② 《国务院关于支持贵州在新时代西部大开发上闯新路的意见》（国发〔2022〕2 号），《贵州日报》2022 年 1 月 27 日第 1 版。

③ 贵州省人民政府：《贵州省国民经济和社会发展第十四个五年规划和二〇三五年远景目标纲要》，贵州人民出版社 2021 年版，第 84 页。

④ 谢孟航：《贵州规划设立贵安数据中心集群》，《贵阳日报》2021 年 12 月 31 日第 3 版。

⑤ 李玲：《欧盟数字反垄断法案预计 10 月生效，或重塑科技巨头商业模式》，腾讯网，https://new.qq.com/omn/20220326/20220326A04KIC00.html.

段进行行政管理的制度规则。①

二　健全科技投入机制

（一）完善知识产权制度

基础科学研究具有公共品的特征，加之其具有前期投资大、回报周期长、贷款门槛高等特征，在没有完善知识产权制度的保护下，基础科学研究发展难免面临较大的阻力。改革开放以来，中国相继颁布实施的《中华人民共和国商标法》《中华人民共和国专利法》《中华人民共和国著作权法》《中华人民共和国反不正当竞争法》，为中国知识产权制度奠定了坚实的法律基础。然而，随着人类社会进入以5G、人工智能、大数据等技术为代表的第四次工业革命，新的产业集群使产业边界越来越模糊，加之知识产权逐渐成为国家重要的战略资源和国际竞争力的核心力量，使中国知识产权制度面临着严峻的挑战。②

党的十九届四中全会《决定》明确提出，一方面要适当加强中央在知识产权保护的事权，另一方面要建立知识产权侵权惩罚性赔偿制度③，确保所有参与知识产权技术专利的所有人能享受知识产权带来的收益。为此，《国家"十四五"规划纲要》以及《贵州省"十四五"工业发展规划》均对健全知识产权保护运用体制提出了

---

① 《中共中央关于坚持和完善中国特色社会主义制度　推进国家治理体系和治理能力现代化若干重大问题的决定》（2019年10月31日中国共产党第十九届中央委员会第四次全体会议通过），《人民日报》2019年11月6日第1版。

② 金辉：《中国发展研究基金会发布〈面向未来的知识产权制度〉报告》，经济参考网，http://www.jjckb.cn/2022-01/29/c_1310446630.htm.

③ 《中共中央关于坚持和完善中国特色社会主义制度　推进国家治理体系和治理能力现代化若干重大问题的决定》（2019年10月31日中国共产党第十九届中央委员会第四次全体会议通过），《人民日报》2019年11月6日第1版。

明确要求。① 在第四次工业革命方兴未艾的背景下，中国对知识产权保护应从被动走向主动，从追随者变成引领者。一方面，中国应基于自身的比较优势，通过制定知识产权发展战略，更好地迎接第四次工业革命可能带来的风险与挑战。另一方面，中央和各级地方政府应对现行的知识产权法律法规进行调整，不断完善互联网领域知识产权保护制度。②

（二）改善科研管理制度

进入"十三五"时期以来，党中央、国务院等陆续出台了《中共中央办公厅、国务院办公厅印发〈关于进一步完善中央财政科研项目资金管理等政策的若干意见〉的通知》（中办发〔2016〕50号）、《国务院关于优化科研管理提升科研绩效若干措施的通知》（国发〔2018〕25号）等政策文件，在很大程度上提高了科研人员的工作积极性。

2021年8月13日，《国务院办公厅关于改革完善中央财政科研经费管理的若干意见》（国办发〔2021〕32号，以下简称"国办发〔2021〕32号文件"）明确要求提高间接费用的比重，合理核定绩

---

① 《国家"十四五"规划纲要》提出："实施知识产权强国战略，实行严格的知识产权保护制度，完善知识产权相关法律法规，加快新领域新业态知识产权立法。加强知识产权司法保护和行政执法，健全仲裁、调解、公证和维权援助体系，健全知识产权侵权惩罚性赔偿制度，加大损害赔偿力度。优化专利资助奖励政策和考核评价机制，更好保护和激励高价值专利，培育专利密集型产业。改革国有知识产权归属和权益分配机制，扩大科研机构和高等院校知识产权处置自主权。完善无形资产评估制度，形成激励与监管相协调的管理机制。构建知识产权保护运用公共服务平台。"关于更多内容见《中华人民共和国国民经济和社会发展第十四个五年规划和2035年远景目标纲要》，《人民日报》2021年3月13日第1版。《贵州省"十四五"工业发展规划》提出："加强对工业品牌的科技创新投入及对品牌产品的知识产权保护。"关于更多内容见贵州省工业和信息化厅：《贵州省"十四五"工业发展规划》，贵州省工业和信息化厅，http：//gxt. guizhou. gov. cn/zwgk/xxgkml/zdly/ghjh/202112/t20211214_72041185. html.
② 张剑、殷继：《中国知识产权体系面临两大挑战，如何应对？》，新浪网，ht-tps：//finance. sina. com. cn/cyxw/2022-01-30/doc-ikyakumy3511109. shtml.

效工资总量，加大科技成果转化激励力度，减轻科研人员事务性负担。[1] 党的二十大报告明确提出："加强企业主导的产学研深度融合，强化目标导向，提高科技成果转化和产业化水平。"[2] 本书建议，贵州应根据党的二十大报告有关精神，结合国办发〔2021〕32号文件有关要求，在对现行的省级财政科研经费管理办法进行修订时，能更充分地考虑到科研成果所带来的后续经济效应与社会效应，在科研管理制度领域构建起以结果为导向的预算绩效管理模式，使相关科研成果能更好地服务于推进贵州工业产业发展。

第四节　进一步落实并完善中央减税降费政策

对经济发展相对滞后的贵州而言，落实中央减税降费政策有着特殊的意义。为了贯彻落实黔府发〔2018〕33号文件在财税政策上的要求，贵州除了设立工业产业振兴专项资金与工业产业振兴奖补资金，还积极全面落实中央的减税降费政策。本书认为，贵州可通过增值税减税政策拉动消费，并通过所得税减税政策助力工业企业转型升级。

一　通过增值税减税政策拉动消费

"西部大开发"政策实施以来，贵州经济社会发展主要依靠固定资产投资带动。随着贵州的工程性缺水问题得到有效解决，并且

---

[1] 国办发〔2021〕32号文件提出："间接费用按照直接费用扣除设备购置费后的一定比例核定，由项目承担单位统筹安排使用。其中，500万元以下的部分，间接费用比例为不超过30%，500万元至1000万元的部分为不超过25%，1000万元以上的部分为不超过20%；对数学等纯理论基础研究项目，间接费用比例进一步提高到不超过60%。项目承担单位可将间接费用全部用于绩效支出，并向创新绩效突出的团队和个人倾斜。"

[2] 习近平：《高举中国特色社会主义伟大旗帜　为全面建设社会主义现代化国家而团结奋斗——在中国共产党第二十次全国代表大会上的报告》，《人民日报》2022年10月26日第1版。

交通基础设施建设逐渐完善，贵州在"十四五"时期投资方面所面临的主要问题已经转变为"难以找到合适的大项目进行投资"。此外，由于贵州在一定时期内过度依赖固定资产投资，地方政府的负债率明显超出全国的平均水平，这从财力上对贵州经济可持续发展构成了严峻的挑战。鉴于投资增长动力趋减，且过度依靠投资还容易造成产能过剩的问题，为了推动新型工业化、新型城镇化、农业现代化、旅游产业化，贵州必须充分启动消费、进出口这两驾马车。尤其在新冠疫情仍然在全球蔓延的背景下，重启消费这驾马车显得尤为迫切。

在党中央的坚强领导下，贵州在 2020 年高质量胜利完成了脱贫攻坚目标任务。在此期间，贵州城乡居民人均可支配收入与全国平均水平的差距不断缩小。2008 年，贵州城镇和农村常住居民人均可支配收入分别为 11759 元和 2797 元，仅分别为全国平均水平的 74.51% 和 58.75%；[①] 2021 年，贵州城镇和农村居民人均可支配收入分别为 39211 元和 12856 元，分别达到全国平均水平的 82.70% 和 67.91%。[②] 随着人均可支配收入持续增长，全国居民人均消费支出绝对值总体保持增长趋势。其中，全国农村居民平均消费倾向一度出现了边际消费倾向递增的现象，其中贵州农村常住居民平均消费倾向从 2008 年的 0.774 增长到 2021 年的 0.977（见图 6-2）。[③]

随着中国经济进入高质量发展阶段，全国城镇居民平均消费倾向已开始呈现出边际消费倾向递减规律，从 2016 年的 0.687 下降到 2021 年的 0.639。其中，贵州的平均消费倾向更是从 2016 年的 0.718 下降到 2021 年的 0.646（见图 6-2）。要拉动城镇居民消费这驾马车，特别是在贵州城镇居民平均消费倾向降幅显著的情况

---

① 2008 年，全国城镇和农村人均可支配收入分别为 15781 元和 4761 元。

② 2021 年，全国城镇和农村人均可支配收入分别为 47412 元和 18931 元。

③ 焦培欣研究认为，一般物质短缺的经济体，商品的供给难以满足人们的需求，可能会出现边际消费倾向不是递减的情况。关于这方面的探讨可见焦培欣：《我国居民的边际消费倾向不是递减的》，《天津财经学院学报》1989 年第 3 期。

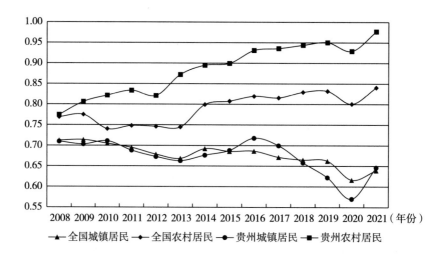

图 6-2 2008—2021 年全国与贵州居民平均消费倾向

注：1. 平均消费倾向 = 人均消费支出/人均可支配收入。

2. 2008—2012 年农村居民人均可支配收入选取的是农村居民人均纯收入。

3. 贵州城镇和农村居民均为常住居民。

资料来源：根据历年《中国统计年鉴》《贵州统计年鉴》的数据整理计算得出。

下，除了采取相关措施缩小城乡居民收入差距、完善社会保障体系，必要的减税措施，尤其是增值税的减税政策也势在必行。

增值税由于其易于转嫁的特点，消费者通常会成为增值税的主要负税人。因此，如果政府实施增值税减税政策，一般会使消费者获得比厂商更多的收益。此外，受边际消费倾向递减的影响，政府实施增值税减税政策通常会使低收入群体得到更多的好处，这有利于改善居民收入分配的状况。根据上海财经大学公共政策与治理研究院在 2019 年发布的《中国增值税减税政策效应季度分析报告》，增值税减税会使中国的基尼系数下降 0.181%。[①]

2021 年 3 月 5 日，国务院总理李克强在《政府工作报告》中提出"小规模纳税人增值税起征点从月销售额 10 万元提高到 15 万

————————

① 胡怡建、田志伟等：《中国增值税减税政策效应季度分析报告》，上海财经大学公共政策治理研究院，上海，2019 年，第 5—6 页。

元"，并提出"延续执行企业研发费用加计扣除 75% 政策，将制造业企业加计扣除比例提高到 100%。"① 为进一步支持小微企业发展，财政部、国家税务总局于 2021 年 3 月 31 日发布公告，要求"自2021 年 4 月 1 日至 2022 年 12 月 31 日，对月销售额 15 万元以下的增值税小规模纳税人，免征增值税"。② 此外，根据《财政部税务总局关于延长部分税收优惠政策执行期限的公告》（财税〔2021〕6号）规定，《财政部税务总局科技部关于提高研究开发费用税前加计扣除比例的通知》（财税〔2018〕99 号）中关于增值税减税政策的执行期限将延长至 2023 年 12 月 31 日。③

　　2022 年 3 月 5 日，国务院总理李克强在《政府工作报告》中提出"对小规模纳税人阶段性免征增值税。对小微企业年应纳税所得额 100 万元至 300 万元部分，再减半征收企业所得税。"④ 此外，根据《国务院关于印发扎实稳住经济一揽子政策措施的通知》（国发〔2022〕12 号，以下简称"国发〔2022〕12 号文件"），2022 年出台的各项增值税留抵退税政策产生的新增退税总额会达到约 1.64 万亿元，并在 2022 年上半年基本完成集中退还存量留抵税额。根据国发〔2022〕12 号文件相关要求，贵州省政府于 2022 年 5 月 31 日出台《关于贯彻落实〈国务院关于印发扎实稳住经济一揽子政策措施的通知〉任务清单的通知》（黔府发〔2022〕10 号），其中列出了

---

① 李克强：《政府工作报告——2021 年 3 月 5 日在第十三届全国人民代表大会第四次会议上》，《中华人民共和国国务院公报》2021 年第 8 期。
② 《关于明确增值税小规模纳税人免征增值税政策的公告》（财政部　税务总局公告 2021 年第 11 号），《交通财会》2021 年第 5 期。
③ 《财政部税务总局科技部关于提高研究开发费用税前加计扣除比例的通知》（财税〔2018〕99 号）明确规定："企业开展研发活动中实际发生的研发费用，未形成无形资产计入当期损益的，在按规定据实扣除的基础上，在 2018 年 1 月 1 日至 2020 年 12 月31 日期间，再按照实际发生额的 75% 在税前加计扣除；形成无形资产的，在上述期间按照无形资产成本的 175% 在税前摊销。"
④ 李克强：《政府工作报告——2022 年 3 月 5 日在第十三届全国人民代表大会第五次会议上》，《中华人民共和国国务院公报》2022 年第 8 期。

包括 21 项财政政策在内的任务清单。[①]

本书建议，现行的增值税减税政策还应进一步加强。一方面，为更好地支持贵州工业产业发展，建议对包括中小企业在内的所有科技型企业的统一实施研发费用加计扣除 100% 的比例，更加充分地调动企业加大研发的积极性。另一方面，建议进一步加大增值税期末留抵退税政策的执行力度，优先对与十大千亿级工业相关联的企业实施增值税期末留抵退税，助力这些企业提高资金流动性。

二 通过所得税减税政策助力工业企业转型升级

黔府发〔2018〕33 号文件印发以来，贵州十大千亿级工业产业的营业总收入已突破 10000 亿元大关。从历年《贵州省政府工作报告》来看，贵州省政府一直高度重视十大千亿级工业产业的发展情况（见表 6-3）。然而，贵州工业产业对优质烟酒产业依赖度仍然较为显著。2020 年，贵州十大千亿级工业产业的利润总额和税金总额分别为 1203.84 亿元和 972.02 亿元，且绝大部分利润总额和税金总额来自优质烟酒产业。[②] 对优质烟酒产业的过度依赖，不利于贵州工业产业实现高质量发展。

表 6-3　　贵州对十大千亿级工业产业的提法与主要内容

年份	省长	频率	提法及主要内容
2018	谌贻琴	1	抓龙头强骨干带小微，产值千亿级产业集群超过 10 个，打造更多具有国际影响力的"产业航母"
2019	谌贻琴	3	大力改造提升传统产业，培育壮大新动能，加快推进"双千工程"，着力打造十大千亿级工业产业，确保产值超过 1.2 万亿元。 围绕打造十大千亿级工业产业，制定实施进一步扩大产业投资的政策措施，完成工业投资 4200 亿元。 围绕十大千亿级工业产业加大招商引资力度，重点产业招商引资到位资金 5000 亿元以上，实际利用外资增长 10%

---

① 《贵州省贯彻落实国务院关于扎实稳住经济一揽子政策措施的任务清单》，《贵州日报》2022 年 6 月 9 日第 4 版。

② 2020 年，贵州优质烟酒产业的利润总额和税金总额分别为 772.79 亿元和 591.30亿元，在十大千亿级工业产业的占比分别为 64.19% 和 60.83%。

续表

年份	省长	频率	提法及主要内容
2020	谌贻琴	4	十大千亿级工业产业提质增效。预计规模以上工业增加值增长 9.6%，增速位居全国前列；十大产业总产值超过 1.2 万亿元，数字经济增速连续 4 年位居全国第一，为高质量发展提供了强有力支撑！ 加快振兴十大千亿级工业产业。坚持高端化绿色化集约化，落实好十大千亿级工业产业发展年度行动计划，规模以上工业增加值增长 8.5%左右
2021	李炳军	1	坚持把发展经济的着力点放在实体经济上，振兴发展十大工业产业，实施"双千工程"，改造项目 7863 个、引进优强企业 4333 家，省属国有企业加快战略性重组，规模以上工业增加值年均增长 8.6%
2022	李炳军	1	按照"六个大突破"要求，精准落实"六个抓手"，着力实施工业倍增行动，省领导领衔推动十大工业产业，总产值突破 1.5 万亿元

资料来源：贵州省政府工作报告，http://www.guizhou.gov.cn/zwgk/gzbg_8219/szfg-zbg/.

黔府发〔2018〕33 号文件印发以来，财政部、国家税务总局、国家发展和改革委员会等有关中央部委在财税政策领域已陆续出台多项举措，助力包括贵州在内的工业企业实现转型升级。首先，为贯彻落实中发〔2019〕13 号文件的精神，从 2020 年起继续延续西部大开发企业所得税政策，即对设在西部地区的鼓励类产业企业减按 15%的税率征收企业所得税。① 其次，不断降低小微企业和个体

---

① 财政部、国家税务总局、国家发展和改革委员会于 2020 年 4 月 23 日出台的《关于延续西部大开发企业所得税政策的公告》（财政部税务总局国家发展改革委公告 2020 年第 23 号）提出："自 2021 年 1 月 1 日至 2030 年 12 月 31 日，对设在西部地区的鼓励类产业企业减按 15%的税率征收企业所得税。"此外，《贵州省"十四五"规划纲要》也明确提出："继续落实西部大开发企业所得税优惠政策，对设在我省的鼓励类产业企业减按 15%的税率征收企业所得税。"

工商户企业所得税的税负，支持小微企业和个体工商户发展。① 最后，进一步完善研发费用税前加计扣除政策，激励企业加大研发投入。②

本书建议，一方面，贵州应充分利用好财政部、国家税务总局等中央部门出台的所得税减税政策机遇期，逐步改变对优质烟酒产业的过度依赖，确保十大千亿级工业产业在利润总额和税金总额上实现更加均衡的发展。另一方面，贵州应向财政部、国家税务总局充分反映贵州的特殊情况和合理诉求，对《关于创业投资企业和天使投资个人有关税收政策的通知》（财税〔2018〕55号）当中"创业投资企业和天使投资个人投向种子期、初创期科技型企业投资额按70%的比例抵扣其应纳税所得额"③ 的内容进行调整，允许留在西部地区的创业投资企业和天使投资个人投向初创科技型企业个人所获得的股息红利给予免税，吸引高端的技术型人才留在西部地区④，更好地服务于贵州工业产业发展。

---

① 财政部、国家税务总局于2021年4月2日发布公告，明确要求"对小型微利企业年应纳税所得额不超过100万元的部分，在《财政部、税务总局关于实施小微企业普惠性税收减免政策的通知》（财税〔2019〕13号）第二条规定的优惠政策基础上，再减半征收企业所得税"。同时，公告还明确要求"对个体工商户年应纳税所得额不超过100万元的部分，在现行优惠政策基础上，减半征收个人所得税"。以上所得税减税政策的执行期限均延长至2022年12月31日。2022年3月14日，财政部、国家税务总局发布公告，提出"对小型微利企业年应纳税所得额超过100万元但不超过300万元的部分，减按25%计入应纳税所得额，按20%的税率缴纳企业所得税"。

② 财政部、国家税务总局于2021年3月31日发布《关于进一步完善研发费用税前加计扣除政策的公告》，明确要求"制造业企业开展研发活动中实际发生的研发费用，未形成无形资产计入当期损益的，在按规定据实扣除的基础上，自2021年1月1日起，再按照实际发生额的100%在税前加计扣除；形成无形资产的，自2021年1月1日起，按照无形资产成本的200%在税前摊销"。

③ 《财政部税务总局关于创业投资企业和天使投资个人有关税收政策的通知》（财税〔2018〕55号），《中华人民共和国财政部文告》2018年第5期。

④ 李兰等：《制造业转型升级的税收政策量化评价研究》，《会计之友》2022年第1期。

第七章

推进贵州工业产业发展财税政策的保障机制

　　要推进好贵州工业产业发展的财税政策，还必须从"节流"和"开源"两方面构建有力的保障机制。从"节流"来看，贵州应全面贯彻落实预算绩效管理，提高工业投资效益。从"开源"来看，贵州可进一步健全省以下财政管理体制，并积极向中央政府争取更多政策和项目支持，增强地方政府保障基本公共服务财力。同时，建议中央对现行的个人所得税制、增值税制、企业所得税制、环境保护税制进行优化，进一步完善税收制度。此外，贵州应大力支持教育事业发展，并积极参与全球产业价值链分工，保障贵州工业产业实现高质量发展。

第一节　全面贯彻落实预算绩效管理，提高工业投资效益

　　2018 年 9 月 2 日，《中共中央国务院关于全面实施预算绩效管理的意见》（中发〔2018〕34 号，以下简称"中发〔2018〕34 号文件"）正式出台，提出"用 3—5 年时间基本建成全方位、全过程、全覆盖的预算绩效管理体系，实现预算和绩效管理一体化"。[1]

---

　　[1]　新华社：《中共中央国务院关于全面实施预算绩效管理的意见》（中发〔2018〕34 号），《中华人民共和国国务院公报》2018 年第 29 期。

2019 年 11 月 21 日，《中共贵州省委贵州省人民政府关于全面实施预算绩效管理的实施意见》（黔党发〔2019〕29 号，以下简称"黔党发〔2019〕29 号文件"）正式印发。2020 年 3 月 5 日，贵州省财政厅印发《贵州省预算绩效管理实施办法》（黔财绩〔2020〕5 号）。根据黔党发〔2021〕10 号文件提出的目标，"十四五"时期贵州的工业投资将累计突破 3 万亿元。[①] 针对当前贵州工业投资效益偏低的问题，本书建议以全面实施预算绩效管理为改革契机，提高工业投资效益，发挥财税政策"四两拨千斤"的作用。

一 效益指标设计应更充分考虑工业企业所创造的公共价值

早在三国时期，曹魏大臣杜恕在向魏明帝曹叡的上疏中便提出："帝王之道，莫尚乎安民；安民之术，在于丰财。丰财者，务本而节用也。"[②] 由政府部门所提供的公共品和公共服务，理应以公共价值为导向。在涉及推进工业产业发展的财税政策设计时，效益指标设计应更充分考虑工业企业所创造的公共价值。2020 年以来，贵州省政府已通过出台《关于推进政府投资基金高质量发展的意见》（黔府办发〔2020〕24 号）、《关于印发省级政府投资基金优化整合实施方案的通知》（黔府办发〔2021〕9 号）等指导性文件，不断完善政府投资资金管理制度。然而，贵州现行的部分效益指标在设计上还不够完善，相应的配套措施存在"短板"。2020 年 12 月 16 日至 18 日召开的中央经济工作会议已明确提出："要统筹推进补齐短板和锻造长板，针对产业薄弱环节，实施好关键核心技术攻关工程，尽快解决一批'卡脖子'问题，在产业优势领域精耕细作，搞出更多独门绝技。"[③] 因此，黔财工〔2021〕46 号文件在奖励机制设计中，将重要核心技术攻关、重点装备研发、重点引进技术的消

---

① 刘力维、董桂：《打造贵州特色新型工业化体系——图解〈关于实施工业倍增行动 奋力实现工业大突破的意见〉》，《当代贵州》2021 年第 14 期。

② （晋）陈寿：《三国志》（第二版），栗平夫、武彰译，中华书局 2009 年版，第 484 页。

③ 《中央经济工作会议在北京举行》，《人民日报》2020 年 12 月 19 日第 1 版。

化吸收再创新项目等纳入补助的范围。然而，无论是黔财工〔2021〕46号文件，还是贵州省科学技术厅，都尚未对重要核心技术、重点装备研发、重点引进技术等提供一份完整的目录清单。

2020年12月30日召开的中央全面深化改革领导委员会第十七次会议中明确提出"强化预算对落实党和国家重大政策的保障能力"。建议由贵州省科学技术厅领衔，紧密围绕贵州实施十大千亿级工业产业振兴行动方案，尽快起草并出台《贵州省"十四五"重要核心技术拟攻克目录清单》，清单内容应至少包括重要核心技术名称、项目简介、重要核心技术指标及预期经济社会效益、项目承担（或合作）单位、主管部门等重要信息。同时，根据《贵州省"十四五"重要核心技术拟攻克目录清单》，尽快起草出台《贵州省"十四五"重点装备研发目录清单》《贵州省"十四五"重点引进技术目录清单》等，并在必要情况下对《贵州省"十四五"重点装备研发目录清单》《贵州省"十四五"重点引进技术目录清单》进行动态调整，确保财政补贴资金能做到有的放矢。

二 构建政府全成本预算绩效管理体系

中发〔2018〕34号文件、黔党发〔2019〕29号文件印发以来，为提高财政资金的使用效率，贵州各级政府部门按照党中央、国务院和贵州省委、省政府的改革要求，努力构建预算绩效管理体系。截至2020年，预算绩效管理体系在贵州省级层面已经基本确立，当前的工作重点已转移为在市县级层面推进预算绩效管理改革。为了在不断壮大贵州十大千亿级工业产业规模的基础上，进一步提高财政资金的使用效率，贵州省工业和信息化厅从2018年开始已连续三年向社会公开《工业和信息化发展专项资金绩效评价报告》，同时贵州省财政厅于2021年印发的黔财工〔2021〕46号文件中也对工业产业中不同规模的企业设计出相应的奖励机制。

从理论上讲，绩效应该包括目标达成的结果以及有效实现结果的过程两方面的内容，其中有效实现结果的核心应该是成本效益。虽然各级政府部门在绩效目标中设计了数量指标、质量指标、时效指标等产出指标，但是部分政府部门却忽视了实现这些产出所需要耗费的成本，使成本指标存在"虚化"现象。譬如，根据贵州省工业和信息化厅委托第三方机构中鼎资信评级服务有限公司完成的《2019 年度贵州省工业和信息化发展专项资金绩效评价报告》所公开的内容，其产出指标中只设计了产出数量、产出质量、产出时效三个指标。[①] 此外，黔财工〔2021〕46 号文件中虽然设计了"对营业收入首次突破 1000 亿、500 亿、100 亿、10 亿级的企业，分档分别给予一次性奖励"[②] 的奖励机制，但是该奖励机制设计同样没有将工业企业成本考虑在内。

在这种情况下，假设两家工业企业营业收入大致相当，即使两家工业企业投入成本差异较大，也可以在预算绩效评价中获得同样的分数，并获得数额相当的一次性奖励。而一些工业企业在努力降低生产成本的同时，却可能影响到自身的预算执行率乃至预算绩效评价的分数，导致其可获得的一次性奖励反而可能减少。因此，没有将工业企业的成本考虑在内的机制设计，有可能会挫伤工业企业努力降低生产成本的积极性，最终导致工业企业生产效益低下。

《国家"十四五"规划纲要》明确提出："加强财政资源统筹，推进财政支出标准化，强化预算约束和绩效管理。"[③] 黔府发〔2022〕3 号文件提出："推进运用成本效益分析等方法，做好新增重大政策和项目的事前绩效评估工作。"[④] 本书建议，贵州应加快构

---

① 贵州省工业和信息化厅、中鼎资信评级服务有限公司：《2019 年度贵州省工业和信息化发展专项资金绩效评价报告》，贵州省工业和信息化厅，https：//gxt. guizhou. gov. cn/zwgk/xxgkml/zdly/zjxx/202011/t20201112_65197771. html.

② 贵州省财政厅：《省财政厅举行新闻发布会介绍财政支持新型工业化高质量发展有关情况》，贵州省财政厅，http：//czt. guizhou. gov. cn/xwzx/czdt/202107/t20210712_68985176. html.

③ 《中华人民共和国国民经济和社会发展第十四个五年规划和 2035 年远景目标纲要》，《人民日报》2021 年 3 月 13 日第 1 版。

④ 贵州省人民政府：《省人民政府关于进一步深化预算管理制度改革的实施意见》（黔府发〔2022〕3 号），《贵州省人民政府公报》2022 年第 4 期。

建政府全成本预算绩效管理体系。① 一方面，贵州省财政厅应结合黔府发〔2022〕3号文件的有关要求，对黔财工〔2021〕46号文件相关条款做进一步修订，将工业企业的利润水平作为财政资金奖励的重要依据，激励基础能源、新型建材、现代化工、先进装备制造、基础材料、生态特色食品、大数据电子信息、健康医药产业、新能源汽车等相关产业的工业企业努力降低企业生产成本，增加利润总额，努力提高生产效益，进而改变贵州十大千亿级工业产业发展结构失衡的问题。另一方面，《贵州省工业和信息化发展专项资金绩效评价报告》应尽快将相应的成本指标纳入其中，尤其在成本指标设计一定要充分全面科学，避免个别部分或单位为追求短期利润，不顾实际需要一味压缩成本，反而造成了其他方面的资源浪费甚至有可能增加安全隐患。

第二节　增强地方政府保障基本公共服务财力

全面贯彻落实预算绩效管理，提高工业投资效益，发挥财税政策"四两拨千斤"的作用，为推进贵州工业产业发展的财税政策提供了有力支持。然而，如果只是依靠"节流"保障贵州工业产业发展，尤其在全球新冠疫情尚未得到有效控制的情况下，仍然难以从根本上解决当前的财政收支压力。进一步健全省以下财政管理体制，并积极向中央政府争取更多政策和项目支持，增强地方政府保障基本公共服务财力，成为贵州"开源"的有效途径。

一　进一步健全省以下财政管理体制

贵州现行的财政管理体制，是以2013年起开始执行的《贵州省人民政府关于进一步完善分税制财政管理体制的通知》（黔府发

---

① 贵州省人民政府：《省人民政府关于印发贵州省十大千亿级工业产业振兴行动方案的通知》（黔府发〔2018〕33号），《贵州省人民政府公报》2019年第1期。

〔2013〕9 号，以下简称"黔府发〔2013〕9 号文件"），以及《贵州省全面推开营改增试点后省以下增值税收入划分变动过渡方案的通知》（黔府发〔2016〕17 号）、《贵州省人民政府办公厅关于印发贵州省省以下基本公共服务领域共同财政事权和支出责任划分改革方案（试行）的通知》（黔府办函〔2018〕147 号，以下简称"黔府办函〔2018〕147 号文件"）作为主要依据，其中又以黔府发〔2013〕9 号文件涉及范围最广、影响最深。

黔府发〔2013〕9 号文件所确立的分税制财力划分体制，是以增强省级统筹全省宏观调控职能为主要改革目标，适应了当时经济社会发展的需求。值得注意的是，在黔府发〔2013〕9 号文件起草及实施之初，中国尚未全面实施"营改增"政策，营业税仍还是各级地方政府最重要的财源。由于贵州一般公共预算收入增速较快，且高于同期一般公共预算支出增速，加之中央对贵州财政转移支付支持相对力度持续增强，贵州的财政收支压力尚未完全显现。然而，随着贵州一般公共预算收入增速明显放缓，且在 2014—2019 年连续六年低于同期一般公共预算支出增速（见图 7-1），加之中国在 2016 年全面实施"营改增"政策后，在短期内进一步加剧了贵州地方税收收入增速的下行压力，使现行的分税制财政管理体制已不再适应当前经济社会发展的新状况。

除此之外，贵州个别市级政府为了支持新城区的开发建设，对老城区和新城区在地方税种上采取了差异化的地方分成比例。其中，一些本应属于老城区的财力被划为市级财力[1]，同时上级补助收入和上解支出也经常处于不平衡状态。这种财力划分体制，不利

---

[1] 譬如，根据贵阳市人民政府印发的《市政府关于调整完善市以下财政管理体制的通知》（筑府发〔2013〕38 号），作为老城区的云岩、南明两区，房屋交易契税成为市级固定收入（其余地区全留区级）。同时，云岩、南明两区的增值税地方分成部分、企业所得税地方分成部分、个人所得税地方分成部分、资源税、城镇土地使用税按照省、市、区 2：4：4 比例分成（其他地区为 2：2：6），除金融保险业外的营业税按照省、市、区 2：2：6 比例分成（其他地区为 2：0：8），城市维护建设税按照市、区 4：6 比例分成（其他地区为 2：8），土地增值税按照市、区 7：3 比例分成（其他地区全留区级）。

于增值税、企业所得税分享比例较低的城区发展附加值或利润收入较高的产业，并且已经对老城区产业结构转型升级造成了一定的消极影响。与此同时，黔府办函〔2018〕147号虽然明确了省以下共同财政事权和支出责任划分体制改革目标，但个别市级政府在将教育、市级城市管理、医疗卫生等领域的事权下放给中心老城区区级政府的同时，却未能及时给予其公平的财力补偿，导致部分中心老城区区级政府的财政收支压力进一步加剧。

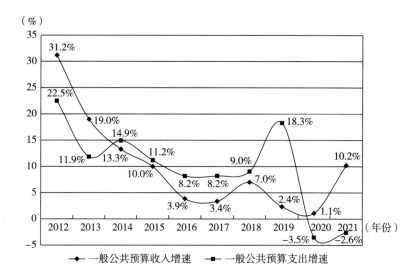

图7-1 2012—2021年贵州一般公共预算收支增速

资料来源：根据历年《贵州统计年鉴》的数据整理计算得出。

随着贵州逐渐迈向高质量发展阶段，现行的省以下财政管理体制亟待进一步调整和完善。中发〔2019〕13号文件提出："指导推动省以下财政事权和支出责任划分，调动市县积极性。"《国家"十四五"规划纲要》明确提出："健全省以下财政体制，增强基层公共服务保障能力。"[①] 《贵州省"十四五"规划纲要》明确提出："明确省以下政府事权与支出责任，健全省以下财政体制，增强基

---

① 《中华人民共和国国民经济和社会发展第十四个五年规划和2035年远景目标纲要》，《人民日报》2021年3月13日第1版。

层公共服务保障能力。"①

2022 年 6 月 13 日，国务院办公厅印发《关于进一步推进省以下财政体制改革工作的指导意见》（国办发〔2022〕20 号，以下简称"国办发〔2022〕20 号文件"）。根据国办发〔2022〕20 号文件的要求，原则上应逐步统一省内同一税费收入在省与市、省与省直管县、市与所辖区、市与所辖县之间的归属和分享比例，同时健全共同财政事权支出责任动态调整机制，结合各地区经济发展、财政自给率变化、保障标准调整等情况，适时调整省以下各级财政支出责任分担比例。②

本书建议，贵州应根据国办发〔2022〕20 号文件的要求，充分考虑各地区人口流动、投入产出比、经济发展努力程度、财政税收贡献程度等因素。一方面，对老城区和新城区在地方税种上采取统一的地方分成比例，对经济建设任务较重、财政供养人口规模较大、人员经费、公用经费、民生支出和其他必要支出压力较大的老城区在财政转移支付上给予适当倾斜。另一方面，合理界定省以下不同层级政府的公共支出责任，调整以支出责任为基础的资源分配关系。外部性小且信息处理复杂度低的公共服务界定为下级政府事权，或由上级政府给予适当补助来分担下级政府的部分支出责任；外部性大且信息处理复杂的公共服务界定为上级政府事权，或界定为上级政府的主要事权但共同承担支出责任。

二　积极向中央政府争取更多政策和项目支持

自 1413 年建制为行政省以来，贵州经济社会发展长期在全国一直处于落后地位。得益于中央政策的大力支持，特别是国发〔2012〕2 号文件印发以来中央进一步加大了对贵州财税政策支持力度，贵州才能在 2020 年顺利解决困扰贵州六百多年的绝对贫困问题，并与全国同步全面建成小康社会。贵州虽然与全国同步全面建

---

① 贵州省人民政府：《贵州省国民经济和社会发展第十四个五年规划和 2035 年远景目标纲要》，贵州人民出版社 2021 年版，第 163 页。

② 国务院办公厅：《国务院办公厅关于进一步推进省以下财政体制改革工作的指导意见》（国办发〔2022〕20 号），《中华人民共和国国务院公报》2022 年第 18 期。

成小康社会，但由于特殊的省情和发展基础，工业结构不合理，地方工业化水平严重落后于全国平均水平，发展不平衡不充分问题仍然较为突出。在今后相当长的一段时期内，贵州的返贫风险依然存在。同时，较高的地方政府负债率使贵州防范化解地方政府债务风险任务较为艰巨，仍然需要中央政府在一个时期内继续给予持续的政策支持，包括保持中央财政转移支付的支持力度。

《国家"十四五"规划纲要》明确提出："完善财政转移支付制度，优化转移支付结构，规范转移支付项目……明确中央和地方在公共服务领域事权和支出责任，加大中央和省级财政对基层政府提供基本公共服务的财力支持。"① 国发〔2022〕2号文件提出："中央财政继续加大对贵州均衡性转移支付和国家重点生态功能区、县级基本财力保障、民族地区、革命老区等转移支付力度。中央预算内投资、地方政府专项债券积极支持贵州符合条件的基础设施、生态环保、社会民生等领域项目建设。"② 要推进好贵州工业产业发展的财税政策，除了依靠自身出台的相关财税政策给予支持，更离不开作为最坚实保障的中央支持。贵州应抓住国发〔2022〕2号文件提供的战略机遇期，加强相关的政策研究，积极向中央政府反映贵州面临的困难，通过各种有效通道，向中央政府不断反映贵州的特殊情况和合理诉求，最大程度上争取获得中央政府，尤其是得到财政部、国家发展和改革委员会的理解和大力支持，加快争取重大支持政策落地实施、重大支持项目落地建设。

第三节　进一步完善税收制度

本书建议，在全球新冠疫情尚未得到有效控制的情况下，应将

---

① 《中华人民共和国国民经济和社会发展第十四个五年规划和2035年远景目标纲要》，《人民日报》2021年3月13日第1版。

② 《国务院关于支持贵州在新时代西部大开发上闯新路的意见》（国发〔2022〕2号），《贵州日报》2022年1月27日第1版。

当前中国所面临的财政收支压力作为现行税收制度改革的倒逼机制,进一步完善税收制度。一方面,通过对现行个人所得税制的改革,有利于实现财政上的"开源";另一方面,通过优化现行个人所得税制、增值税制、企业所得税制,有利于贯彻中央全面依法治国的部署要求,从而维护社会的公平与正义。

一 进一步优化现行个人所得税制,逐渐将个人所得税培养为主体税种

国际无产阶级革命导师弗里德里希·恩格斯在 1845 年《在爱北斐特的演说》中曾一针见血地指出:"为了改变到现在为止一切分担得不公平的赋税,在现在提出的改革计划中就应该建议采取普遍的资本累进税,其税率随资本额的增大而递增。这样,每一个人就按照自己的能力来负担社会的管理费用,这些费用的重担就不会像一切国家中以往的情形那样,主要落在那些最没有力量负担的人们的肩上。"[①] 党的十七大报告明确提出:"初次分配和再分配都要处理好效率和公平的关系,再分配更加注重公平。"[②] 党的十八大报告再次强调:"初次分配和再分配都要兼顾效率和公平,再分配更加注重公平。"[③] 党的十九大报告更加明确地提出:"我国社会主要矛盾已经转化为人民日益增长的美好生活需要和不平衡不充分的发展之间的矛盾。"[④] 党的十八届三中全会《中共中央关于全面深化改革若干重大问题的决定》明确提出:"深化税收制度改革,完善地

---

① [德] 弗里德里希·恩格斯:《马克思恩格斯全集》(第 2 卷),中共中央马克思恩格斯列宁斯大林著作编译局编译,人民出版社 1957 年版,第 615 页。
② 胡锦涛:《高举中国特色社会主义伟大旗帜 为夺取全面建设小康社会新胜利而奋斗——在中国共产党第十七次全国代表大会上的报告》,《人民日报》2007 年 10 月 25 日第 1 版。
③ 胡锦涛:《坚定不移沿着中国特色社会主义道路前进 为全面建成小康社会而奋斗——在中国共产党第十八次全国代表大会上的报告》,《人民日报》2012 年 11 月 18 日第 1 版。
④ 习近平:《决胜全面建成小康社会 夺取新时代中国特色社会主义伟大胜利——在中国共产党第十九次全国代表大会上的报告》,《人民日报》2017 年 10 月 28 日第 1 版。

方税体系，逐步提高直接税比重。"① 《国务院关于激发重点群体活力带动城乡居民增收的实施意见》（国发〔2016〕56号）明确提出："平衡劳动所得与资本所得税负水平""完善资本所得、财产所得税收征管机制。"② 中国将"累进税率"和"免征额"（Tax Deduction）写入了对劳动所得征收个人所得税的相关条款，满足了"德国型所得税"中"税率的递增性"与"最低生活费免税"的条件。③

中国现行的个人所得税对资本所得在税制设计上，虽然看似有利于鼓励资本投资，进而拉动国民经济的增长，但是其存在的弊端是显而易见的。首先，现行的税制设计在一定程度上抑制了个人所得税的收入增长空间，导致个人所得税难以成长为中国主体税种的关键因素。2020年，全国个人所得税为11568.26亿元，占全国一般公共预算收入的比重仅为6.32%，不仅低于发达国家的平均水平，也低于部分发展中国家的水平。其次，现行的税制设计并不利于解决中国社会存在的收入不公平的问题。《中华人民共和国宪法》（以下简称《宪法》）第42条第2款明确提出："国家通过各种途径，创造劳动就业条件，加强劳动保护，改善劳动条件，并在发展生产的基础上，提高劳动报酬和福利待遇。"中国现行的个人所得税对资本所得采用了具有累退性质的比例税率进行征收，在税制设

---

① 《中共中央关于全面深化改革若干重大问题的决定》（二○一三年十一月十二日中国共产党第十八届中央委员会第三次全体会议通过），《人民日报》2013年11月16日第1版。

② 国务院：《国务院关于激发重点群体活力 带动城乡居民增收的实施意见》（国发〔2016〕56号），《中华人民共和国国务院公报》2016年第32期。

③ "德国型所得税"由德国政治学家、时任财政大臣的约翰内斯·冯·米克尔（Johannes Von Miquel）在1891年创立，是一种满足"增值税"性质的所得税。其至少满足下列三个条件：（1）税率的递增性（Progression）；（2）区别性（Differentiation）；（3）最低生活费免税（Existence Minimum）。其中，第一个条件和第三个条件是指纳税人的税收负担应遵循"量能负担"的原则，第二个条件是指征税时应对劳动所得少征、对资本所得多征。

计上未能符合"对劳动所得少征、对资本所得多征"。[①] 既违背了马克思主义的基本原理，也严重偏离了党的十八大以来历次中央全会与《宪法》的精神。最后，现行的税制设计可能会进一步加剧实体经济空心化的现象。西汉时期著名史学家司马迁在《史记·货殖列传》中提出："天下熙熙，皆为利来；天下攘攘，皆为利往。"[②] 在国民收入初次分配当中，资本所得一般会远高于劳动所得。作为国民收入再分配调节机制中重要组成部分的个人所得税制，如果也未能充分发挥其节制资本所得的功能，逐利的本性将会驱使人们将大量资本投向短期回报率更高的虚拟经济，而实体经济却难以获得充足的发展资本，最终会进一步加剧实体经济空心化的现象。

个人所得税是美国联邦政府第一大税种。然而，美国的个人所得税在税制设计上同样对劳动所得采取超额累计税率，对资本所得采取比例税率。这种税制设计使得美国富人承担的实际税率要明显低于中产阶级，甚至享有"股神"之称的沃伦·巴菲特（Warren Buffet）为这种现象提出了"巴菲特规则"。虽然奥巴马总统在执政时期曾多次呼吁采取税制变革[③]，然而直到拜登总统上台，美国国会始终未能在此问题上采取实际的行动。不公平的个人所得税制设计，不但使得历届美国政府努力重振制造业的财税政策在实施效果上大打折扣，而且还促使美国成为全球收入分配最不公平的发达国家，更由此进一步加剧美国社会走向分裂。

公正的法律制度，完善的法律体系，对产业持续健康发展至关重要。[④]《国家"十四五"规划纲要》明确提出："优化税制结构，

---

① 《中华人民共和国个人所得税法》第3条规定的个人所得税税率为：（1）综合所得，适用3%—45%的超额累进税率；（2）经营所得，适用5%—35%的超额累进税率；（3）利息、股息、红利所得，财产租赁所得，财产转让所得，偶然所得和其他所得，适用比例税率，税率为20%。

② （汉）司马迁：《史记》，陈曦、王珏、王晓东、周旻译，中华书局2019年版，第4010页。

③ ［美］麦蒂亚·克莱默等：《联邦预算——美国政府怎样花钱》，上海金融与法律研究院译，上海三联书店2013年版，第73—74页。

④ 魏际刚：《中国产业中长期发展战略问题》，《经济要参》2014年第19期。

健全直接税体系，适当提高直接税比重。完善个人所得税制度，推进扩大综合征收范围，优化税率结构。"① 党的二十大报告中明确提出："完善个人所得税制度，规范收入分配秩序，规范财富积累机制，保护合法收入，调节过高收入，取缔非法收入。"②

鉴于美国在个人所得税制设计的教训，同时为贯彻落实党的十八大以来历次中央全会与《宪法》的精神，本书建议，应在下一轮修订的《中华人民共和国个人所得税法》相应条款中充分体现出"对劳动所得少征、对资本所得多征"的原则，对资本所得采用适当的超额累进税率进行征税，在法律制度上坚持马克思主义的基本原理，把党的十八大以来中央历次全会、《宪法》以及《国家"十四五"规划纲要》的精神落到实处，逐步将个人所得税培育为中国主体税种，在实现财政"开源"的同时，更充分发挥个人所得税对调节收入分配的作用，并鼓励人们将资本投向实体经济，避免实体经济空心化现象的出现。

二 进一步优化现行增值税制与企业所得税制，构建横向税收分配制度

欧盟国家在征收增值税与企业所得税时，为了能确保税收收入在欧盟各成员国间公平分配，欧盟各成员国一般按照劳务发生地的属地原则征收增值税与企业所得税。改革开放初期，中国开始实施"利改税"并开征增值税和企业所得税。考虑到当时相对落后的管理水平、技术条件及其所造成的高昂的征税成本与纳税成本，中国在增值税制与企业所得税制设计上，只能按机构所在地（机构注册地）的属地原则进行征税。迄今为止，无论是《中华人民共和国增值税暂行条例》，还是《中华人民共和国企业所得税法》，在相关法

---

① 《中华人民共和国国民经济和社会发展第十四个五年规划和2035年远景目标纲要》，《人民日报》2021年3月13日第1版。

② 习近平：《高举中国特色社会主义伟大旗帜 为全面建设社会主义现代化国家而团结奋斗——在中国共产党第二十次全国代表大会上的报告》，《人民日报》2022年10月26日第1版。

律法规条款的表述上仍然还是各地方政府总体上按机构所在地（机构注册地）的属地原则进行征税。[①②]

对中国而言，具备雄厚实力的公司总部一般选择集中设置在北京、上海、广东等地区，因此从属的原则来看，"营改增"政策显然对北京、上海等地更为有利。"总部经济" 80%的税种都存在税源背离的问题，这使地区间财政收入、经济的差距日益拉大。[③] 劳务发生地的地方政府为企业经营发展提供了一定的公共服务，却不能行使税权获得相应的税收，甚至还要为企业生产经营过程产生的负外部性"埋单"。而总公司所在地不仅获得本地区企业的税收，还"意外"以较少的公共服务获得较多的税收收入。[④]

《国家"十四五"规划纲要》明确提出："聚焦支持稳定制造业、巩固产业链供应链，进一步优化增值税制度。"[⑤] 国发〔2022〕2号文件将西部大开发综合改革示范区、数字经济发展创新区作为贵州的战略定位。本书建议，作为全国首个国家级大数据综合试验区，贵州应考虑到自身作为经济欠发达地区的利益诉求，利用国发

---

① 《中华人民共和国增值税暂行条例》第22条规定的增值税纳税地点为：（1）固定业户应当向其机构所在地的主管税务机关申报纳税。总机构和分支机构不在同一县（市）的，应当分别向各自所在地的主管税务机关申报纳税；经国务院财政、税务主管部门或者其授权的财政、税务机关批准，可以由总机构汇总向总机构所在地的主管税务机关申报纳税。（2）固定业户到外县（市）销售货物或者劳务，应当向其机构所在地的主管税务机关报告外出经营事项，并向其机构所在地的主管税务机关申报纳税；未报告的，应当向销售地或者劳务发生地的主管税务机关申报纳税；未向销售地或者劳务发生地的主管税务机关申报纳税的，由其机构所在地的主管税务机关补征税款。（3）非固定业户销售货物或者劳务，应当向销售地或者劳务发生地的主管税务机关申报纳税；未向销售地或者劳务发生地的主管税务机关申报纳税的，由其机构所在地或者居住地的主管税务机关补征税款。
② 《中华人民共和国企业所得税法》第50条规定："除税收法律、行政法规另有规定外，居民企业以企业登记注册地为纳税地点；但登记注册地在境外的，以实际管理机构所在地为纳税地点。"
③ 黄海昀、骆智晁、郭晓燕：《省地税局副局长欧斌称：粤内企年减税负70亿》，搜狐网，http：//news.sohu.com/20070414/n249428707.shtml.
④ 高亚军：《中国地方税研究》，中国社会科学出版社2012年版，第88—89页。
⑤ 《中华人民共和国国民经济和社会发展第十四个五年规划和二〇三五年远景目标纲要》，《人民日报》2021年3月13日第1版。

〔2022〕2号文件给予贵州的政策条件，争取在全国率先进行增值税制与企业所得税制改革试点，通过云服务与大数据技术，严格规范业户和非固定业户向其机构所在地、销售地、劳务发生地申报纳税，并尝试在区域政府之间构建起增值税、企业所得税等地方税主体税种的横向税收分配制度。① 在改革试点成功后逐步在全国其他地区推广，最终由全国人大立法对现行《中华人民共和国增值税法》《中华人民共和国企业所得税法》相应的法律条款进行修订，以满足经济欠发达地区的利益诉求。

三 进一步优化现行环境保护税制

为保护贵州的生态环境，贵州已采取许多措施以提高违法成本。譬如，贵州在全国率先建立了生态法庭②，并对多起环境违法案件进行了公开审判，产生了良好的社会影响。随着全球变暖的形势越发严峻，党中央及时做出了"中国力争2030年前实现碳达峰、2060年前实现碳中和"的重大战略决策，为应对全球变暖贡献中国力量。为了尽量减少因使用化石燃料而产生碳排放量，同时能够确保能源供应能力，《贵州省"十四五"规划纲要》已要求大力发展清洁高效电力产业，并明确提出了"到2025年，发电装机突破1亿千瓦，发电量超过3000亿千瓦时，清洁高效电力产业产值超过2000亿元"③的发展目标。

征收环境保护税，对贵州打造生态文明建设先行区，并带动企业向知识技术密集型转型升级具有重要的现实意义。④ 通过根据《国务院关于环境保护税收入归属问题的通知》（国发〔2017〕56

① 王蓓：《我国区域间税源背离问题及横向税收分配制度设计》，《税收经济研究》2013年第3期。
② 何川：《贵州全国首个生态法庭：审得清江河污染 判得明民事纠纷》，央视网，http://news.cctv.com/2019/12/25/ARTI42KEhCaZChDrOOIXMtw8191225.shtml.
③ 贵州省人民政府：《贵州省国民经济和社会发展第十四个五年规划和2035年远景目标纲要》，贵州人民出版社2021年版，第20页。
④ 黄纪强、祁毓：《环境税能否倒逼产业结构优化与升级？——基于环境"费改税"的准自然实验》，《产业经济研究》2022年第2期。

号）要求，环境保护税全部作为地方财政收入。然而，中国现行的《中华人民共和国环境保护税法》是以减少污染物排放而制定，环境保护税的课税对象主要包括大气污染物、水污染物、固体废物的排放量和噪声的分贝数，虽然有利于鼓励地方政府保护和改善生态环境，在一定程度上减少了污染物排放，但却未能将减少碳排放纳入环境保护税的课税对象。此外，现行《环境保护税法》所确定的税负仍然偏低，限制了其保护生态环境的效果。

2021 年 12 月 23 日，财政部、国家税务总局、国家发展和改革委员会、生态环境部发布了《环境保护、节能节水项目企业所得税优惠目录（2021 年版）》《资源综合利用企业所得税优惠目录（2021 年版）》。2021 年 12 月 30 日，财政部、国家税务总局发布了《关于完善资源综合利用增值税政策的公告》。虽然上述政策贯彻落实了节能减排的任务，但上述对企业所得税、增值税的优惠政策均属于激励机制，相应的约束机制仍存在欠缺。

《国家"十四五"规划纲要》明确提出："实施有利于节能环保和资源综合利用的税收政策。"[①] 一方面，建议全国人大及时对现行的《环境保护税法》进行修订，将碳排放量纳入环境保护税的课税对象，并提高对大气污染物、水污染物、固体废物的排放量和噪声的分贝数的税负水平。另一方面，建议贵州省人大结合未来修订的《环境保护税法》，进一步健全地方环境保护法规，提高违法成本，真正保护好贵州的青山绿水。

第四节 大力支持贵州教育事业发展

《贵州省"十四五"规划纲要》明确提出了"深入实施乡村振兴、大数据、大生态三大战略行动，大力推动新型工业化、新型城

---

① 《中华人民共和国国民经济和社会发展第十四个五年规划和 2035 年远景目标纲要》，《人民日报》2021 年 3 月 13 日第 1 版。

镇化、农业现代化、旅游产业化"的总体要求。① 2021 年 3 月，贵州省委书记谌贻琴在贵州省新型工业化暨开发区高质量发展大会上提出，要着力建强人才队伍，着力培养引进高端人才，培养技能人才队伍。② 根据黔党发〔2021〕10 号文件所提出的到 2025 年的发展目标，贵州尚需继续大力支持教育事业发展。

一 创建高水平大学和科研机构

美国的"硅谷"之所以成为世界高新技术创新和发展的开创者和中心，在很大程度上得益于附近以斯坦福大学、加州大学伯克利分校为代表的世界名校以其雄厚的科研力量作为支撑，而中国中关村的发展也在很大程度上得益于附近以北京大学、清华大学雄厚的科研力量作为支撑。为推动政产学研深度融合，西安市政府于 2020 年 3 月 31 日印发《支持知名企业、高校院所设立研发基地的若干政策》（市政发〔2020〕4 号），吸引企业、高校在本地设立研发基地。2020 年 9 月 22 日，习近平总书记在教育文化卫生体育领域专家代表座谈会上明确指出："我国高校要勇挑重担，释放高校基础研究、科技创新潜力，聚焦国家战略需要，瞄准关键核心技术特别是'卡脖子'问题，加快技术攻关。要支持'双一流'建设高校加强科技创新工作，依托高水平大学布局建设一批研究设施，推进产学研一体化。"③

目前，贵州本土院校当中仅有贵州大学的植物保护被列为"双一流"建设学科名单，且与推进贵州工业产业发展并没有直接联系。为了缩小与发达地区之间的发展差距，《贵州省"十四五"规划纲要》明确提出："发挥黔中地区区位优势、大数据先发优势、人才技术集聚优势……打造'中国数谷'、高端装备制造、健康医药产业

---

① 贵州省人民政府：《贵州省国民经济和社会发展第十四个五年规划和 2035 年远景目标纲要》，贵州人民出版社 2021 年版，第 8 页。
② 许邵庭：《全省新型工业化暨开发区高质量发展大会强调：在新征程上奋力推动贵州工业大突破 为开创高质量发展新局面提供有力支撑》，《贵州日报》2021 年 3 月 3 日第 1 期。
③ 习近平：《在教育文化卫生体育领域专家代表座谈会上的讲话》，新华网，http://www.xinhuanet.com/politics/leaders/2020-09/22/c_1126527570.htm.

基地。"① 根据《贵州省"十四五"规划纲要》要求，以贵阳—贵安—安顺都市圈为核心的地区将重点布局发展大数据电子信息产业、先进装备制造、信息安全等产业。贵州要想将黔中地区打造成"中国数谷"、高端装备制造、健康医药产业基地，应在本土地区创建高水平大学和科研机构，才能更好地加快推动十大千亿级工业产业提质升级，实现工业经济主要指标倍增的目标。为此，贵州省教育厅等十一部门已于 2021 年 11 月印发《关于做强贵州大学的实施方案》，提出将贵州大学由世界一流学科建设高校提升为世界一流大学建设高校，为工业产业发展培养人才、提供技术支撑，并加大财政支持力度。② 2021 年 11 月 26 日，贵州省第十三届人民代表大会常务委员会第二十九次会议审议通过了《贵州省优化营商环境条例》，为县级及县级以上政府在吸引人才方面通过政策和资金扶持提供了有力的制度保障。③

二 新增教育经费进一步向职业教育倾斜

中国要实现从制造大国向制造强国转型，必须有赖于大量适应科技发展需要的高端技能型人才。然而长期以来，社会对职业教育认可度偏低，学生不愿报考职业院校，使得中国适应科技发展需要的高端技能型人才短缺问题较为突出。④ 为此，党的二十大报告以及《国家

---

① 贵州省人民政府：《贵州省国民经济和社会发展第十四个五年规划和 2035 年远景目标纲要》，贵州人民出版社 2021 年版，第 35 页。

② 《关于做强贵州大学的实施方案》明确要求："省财政'部省合建'资金专项支持贵州大学部省合建及'双一流'大学建设，提高专项资金保障水平。根据贵州大学拟定的'2114'高层次人才引培计划，对贵州大学引进或培养的院士等国家级人才和海内外优秀博士等高层次人才，省直相关部门按规定给予优惠政策。"

③ 《贵州省优化营商环境条例》第 22 条第 1 款规定："县级以上人民政府应当创新人才引进培养、评价使用、激励保障等体制机制，通过政策和资金扶持吸引高层次创新创业人才、重点产业人才、重点领域人才和高技能人才，在职称评定、住房安居、医疗保障、配偶安置、子女入学等方面优先提供服务保障。支持市场主体与高等学校、科研机构联合培养高层次人才。"

④ 根据国家人力资源和社会保障部 2022 年 2 月发布的研究报告，在 2021 年第四季度 100 个"最缺工"的职业排行中，有 43 个属于"生产制造及有关人员"。更多详细内容可见人社部：《2021 年第四季度全国招聘大于求职"最缺工"的 100 个职业排行》，中华人民共和国人力资源和社会保障部，http：//www.mohrss.gov.cn/SYrlzyhshbzb/dongtaixinwen/buneiyaowen/rsxw/202202/t20220222_436563.html。

"十四五"规划纲要》均对支持职业教育发展做出了明确要求。[1]

贵州要将工业产业不断做大做强，亟须培养大量高端技能型人才作为支撑。在工业化进程中，完成农业转移人口市民化是一项重要且艰难的任务。大力发展职业教育，不但可以从根本上解决农业转移人口市民化过程中的就业问题，而且为产业结构转型升级提供着充足的人力资本支撑。

作为准公共品的职业教育，理论上应由政府以财政资金作为职业教育的经费保障。从1986年开始，中央财政每年安排一定数额的职业教育专项经费支持贵州职业学校的建设。此外，贵州省财政每年也安排相应的职业教育专项经费。[2][3] 党的十八大以来，贵州持续加大对职业教育经费的投入力度。2013年，贵州省政府办公厅印发《关于支持现代职业教育发展的意见》（黔府办发〔2013〕48号，以下简称"黔府办发〔2013〕48号文件"），进一步明确了对加大职业教育经费投入力度的要求。[4]

然而，无论是地方普通高职高专学校，还是地方中等职业学校，贵州在生均教育经费的投入力度相较于其他省份都明显不足。2018年，贵州的地方普通高职高专学校与地方中等职业学校的生均教育经费支出仅分别为18587.19元和9693.46元，在当年全国各省份排

---

[1] 党的二十大报告明确提出："统筹职业教育、高等教育、继续教育协同创新，推进职普融通、产教融合、科教融汇，优化职业教育类型定位。"《国家"十四五"规划纲要》明确提出："创新办学模式，深化产教融合、校企合作，鼓励企业举办高质量职业技术教育，探索中国特色学徒制。实施现代职业技术教育质量提升计划，建设一批高水平职业技术院校和专业，稳步发展职业本科教育。深化职普融通，实现职业技术教育与普通教育双向互认、纵向流动。"

[2] 袁黔华、胡晓：《贵州职教步入快车道》，《职教论坛》1999年第10期。

[3] 孔令中：《贵州教育史》，贵州教育出版社2004年版，第652页。

[4] 黔府办发〔2013〕48号文件要求："2013年至2014年，省级财政每年调整省突破高中阶段教育发展项目学校工程专项资金12亿元用于发展中等职业教育，压缩省本级党政机关行政办公经费5%，通过'以奖代补'方式支持职业教育发展。2013年起，每年在省级教育费附加和地方教育费附加中安排1亿元建设中等职业教育公共实训基地。2013年至2015年，各地城市教育费附加用于职业教育的比例分别达到31%、32%、33%以上。2014年至2015年，分别统筹省级财政法定增长安排教育专项资金和地方债券资金5亿元用于职业院校建设。"

名均为倒数第一。① 2019 年，贵州的地方普通高职高专学校与地方中等职业学校的生均教育经费支出分别为 20904.44 元和 10884.62元，虽然分别较 2018 年增长 12.5% 和 12.3%，但仍然滞后于当年全国平均水平（见图 7-2 和图 7-3）。贵州职业教育的生均经费显著滞后于全国平均水平的状况，严重制约着其为贵州提供充足人力资本的能力。

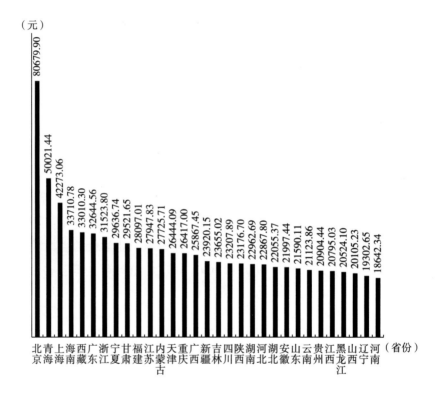

图 7-2 2019 年全国各省份地方普通高职高专学校生均教育经费支出

资料来源：《中国教育经费统计年鉴（2020）》。

本书建议，贵州应从以下三个方面确保新增教育经费进一步向职业教育倾斜。

---

① 《中国教育经费统计年鉴（2019）》，中国统计出版社 2020 年版。

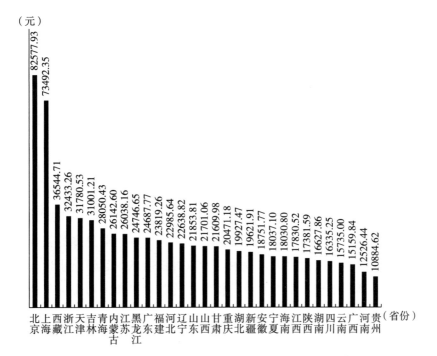

图 7-3　2019 年全国各省份地方中等职业学校生均教育经费支出

资料来源:《中国教育经费统计年鉴（2020）》。

　　首先，教育经费在预算安排上应进一步向职业教育倾斜。中共中央办公厅、国务院办公厅于 2021 年 10 月 13 日印发的《关于推动现代职业教育高质量发展的意见》（中办发〔2021〕43 号，以下简称"中办发〔2021〕43 号文件"）提出："健全政府投入为主、多渠道筹集职业教育经费的体制。优化支出结构，新增教育经费向职业教育倾斜。"[1] 为了贯彻落实中办发〔2021〕43 号文件，建议中央财政和贵州省级财政每年在预算编制环节中确保普通高职高专学校、中等职业学校的生均教育经费不能低于 2021 年的水平，同时在地方财力允许的情况下，逐渐使普通高职高专学校、中等职业学校

---

　　① 新华社:《中共中央办公厅国务院办公厅印发〈关于推动现代职业教育高质量发展的意见〉》（中办发〔2021〕43 号），《中华人民共和国国务院公报》2021 年第 30 期。

的生均教育经费与普通教育学校的生均教育经费大致相当。

其次，职业教育经费在地区上应注重向中西部、贫困地区和民族地区倾斜。国务院于 2019 年 2 月 13 日印发的《国家职业教育改革实施方案》（国发〔2019〕4 号，以下简称"国发〔2019〕4 号文件"）要求："经费投入要进一步突出改革导向，支持校企合作，注重向中西部、贫困地区和民族地区倾斜。"① 贵州省政府于 2020 年 10 月 10 日印发《贵州省支持职业教育发展若干措施》（黔府发〔2020〕13 号），要求在"十四五"期间，贵州省级财政每年新增投入 5 亿元，专门用于支持职业教育发展。② 贵州在进一步加大对职业教育投入力度的同时，还应努力向中央财政争取更多的教育共同财政事权转移支付收入以及教育专项补助收入，逐渐缩小贵州在普通高职高专学校、中等职业学校的生均教育经费上与全国其他省份之间的差距。

最后，进一步提高职业教育经费用于一线职工的比重。2017 年 12 月 19 日，国务院办公厅发布了《关于深化产教融合的若干意见》（国办发〔2017〕95 号，以下简称"国办发〔2017〕95 号文件"）。根据国办发〔2017〕95 号文件的相关要求，企业应强化职工在岗教育培训，在确保教育培训经费 60% 以上用于一线职工外，

---

① 2019 年 2 月 13 日，国务院印发的《国家职业教育改革实施方案》（国发〔2019〕4 号）要求："各级政府要建立与办学规模、培养成本、办学质量等相适应的财政投入制度，地方政府要按规定制定并落实职业院校生均经费标准或公用经费标准。在保障教育合理投入的同时，优化教育支出结构，新增教育经费要向职业教育倾斜。鼓励社会力量捐资、出资兴办职业教育，拓宽办学筹资渠道。进一步完善中等职业学校生均拨款制度，各地中等职业学校生均财政拨款水平可适当高于当地普通高中。各地在继续巩固落实好高等职业教育生均财政拨款水平达到 12000 元的基础上，根据发展需要和财力可能逐步提高拨款水平。组织实施好现代职业教育质量提升计划、产教融合工程等。经费投入要进一步突出改革导向，支持校企合作，注重向中西部、贫困地区和民族地区倾斜。进一步扩大职业院校助学金覆盖面，完善补助标准动态调整机制，落实对建档立卡等家庭经济困难学生的倾斜政策，健全职业教育奖学金制度。"

② 贵州省人民政府：《省人民政府关于印发贵州省支持职业教育发展若干措施的通知》（黔府发〔2020〕13 号），《贵州省人民政府公报》2020 年第 10 期。

中央与地方各级政府部门还应贯彻落实相关财税政策要求。① 本书建议，贵州可在国办发〔2017〕95 号文件要求的基础上，进一步提高教育培训经费用于一线职工的占比，以更好地支持贵州职业教育事业的发展。

为推动贵州职业教育高质量发展，教育部、贵州省政府于 2021 年 12 月 13 日印发《关于建设技能贵州 推动职业教育高质量发展的实施意见》（黔府发〔2021〕14 号，以下简称"黔府发〔2021〕14 号文件"），正式启动部省共建"技能贵州"试点，推动贵州职业教育高质量发展，为贵州经济社会发展提供人才和技能支持，既为贵州经济社会发展提供了人才和技能支持，又为西部地区技能型社会建设提供了"贵州经验"。② 随着黔府发〔2021〕14 号文件相关政策逐渐落地，贵州的职业教育无论是在数量上，还是在质量上，都有望得到一个很大的跃升，为支撑贵州产业转型升级提供了亟须的大量高素质技能型人才。

第五节　积极参与全球产业价值链分工

本书建议，贵州应积极参与全球产业价值链分工，推动工业产业高质量发展。一方面，虽然贵州绝对贫困的问题已经通过脱贫攻坚战得以解决，但是相对贫困的问题在今后一段时期还将继续存在。在经济全球化的趋势下，要从根本上解决贵州相对贫困的问题，贵州只有积极面向全球整合经济发展的各种资源，才可能在全

---

① 国办发〔2017〕95 号文件要求："职业学校、高等学校科研人员依法取得的科技成果转化奖励收入不纳入绩效工资，不纳入单位工资总额基数。各级财政、税务部门要把深化产教融合作为落实结构性减税政策，推进降成本、补短板的重要举措，落实社会力量举办教育有关财税政策，积极支持职业教育发展和企业参与办学。"

② 中华人民共和国教育部贵州省人民政府：《教育部 贵州省人民政府关于建设技能贵州 推动职业教育高质量发展的实施意见》（黔府发〔2021〕14 号），《贵州省人民政府公报》2022 年第 1 期。

球产业价值链中确立自身的有利地位，增强产业链、供应链自主可控能力，巩固拓展脱贫攻坚的成果。另一方面，随着中美两国在经济领域上的竞争持续升级，尤其从特朗普总统上台以来，美国政府已多次尝试与中国经济"脱钩"，不断破坏世界经济和国际贸易秩序。为此，中国应继续扩大对外开放，通过坚持互利共赢维护世界经济和国际贸易秩序。贵州也应通过积极申报设立贵州自由贸易试验区，为未来参与全球产业价值链分工搭建更优质的平台。

一 深刻认识积极参与全球价值链分工的巨大利益

开放带来进步，封闭必然落后。自 2001 年正式加入世界贸易组织以来，中国较好地把握住了经济发展的战略机遇期，并且积极融入全球价值链分工，在全球市场整合资源，成为全球价值链的积极贡献者。部分学者认为，中国是全球化和价值链分工的最大赢家。加入世界贸易组织二十年来，中国经济总量已经从全球第六上升到全球第二，并不断缩小与美国之间的经济差距。2001 年，中国经济总量为 11592 亿美元，仅为美国同期的 11.45%；2020 年，中国经济总量为 147227 亿美元，已达到美国同期的 70.32%（见表 7-1）。

表 7-1　　　　2001—2020 年中国与美国经济总量发展情况

年份	中国 GDP（亿美元）	美国 GDP（亿美元）	中国/美国（%）	年份	中国 GDP（亿美元）	美国 GDP（亿美元）	中国/美国（%）
2001	11592	101280	11.45	2011	72982	150940	48.35
2002	12371	104456	11.84	2012	82270	156848	52.45
2003	14099	109855	12.83	2013	92403	168000	55.00
2004	19317	117335	16.46	2014	103601	174190	59.48
2005	22257	124857	17.83	2015	108664	179470	60.55
2006	27743	132446	20.95	2016	111991	185691	60.31
2007	32508	138438	23.48	2017	122377	193906	63.11
2008	44016	142646	30.86	2018	136082	204941	66.40
2009	49090	142563	34.43	2019	143429	214277	66.94
2010	58783	146578	40.10	2020	147227	209366	70.32

资料来源：根据历年《中国统计年鉴》的数据整理得出。

中国加入世界贸易组织，不仅有力地拉动了自身经济的发展，更为全球经济做出了重大贡献。特别是从 2020 年全球暴发新冠疫情以来，中国经济发展更是一枝独秀，已经成为世界公共品的主要提供者，赢得了广泛良好的世界声誉。为了遏制中国发展，从特朗普政府到拜登政府不断采取各种反制措施挑起对华贸易战，对来自中国的制成品加征高额关税，甚至扬言要与中国脱钩。但实际情况却与美国政府的设想完全相反，中美经济不仅没有脱钩，双边经济关系却更加紧密。根据海关总署统计，在美国不断加征关税的情况下，2021 年中美双边货物贸易总额达到 4.88 万亿元，较 2020 年增长 20.2%。[①] 当今中国已经成为世界工厂，同整个世界深度融合在一起。

在此背景下，2020 年 7 月 30 日召开的中共中央政治局会议提出了"加快形成以国内大循环为主体、国内国际双循环相互促进的新发展格局"。一方面，中国需要推动产业链和创新链迈向更高质量、更高水平；另一方面，中国必须克服新冠疫情这一重大公共卫生事件的冲击，通过参与全球产业链和创新链，从而更好地迈向更高质量、更高水平。[②]

由于地理环境、区位、政策等深刻影响，在中国参与全球价值链分工的过程中，贵州等内陆省区的发展明显滞后，未能较好地融入全球价值链分工中。相较于全国其他省份，贵州经济外向度不但明显低于中东部地区，而且也低于大部分西部地区的水平。2020 年，贵州进出口总额占地区生产总值的比重（3.06%）仅高于青海（0.77%），位居全国倒数第二，贵州进出口总额占全国的比例仅为 0.17%。对外贸易依存度占比明显偏低，使贵州等欠发达地区失去了获得"大开放"巨大红利的战略机遇。

---

① 丁昆、丁贵桥：《中美经济摩擦背景下企业国际化的战略探讨》，《决策与信息》2021 年第 11 期。

② 张其仔、许明：《中国参与全球价值链与创新链、产业链的协同升级》，《改革》2020 年第 6 期。

在新的历史时期，全球价值链的新一轮分工正在新的环境中加快形成，中国在这场新的价值链分工中已经开始占据"运和势"的主动地位，贵州必须充分认清当前国内外经济发展的大趋势，采取更加积极主动的态度，实施全面开放的政策，积极主动参与全球价值链的分工，在新一轮的全球化中获得自己应有的利益，不能再错过国家加快形成以国内大循环为主体、国内国际双循环相互促进的新发展格局这一重大战略机遇期。

贵州已越来越强烈地意识到扩大开放的重大意义。2021 年 12 月，贵州省政府印发《推动开放型经济高质量发展的实施意见》（黔府发〔2021〕12 号，以下简称"黔府发〔2021〕12 号文件"），提出将贵州开放的重点瞄准珠江三角洲和长江三角洲打造开放通道，畅通黔粤主通道，完善"南翼"西部陆海新通道，用足"北翼"中欧班列、乌江航运大通道，加快现代物流体系建设、完善陆水空口岸建设。[①] 与此同时，黔府发〔2021〕12 号文件还提出了贵州开放型经济到 2025 年要实现"一达到、三翻番"的目标。[②] 贵州所提出的这些发展目标，虽然无论在绝对值还是在全国同类指标的占比上仍然处于较低位次，更不能同沿海发达省份相提并论[③]，但从历史数据和贵州对外开放发展的轨迹来看，已经是一个巨大的进步，也为"十五五"时期及未来大开放打下了一个良好的基础。

二 积极申报设立贵州自由贸易试验区

2016 年 8 月 15 日，国务院批准设立"贵州内陆开放型经济试

---

① 冯倩：《加快"走出去"步伐 推动开放型经济发展》，《贵州日报》2022 年 1 月 20 日第 9 版。

② 根据黔府发〔2021〕12 号文件提出的"一达到、三翻番"的目标是，到 2025 年，净出口占 GDP 比重达到全国平均水平；外贸进出口确保 1600 亿元、力争 2000 亿元，实际使用外资超过 8 亿美元，跨境电商超过 10 亿美元，实现三个翻番。

③ 处于中国改革开放前沿的广州，由于抓住了中国"入世"的重大战略机遇期，全市进出口总值已从 2000 年的 1926 亿元增加到 2020 年的 9539.4 亿元，20 年进出口总值增长了 4 倍。

验区"，贵州省成为继宁夏回族自治区之后全国第二个内陆开放型经济试验区。贵州省相关部门在研究"十四五"规划时，曾经提出要将"大开放"作为"十四五"时期的战略行动。后来在深入分析和研究贵州面临的政策环境时，基于在贵州周边所有省份都成为自由贸易区的背景下，贵州还不是自由贸易区，难以与周边省份形成自由贸易联动机制的考虑，导致贵州最终被迫放弃实施"大开放"战略行动。

2020 年 9 月 16 日至 18 日，习近平总书记在湖南考察时强调："我们强调构建新发展格局，不是关起门来搞建设，而是要继续扩大开放。"① 对外贸易依存度占比明显偏低，曾经使贵州等欠发达地区失去了获得"大开放"巨大红利的战略机遇。在中国不断扩大对外开放的背景下，曾经被调侃为中国"三不沿"省份的贵州，更应以近江、近海、近边的"三临近"名片坚持对外开放。

随着《区域全面经济伙伴关系协定》（RCEP）在 2020 年 11 月 15 日正式签署，贵州省委、省政府在"十四五"时期可以抢抓 RCEP 签署的机遇，建设东盟进入内地的经贸枢纽。作为国家级大数据综合试验区、国家生态文明试验区和内陆开放型经济试验区的贵州，应积极申报设立贵州自由贸易试验区。② 其中，设立中国（贵州）自由贸易试验区，有利于推动贵州与周边自贸区相互联动，进一步升级贵安新区综合保税区、贵阳市临空经济综合保税区、遵义综合保税区，将贵州培养为西部经济的重要增长极，进而为其他经济欠发达地区的发展提供重要的参考和借鉴。③ 同时，建议贵州在制定"十五五"规划时，将"大开放"明确列为战略行动，通过积极融入全球价值链分工，在全球市场整合资源，推动贵州工业经济实现高质量发展。

---

① 海外网：《什么是中国的新发展格局？习近平这些话掷地有声》，新浪网，http://k. sina. com. cn/article_3057540037_b63e5bc502000unlt. html.

② 李薛霏：《严彬委员：建议设立"中国（贵州）自由贸易试验区"》，《贵州日报》2021 年 3 月 11 日第 5 版。

③ 李薛霏：《严彬委员：建议设立"中国（贵州）自由贸易试验区"》，《贵州日报》2021 年 3 月 11 日第 5 版。

参考文献

［德］阿尔弗雷德·韦伯:《工业区位论》,李刚剑等译,商务印书馆 2010 年版。

［美］艾伯特·赫希曼:《经济发展战略》,曹征海、潘照东译,经济科学出版社 1991 年版。

蔡伟贤等:《增值税留抵退税政策的创新激励效应》,《财政研究》2022 年第 5 期。

陈朝伦等:《贵州省十大千亿级工业产业现状分析与发展建议》,《贵州商学院学报》2019 年第 3 期。

陈华永:《精准打出组合拳　奋力谱写新篇章——贵州十大工业产业加强产销对接推进协同发展系列活动综述》,《贵州日报》2020 年 7 月 17 日。

陈佳贵等:《中国工业化进程报告》,中国社会科学出版社 2007 年版。

（晋）陈寿:《三国志》（第二版）,栗平夫、武彰译,中华书局 2009 年版。

陈思瑞:《论营改增后中国地方主体税种的应然选择》,博士学位论文,华南理工大学,2019 年。

陈兴云:《贵州省级财政 52.4 亿元支持十大工业产业发展》,《中华工商时报》2020 年 12 月 8 日。

陈洋林等:《税收优惠对战略性新兴产业创新投入的激励效应评价——基于倾向评分匹配法的实证分析》,《税务研究》2018 年第 8 期。

崔惠玉、田明睿、王倩：《增值税留抵税款抑制了企业研发投入吗》，《财贸经济》2022 年第 8 期。

戴悦：《特朗普税改及影响分析》，《中央财经大学学报》2017 年第 9 期。

单飞跃、熊湘怡：《在创新驱动发展上迈出更坚实步伐》，《经济日报》2019 年 5 月 27 日。

董志凯、吴江：《新中国工业的奠基石：156 项建设研究》，广东经济出版社 2004 年版。

杜传忠、刘志鹏：《学术型创业企业的创新机制与政策激励效应——基于人工智能产业 A 股上市公司数据的数值模拟分析》，《经济与管理研究》2019 年第 6 期。

樊勇等：《小微企业所得税优惠间断点是否存在聚束效应》，《世界经济》2020 年第 3 期。

范子英、王倩：《财政补贴的低效率之谜：税收超收的视角》，《中国工业经济》2019 年第 12 期。

冯倩：《加快"走出去"步伐推动开放型经济发展》，《贵州日报》2022 年 1 月 20 日。

冯倩、申川：《2021 年我省实现新增减税降费 165.45 亿元》，《贵州日报》2022 年 4 月 2 日。

冯秀娟等：《数字经济发展对我国税收贡献度的实证研究——基于数字产业化和产业数字化视角》，《税务与经济》2021 年第 6 期。

［美］弗里茨·马克卢普：《美国的知识生产与分配》，孙耀君译，中国人民大学出版社 2007 年版。

［德］弗里德里希·恩格斯：《马克思恩格斯全集》（第 2 卷），中共中央马克思恩格斯列宁斯大林著作编译局编译，人民出版社 1957 年版。

［德］弗里德里希·李斯特：《政治经济学的国民体系》，陈万煦译，商务印书馆 1983 年版。

甘行琼、蒋炳蔚：《我国税收促进产业结构转型的效果分析——来自我国省级面板数据的经验》，《税务研究》2019 年第 12 期。

高亚军：《中国地方税研究》，中国社会科学出版社 2012 年版。

高照钰：《促进电竞产业发展的税收政策研究》，《税务研究》2020 年第 6 期。

耿强：《拉弗曲线：税率下调，政府收入反而会增加吗?》，《新华日报》2019 年 5 月 6 日。

顾为东：《产业结构调整的资本支持战略研究》，博士学位论文，南京农业大学，2001 年。

贵州商学院贵商文化研究所：《贵商文化读本》，贵州人民出版社 2015 年版。

贵州省地方志编纂委员会：《贵州省志·财政志》，贵州人民出版社 1993 年版。

贵州省地方志编纂委员会：《贵州省志·工业经济志》，贵州人民出版社 2003 年版。

贵州省工业和信息化厅：《2019 年贵州省十大千亿工业产业发展报告》，省领导领衔推进十大工业产业联席会议办公室，贵阳，2020 年。

贵州省人民政府：《贵州省国民经济和社会发展第十四个五年规划和 2035 年远景目标纲要》，贵州人民出版社 2021 年版。

贵州省人民政府：《省人民政府关于印发贵州省十大千亿级工业产业振兴行动方案的通知》（黔府发〔2018〕33 号），《贵州省人民政府公报》2019 年第 1 期。

《贵州通史》编委会：《贵州通史（第 3 卷：清代的贵州）》，当代中国出版社 2002 年版。

《贵州通史》编委会：《贵州通史（第 4 卷：民国时期的贵州）》，当代中国出版社 2002 年版。

《贵州通史》编委会：《贵州通史（第 5 卷：当代的贵州）》，

当代中国出版社 2003 年版。

桂萍、唐明：《经济新常态下我国地方税税源优化策略及实现路径》，《商业研究》2015 年第 12 期。

郭广生、任晓刚：《以科技创新驱动高质量发展》，《人民日报》2019 年 6 月 27 日。

郭健：《税收扶持制造业转型升级：路径、成效与政策改进》，《税务研究》2018 年第 3 期。

郭杰等：《国家产业政策、地方政府行为与实际税率——理论分析和经验证据》，《金融研究》2019 年第 4 期。

郭言：《美国基建之路道阻且长》，《经济日报》2021 年 4 月 2 日。

何郝炬等：《三线建设与西部大开发》，当代中国出版社 2003 年版。

何伟福：《清代贵州商品经济史研究》，中国经济出版社 2007 年版。

何伟福：《制度变迁与清代贵州经济研究》，中国时代经济出版社 2008 年版。

洪银兴：《论市场对资源配置起决定性作用后的政府作用》，《经济研究》2014 年第 1 期。

胡洪曙、武锶芪：《企业所得税税负粘性的成因及其对地方产业结构升级的影响》，《财政研究》2020 年第 7 期。

胡晓东、田孟清：《"营改增"对民族地区财政收入和产业转型的影响及对策——基于湖北省恩施自治州的调查分析》，《中南民族大学学报》（人文社会科学版）2017 年第 4 期。

胡怡建等：《中国增值税减税政策效应季度分析报告》，上海财经大学公共政策治理研究院，上海，2019 年。

黄纪强、祁毓：《环境税能否倒逼产业结构优化与升级？——基于环境"费改税"的准自然实验》，《产业经济研究》2022 年第 2 期。

黄丽媛：《让绿色为高质量发展赋能》，《贵州日报》2020 年 6 月 27 日。

黄志雄、赵晓亮：《财政分权、政府补助与企业过度投资——基于宏观视角与微观数据的实证分析》，《现代财经（天津财经大学学报）》2015 年第 10 期。

黄智文：《产业政策之争的税收视角——兼论芯片企业税收优惠政策着力点》，《税务研究》2019 年第 1 期。

黄智文：《软件产业和集成电路产业税收优惠政策：回顾与建议》，《税务研究》2020 年第 5 期。

［美］霍林斯·钱纳里等：《工业化和经济增长的比较研究》，吴奇、王松宝等译，上海三联书店 1989 年版。

焦培欣：《我国居民的边际消费倾向不是递减的》，《天津财经学院学报》1989 年第 3 期。

解洪涛、张建顺：《所得税减半征收政策对小微企业就业影响评估——基于全国税源调查数据的断点回归分析》，《经济评论》2020 年第 3 期。

金碚：《工业的使命和价值——中国产业转型升级的理论逻辑》，《中国工业经济》2014 年第 9 期。

金梁、夏丹：《我省推进制造业高质量发展示范县创建》，《浙江日报》2020 年 7 月 20 日。

李兰等：《制造业转型升级的税收政策量化评价研究》，《会计之友》2022 年第 1 期。

李社宁等：《促进新能源汽车产业发展的可持续性财税政策探析》，《西安财经学院学报》2019 年第 4 期。

李薛霏：《严彬委员：建议设立"中国（贵州）自由贸易试验区"》，《贵州日报》2021 年 3 月 11 日。

刘守刚：《财政中国三千年》，上海远东出版社 2020 年版。

刘兴明：《中国首个钢铁重工业——青溪铁厂》，《文史天地》2016 年第 5 期。

刘益彤、刘亚臣：《营改增后建筑业区域税收转移与产业结构协调发展路径研究》，《建筑经济》2019 年第 12 期。

刘祖基等：《政策协调、产业结构升级及宏观经济效应分析》，《商业研究》2020 年第 4 期。

楼继伟、刘尚希：《新中国财税发展 70 年》，人民出版社 2019 年版。

陆阳、史文学：《长三角批判》，中国社会科学出版社 2008 年版。

［德］罗兰·贝格等：《弯道超车：从德国工业 4.0 到中国制造 2025》，上海人民出版社 2015 年版。

马光荣等：《交通基础设施如何促进资本流动——基于高铁开通和上市公司异地投资的研究》，《中国工业经济》2020 年第 6 期。

马海涛、段琦：《"供给侧"财政改革背景下的税制重构——基于直接税和间接税相对关系的角度》，《苏州大学学报》（哲学社会科学版）2016 年第 3 期。

马洪：《马洪文集》（第一卷），中国社会科学出版社 2010 年版。

马诗萌：《促进产业空间结构优化的财税政策研究》，《中国集体经济》2019 年第 7 期。

［美］迈克尔·波特：《国家竞争优势》，李明轩、邱如美译，华夏出版社 2002 年版。

［美］麦蒂亚·克莱默等：《联邦预算——美国政府怎样花钱》，上海金融与法律研究院译，生活·读书·新知三联书店 2013 年版。

缪坤和等：《贵州经济发展的晴雨表》，贵州人民出版社 2009 年版。

庞兰心、官建成：《政府财税政策对高技术企业创新和增长的影响》，《科学学研究》2018 年第 12 期。

裴子英等：《20 世纪 90 年代日本产业结构调整问题论析》，《中外科技信息》2003 年第 Z1 期。

齐鹰飞、Li Yuanfei：《财政支出的部门配置与中国产业结构升级——基于生产网络模型的分析》，《经济研究》2020 年第 4 期。

秦莉：《推进我国养老产业发展的财税政策问题探析》，《边疆经济与文化》2020 年第 3 期。

塞风：《工业经济管理学》，中国人民大学出版社 1986 年版。

〔日〕三桥规宏等：《透视日本经济》，丁红卫、胡左浩译，清华大学出版社 2018 年版。

沈青、鞠镇远：《加速折旧政策对制造业投资的激励效应》，《税务研究》2020 年第 2 期。

沈星：《到 2025 年突破 6 万亿元浙江大力提升十大标志性产业链》，《今日科技》2020 年第 9 期。

（汉）司马迁：《史记》，陈曦等译，中华书局 2019 年版。

宋敏等：《资源型城市财源建设的风险识别与制度优化路径——以陕西省延安市为例》，《中国软科学》2016 年第 10 期。

宋群：《日本机器人产业何以位居世界前列》，《经济日报》2019 年 2 月 26 日。

苏娜：《财政科技专项补贴对企业 R&D 投入的影响比较分析》，《统计与决策》2019 年第 3 期。

唐载阳：《民国时期贵州工商业概况》，《贵州文史丛刊》1987 年第 2 期。

田辉：《当代美国经济转型与两次资产泡沫的启示》，《中国经济时报》2014 年 10 月 23 日。

王蓓：《我国区域间税源背离问题及横向税收分配制度设计》，《税收经济研究》2013 年第 3 期。

王高望、田盛丹：《财政政策、资本深化与中国经济结构转型》，《世界经济文汇》2019 年第 4 期。

王珮等：《营改增后我国保险行业流转税税负研究》，《税务研究》2018 年第 8 期。

王乔、徐佳佳：《增值税改革对制造业税负的影响研究——基于投入产出法》,《税务研究》2020 年第 12 期。

王冉:《美国支持产业创新财税政策有哪些启示?》,《中国电子报》2019 年 7 月 12 日。

王师勤:《霍夫曼工业化阶段论评述》,《经济学动态》1988 年第 10 期。

王淑宜:《基础能源为贵州新型工业化提供强大支撑》,《贵州日报》2020 年 5 月 7 日。

王苇航:《德国经济增长面临哪些潜在风险》,《中国财经报》2018 年 4 月 2 日。

王钊、王良虎:《税收优惠政策对高技术产业创新效率的影响——基于断点回归分析》,《科技进步与对策》2019 年第 11 期。

[英] 威廉·配第:《政治算术》,陈冬野译,商务印书馆 2014 年版。

魏际刚:《中国产业中长期发展战略问题》,《经济要参》2014 年第 19 期。

魏霞:《改革开放四十周年:贵州工业发展实践、成就、经验与启示》,《新西部》2018 年第 31 期。

魏彧等:《全面营改增后金融业减税外溢效应研究——基于产业链视角的分析》,《税务研究》2020 年第 1 期。

温桂荣、黄纪强:《政府补贴对高新技术产业研发创新能力影响研究》,《华东经济管理》2020 年第 7 期。

[美] 沃尔特·罗斯托:《经济增长的阶段:非共产党宣言》,郭熙保、王松茂译,中国社会科学出版社 2001 年版。

[美] 西蒙·库兹涅茨:《各国的经济增长》,常勋等译,商务印书馆 2007 年版。

习近平:《高举中国特色社会主义伟大旗帜 为全面建设社会主义现代化国家而团结奋斗——在中国共产党第二十次全国代表大会上的报告》,《人民日报》2022 年 10 月 26 日第 1 版。

席卫群:《我国制造业税收负担及相关政策的优化》,《税务研究》2020 年第 2 期。

向家莹、于瑶：《因地施策地方版碳达峰路线图渐明》，《经济参考报》2021 年 6 月 25 日。

［日］小岛清：《对外贸易论》，周保廉译，南开大学出版社 1987 年版。

熊元彬：《云贵高原近代手工业研究（1851—1938）》，博士学位论文，华中师范大学，2015 年。

徐超等：《降低实体税负能否遏制制造业企业"脱实向虚"》，《统计研究》2019 年第 6 期。

徐礼伯、张雪平：《美国"再工业化"与中国产业结构转型升级》，经济管理出版社 2019 年版。

徐青：《税收竞争对我国制造业产业集聚的影响研究——基于空间动态面板模型的实证分析》，《税务研究》2021 年第 4 期。

徐维祥等：《财政补贴、企业研发对企业创新绩效的影响》，《华东经济管理》2018 年第 8 期。

许邵庭：《全省新型工业化暨开发区高质量发展大会强调：在新征程上奋力推动贵州工业大突破 为开创高质量发展新局面提供有力支撑》，《贵州日报》2021 年 3 月 3 日。

颜晓畅、黄桂田：《政府财政补贴、企业经济及创新绩效与产能过剩——基于战略性新兴产业的实证研究》，《南开经济研究》2020 年第 1 期。

晏冠亮：《社会主义社会主要矛盾问题的历史考察》，《四川党史》1994 年第 2 期。

杨兵、杨杨：《企业家市场预期能否激发税收激励的企业研发投入效应——基于上市企业年报文本挖掘的实证分析》，《财贸经济》2020 年第 6 期。

杨灿明：《减税降费：成效、问题与路径选择》，《财贸经济》2017 年第 9 期。

杨海军等：《工业化阶段的判断标准：霍夫曼系数法的缺陷及

其修正——以江西、江苏为例的分析》,《财经论丛》2008 年第
2 期。

杨开宇、廖惟一:《贵州资本主义的产生与发展》,贵州人民出
版社 1982 年版。

杨开宇、廖惟一:《洋务运动中第一个钢铁企业——贵州青溪
铁厂始末》,《贵阳师院学报》(社会科学版) 1982 年第 4 期。

杨树琪等:《产业结构与税源质量稳定性分析——以云南省为
例》,《云南财经大学学报》2019 年第 11 期。

杨杨、杨兵:《税收优惠、企业家市场信心与企业投资——基
于上市公司年报文本挖掘的实证》,《税务研究》2020 年第 7 期。

杨志安、邱国庆:《结构性减税对产业结构优化的影响研
究——基于中国省级面板数据的实证分析》,《软科学》2019 年第
4 期。

姚东旻、朱泳奕:《指引促进还是"锦上添花"? ——我国财政
补贴对企业创新投入的因果关系的再检验》,《管理评论》2019 年
第 6 期。

尹音频等:《保险业营改增的产业波及效应分析——基于投入
产出法的测算》,《税务研究》2017 年第 11 期。

于雯杰:《德国产业政策的路径变迁与启示——基于〈国家工
业战略 2030〉的分析》,《财政科学》2021 年第 7 期。

俞元鹋:《疫情冲击下我国财源建设对策思考》,《地方财政研
究》2021 年第 2 期。

[美] 约翰·科迪等:《发展中国家的工业发展政策》,张虹等
译,经济科学出版社 1990 年版。

[英] 约翰·穆勒:《政治经济学原理及其在社会哲学上的若干
应用》(下卷),胡企林、朱泱译,商务印书馆 1991 年版。

[美] 约瑟夫·E. 斯蒂格利茨: 《自由市场的坠落(珍藏
版)》,李俊青、杨玲玲译,机械工业出版社 2017 年版。

张斌:《创新驱动、功能性产业政策与税制优化》,《国际税收》

2017 年第 1 期。

张凯、朱诗怡：《高质量视角下税收是否促进了经济增长：机制与实证》，《山西财经大学学报》2020 年第 8 期。

张克中等：《缘何"减税难降负"：信息技术、征税能力与企业逃税》，《经济研究》2020 年第 3 期。

张明斗：《政府激励方式对高新技术企业创新质量的影响研究——促进效应还是挤出效应?》，《西南民族大学学报》（人文社科版）2020 年第 5 期。

张佩、赵作权：《世界级先进制造业集群竞争力提升机制及启示——以德国工业 4.0 旗舰集群为例》，《区域经济评论》2020 年第 5 期。

张其仔、许明：《中国参与全球价值链与创新链、产业链的协同升级》，《改革》2020 年第 6 期。

张守广：《抗战大后方工业研究》，重庆出版社 2012 年版。

张韬：《地方税体系与产业转型升级联动机制研究：以贵州省为例》，中国经济出版社 2019 年版。

张韬：《中期预算与年度预算联动机制研究》，中国社会科学出版社 2016 年版。

张韬：《中央财政转移支付政策变迁研究：以贵州省为例》，中国经济出版社 2020 年版。

张晓阳：《努力提高我省投资效率的思考》，《贵州日报》2013 年 5 月 2 日。

张晓阳：《重化工业阶段贵州工业发展的战略选择》，《贵州财经学院学报》2005 年第 2 期。

赵林等：《培育新兴产业优化地方税源结构——基于云南省差别化扶持政策的分析》，《经济研究导刊》2019 年第 14 期。

郑联盛等：《我国产业投资基金的特征、问题与对策》，《经济纵横》2020 年第 1 期。

郑良海、侯英：《税收支持制造业高质量发展的政策选择》，

《税收经济研究》2020 年第 1 期。

郑威、陆远权：《创新驱动对产业结构升级的溢出效应及其衰减边界》，《科学学与科学技术管理》2019 年第 9 期。

周明轩：《新中国成立后的装备制造业：曲折中不断发展》，《智慧中国》2017 年第 10 期。

周燕、潘遥：《财政补贴与税收减免——交易费用视角下的新能源汽车产业政策分析》，《管理世界》2019 年第 10 期。

周振华：《论产业结构分析的基本理论框架》，《中国经济问题》1990 年第 1 期。

朱军等：《健康损失的通货膨胀、就业影响与最优财政补贴政策——基于两部门和产业链的 DSGE 框架》，《学习与探索》2020 年第 7 期。

中共中央党校编：《马列著作毛泽东著作选读（政治经济学部分）》人民出版社 1978 年版。

Ansari S., "US Fiscal Policy, Manufacturing Stagnation, and the Shift to Financialization in the Era of Globalization: An Econometric Analysis, 1973 - 2015", *Review of Political Economy*, 2018, Vol. 30, No. 4, pp. 595-614.

Bastable C. F., *Public Finance*, London: Macmillan and Company Limited, 1892, pp. 504, 506, 507-508.

Bastable C. F., *The Theory of International Trade*, *with Some of its Applications to Economic Policy* (*Second Edition*), London: Macmillan and Company Limited, 1897, p. 116.

Chibuzor O., "Impact of Government Sectorial Expenditure on Economic Growth in Nigeria: An Empirical Analysis", *Nigeria Journal of Public Administration and Local Government*, 2020, Vol. 21, No. 1, pp. 49-69.

Clance M., et al., "The Relationship between Economic Policy Uncertainty and Corporate Tax Rates", *Annals of Financial Economics*,

2021, Vol. 16, No. 1, pp. 1-13.

Clark C. G. , *The Conditions of Economic Progress* (*Third Edition*), London: Macmillan and Company Limited, 1957, pp. 253, 326,375.

Donadelli M. , Grüning P. , "Innovation Dynamics and Fiscal Policy: Implications for Growth, Asset Prices, and Welfare", *The North American Journal of Economics and Finance*, 2021, Vol. 57, No. C, pp. 1430-1468.

Dutta S. , et al. , *Global Innovation Index* 2021: *Tracking Innovation through the COVID-19 Crisis*, Geneva: World Intellectual Property Organization, 2020, p. 4.

Edgeworth F. Y. , et al. , "The Theory of International Trade, with Some of its Applications to Economic Policy", *The Economic Journal*, 1897, Vol. 7, No. 27, pp. 397-403.

Ejiike D. E. , Transforming the Nigerian Manufacturing Industry through Monetary and Fiscal Policy Measures (*An Empirical Analysis 1982-2012*), 研究之门 (https: //www. researchgate. net/publication/349177095)。

Finley A. R. , et al. , "The Effectiveness of the R&D Tax Credit: Evidence from the Alternative Simplified Credit", *Journal of the American Taxation Association*, 2015, Vol. 37, No. 1, pp. 157-181.

Fishburn G. , "A Necessary First Test for the Creation of An Infant Industry", *International Journal of Development and Conflict*, 2011, Vol. 1, No. 3, pp. 303-306.

Gomis-Porqueras P. , Zhang C. , "Optimal Monetary And Fiscal Policy In A Currency Union With Frictional Goods Markets", *Macroeconomic Dynamics*, 2021, Vol. 25, No. 7, pp. 1726-1754.

Gramkow C. , Anger-Kraavi A. , "Could Fiscal Policies Induce Green Innovation in Developing Countries? The Case of Brazilian Manufacturing Sectors", *Climate Policy*, 2018, Vol. 18, No. 2, pp. 246-

257.

Guceri I. , Albinowski M. , "Investment Responses to Tax Policy under Uncertainty", *Journal of Financial Economics*, 2021, Vol. 141, No. 3, pp. 1147-1170.

Hacker L. M. , "The Report on Manufactures", *The Historian*, 1957, Vol. 19, No. 2, pp. 144-167.

Hoffmann W. G. , *The Growth of Industrial Economics*, Translated from the German by W. O. Henderson & W. O. Chaloner, Manchester: Manchester University Press, 1958, pp. 2-3.

Imide I. O. , "Empirical Review of the Impact of Fiscal Policy on the Manufacturing Sector of the Nigerian Economy (1980-2017)", *Journal of Economics and Sustainable Development*, 2019, Vol. 10, No. 2, pp. 89-97.

Kemp M. C. , "The Mill-Bastable Infant Industry Dogma", *Journal of Political Economy*, 1960, Vol. 68, No. 1, pp. 65-67.

Kemp M. C. , "Trade Subsidies", Edited by Eatwell J. , Milgate M. and Newman P. , *The New Palgrave: Dictionary of Economics*, 1st edition, London: Palgrave Macmillan, 1987, pp. 1-2.

Kemp M. C. , "International Trade without Autarkic Equilibria", *Japanese Economic Review*, 2003, Vol. 54, No. 4, pp. 353-360.

Kemp M. C. , Wan Jr H. Y. , "Hysteresis of Long-Run Equilibrium from Realistic Adjustment Costs", Horwich G. , Samuelson P. A. , eds. , *Trade, Stability, and Macroeconomics*, New York: Academic Press, 1974, pp. 221-242.

Langer S. , Korzhenevych A. , "The Effect of Industrial and Commercial Land Consumption on Municipal Tax Revenue: Evidence from Bavaria", *Land Use Policy*, 2018, Vol. 77, No. C, pp. 279-287.

Mahajan A. , Majumdar K. , "Impact of Environmental Tax on Comparative Advantage of Food and Food Products: A Study of G20

Countries in Light of Environmentally Sensitive Goods", *The Indian Economic Journal*, 2021, Vol. 69, No. 4, pp. 705-728.

Martin C., Schmitt N., Westerhoff F., "Heterogeneous Expectations, Housing Bubbles and Tax Policy", *Journal of Economic Behavior & Organization*, 2021, Vol. 183, No. 3., pp. 555-573.

Md S. H., et al., "Macroeconomics and Taxation: Towards an Effective Tax Policy", *Journal of Business and Economic Perspectives*, 2021, Vol. 47, No. 2, pp. 90-125.

Mintz J., Tulkens H., "Commodity Tax Competition between Member States of a Federation: Equilibrium and Efficiency", *Journal of Public Economics*, 1986, Vol. 29, No. 2, pp. 133-172.

Mirrlees J. A., "An Exploration in the Theory of Optimum Income Taxation", *Review of Economic Studies*, 1971, Vol. 38, No. 2, pp. 175-208.

Pigou A. C., *A Study in Public Finance*, London: Macmillan and Company Limited, 1928, p. 50.

Podmolodina I. M., et al., "Main Directions and Mechanisms of Industrial Policy of Russia", *Asian Social Science*, 2015, Vol. 11, No. 20, pp. 170-177.

Rahaman A., Leon-Gonzalez R., "The Effects of Fiscal Policy Shocks in Bangladesh: An Agnostic Identification Procedure", *Economic Analysis and Policy*, 2021, Vol. 71, No. 3, pp. 626-644.

Ramsey F. P., "A Contribution to the Theory of Taxation", *The Economic Journal*, 1927, Vol. 37, No. 145, pp. 47-61.

Riera-Crichton D., et al., "Tax Policy and the Macroeconomy: Measurement, Identification, and Non-Linearities", *Ensayos Sobre Política Económica*, 2017, Vol. 35, No. 82, pp. 10-17.

Seade J., "On the Sign of the Optimum Marginal Income Tax", *The Review of Economic Study*, 1982, Vol. 49, No. 4, pp. 637-643.

Secretary-General of the OECD, *Education at a Glance: OECD In-*

dicators 2011, Paris: OECD Publishing, 2011, p. 54.

Stiglitz J. E. , "Pareto Efficient and Optimal Taxation and the New New Welfare Economics", *Handbook of Public Economics*, 1987, Vol. 2, No. 2, pp. 991-1042.

Stiglitz J. E. , *The Price of Inequality: How Today's Divided Society Endangers Our Future*, New York: W. W. Norton and Company, 2012, pp. 54-55.

Tiebout C. M. , "A Pure Theory of Local Expenditures", *The Journal of Political Economy*, 1956, Vol. 64, No. 5, pp. 416-424.

Wanniski J. , "Taxes, Revenues, and the Laffer Curve", *The Public Interest*, 1978, Vol. 50, No. 1, pp. 3-16.

Wilson J. D. , "A Theory of Interregional Tax Competition", *Journal of Urban Economics*, 1986, Vol. 19, No. 3, pp. 296-315.

Zodrow G. R. , Mieszkowski P. , "Pigou, Tiebout, Property Taxation, and the Underprovision of Local Public Goods", *Journal of Urban Economics*, 1986, Vol. 19, No. 3, pp. 356-370.

后　记

　　本书是在本人主持的贵州省教育厅高校人文社会科学研究项目"贵州实施十大千亿级工业产业振兴行动的财税政策研究"（合同编号：2020GH023）的基础上加工而成的，也是我以独立作者身份完成《中期预算与年度预算联动机制研究》《地方税体系与产业转型升级联动机制研究：以贵州省为例》《中央财政转移支付政策变迁研究：以贵州省为例》三部著作后，再次以独立作者身份完成的第四部著作。在著作完成期间，我所在的工作单位贵州财经大学为我提供了很好的研究平台。我要特别感谢贵州财经大学的赵普教授、肖小虹教授、李汉文教授、杨杨教授、姜友文教授、朱红琼教授、徐艺教授，以及贵州大学的杨达教授、贵州商学院的张庆华教授等专家学者，他们分别从工业发展、财税政策等方面对我的专著提出了宝贵的修改意见，在此对他们表示衷心的感谢。

　　2019—2020 年，我申请赴贵州省财政厅进行顶岗实践。在我顶岗实践期间，贵州省财政厅正在草拟关于贵州省十大千亿级工业产业振兴行动方案财税政策的文件。根据贵州省财政厅的安排，我有幸参与由贵州省财政厅工作人员组成的研究团队，并与贵州省财政厅石化清厅长、何建明副厅长、林宏副厅长，贵州省财政厅预算处李龙处长、汪剑副处长、李静副处长，贵州省财政厅财政科学研究所帅牧副所长，贵州省财政厅自然资源和生态环境处黄幸副处长，以及曾任职于贵州省财政厅的毕节市万艳副市长，贵州金控集团国有资本运营有限公司汪旨福副总经理，黔南州荔波县财政局黎利副局长，就如何推进贵州工业产业发展的财税政策展开了较为深入的研究。同时，我还赴贵州省人大财政经济委员会、贵州省发展和改革委员会、国家税务总局贵州省税务局、贵州省工业和信息化厅、贵州省教育厅等有关部门单位展开调研，分别与贵州省人大财政经济委员会黄剑川副主任委员、贵州省发展和改革委员会张志宏副主任、国家税务总局贵州省税务局张蕾副局长、贵州省工业和信息化厅规划处斯维，以及贵州省教育厅战勇副厅长、贵州省教育厅思想政治教育处王晓红处长、贵州省教育厅科学研究与技术处胡锐处长，就贵州工业发展问题进行了有益的探讨。通过顶岗实践与调研，进一步丰富了我在财税政策实务方面的经验，并最终能顺利完成这部著作。

这部著作的面世还要衷心感谢中国社会科学出版社经济与管理出版中心刘晓红老师及其同事精湛的业务和认真负责的精神。

张　韬

2022 年 11 月 25 日